オラトリオの
少年たち

ドメニコ・サヴィオ、ミケーレ・マゴーネ、
フランチェスコ・ベズッコの生涯

ジョヴァンニ・ボスコ著

アルド・ジラウド 解説・注釈

浦田 慎二郎 監訳

佐倉 泉／中村〈五味〉妙子 訳

Original title:

VITE DI GIOVANI

Le biografie di Domenico Savio, Michele Magone e Francesco Besucco

by Giovanni Bosco

Introductory essay and historical notes

by Aldo Giraudo

©LAS - Libreria Ateneo Salesiano, Roma, 2012

First published in Japan by Don Bosco Sha, 2018

まえがき

　ついに、と言うと多少大げさかもしれませんが、この日本においても、ドン・ボスコが著したオラトリオの少年たちの生涯を紹介することができます。

　この3つの伝記、特にドメニコ・サヴィオの伝記は、ドン・ボスコとその霊性・精神・教育法を理解するうえで決して欠かすことができないものです。「ついに」と書きましたが、実はかつて日本語に訳されたことがあります。それは1929年、サレジオ会が来日して3年後にチマッティ神父が翻訳したものです。彼はまだ日本語の習得がそれほど進んでいない中、日本人の協力も得て『尊者ドン・ボスコ伝』を日本語で出版し、次に、この『ドメニコ・サヴィオの生涯』を出版したのです（いずれも絶版）。チマッティ神父はこの本の重要性をよくとらえていたということがわかります。

　ドメニコ・サヴィオとミケーレ・マゴーネ、フランチェスコ・ベズッコという3人の少年は、ドン・ボスコから直接指導を受け、オラトリオという特別な教育環境で育てられた「サレジオ会的教育法の傑作」です。それぞれ異なる特徴をもつ3人がどのような家庭で育ち、どのようにしてオラトリオに来て、危機を迎え、成長し、神にいのちを返していったか、じっくり味わってください。読み進めると感じると思いますが、先生であるドン・ボスコと3人の少年のひたむきさ、純粋さ、心の美しさにただひたすら心を打たれます。時代は違いますし、今読むと違和感を覚えるような場面・言い回しもところどころにありますが、そこに流れる神と人への熱く清らかな思い

を、今こそ私たちも自分のものとしたいのです。

『ドメニコ・サヴィオの生涯』は、ドン・ボスコにとってのフランシスコ・サレジオが著した『神愛論』にあたるとも言われています。ドン・ボスコはドメニコ・サヴィオについて書きながら、自身の中にある神への思い、愛を表現しています。この3つの伝記を読みながら、ドン・ボスコの霊性とは何かを考えるきっかけともなればよいと考えます。

今回の翻訳では、できるだけドン・ボスコの原文に忠実に訳すことを心がけました。そのため、場合によって意味が分かりにくかったり、主語がはっきりしなかったり、数などの矛盾が生じている箇所がいくつかありますが、ご了承ください。

この本を読むすべてのサレジオ家族の会員たち、教育者、保護者、若者たちが、時代を超えるメッセージを受け取り、生活に役立ててくださるよう祈ります。内容をよく理解するために、多少難解ですが巻末の解説部分をよく読まれることをお勧めします。

最後になりましたが、この書の刊行のために尽力してくださったドン・ボスコ社編集部の方たち、翻訳を助けてくださった佐倉泉さんと中村〈五味〉妙子さん、そのほかさまざまな皆様のご協力に、ここで心から感謝いたします。

2018年5月6日　ドメニコ・サヴィオの祝日に
監訳者　浦田慎二郎（サレジオ会員　ドン・ボスコ研究家）

目次

まえがき　*3*

第1部
聖フランシスコ・サレジオのオラトリオの生徒、
ドメニコ・サヴィオ少年の生涯　*11*

第1章　ふるさと ― この若者の気質 ― 最初の徳の行い　*15*

第2章　モリアルドでの立派な行い ― 彼の徳の特徴 ― 村での通学の様子　*19*

第3章　初聖体を許可される ― 準備 ― その日の集中力と思い出　*22*

第4章　カステルヌオヴォの学校 ― 教訓となるエピソード

ー 悪い誘いに対する賢明な答え　*25*

第5章　カステルヌオヴォ・ダスティの学校での振る舞い ― 先生の言葉　*30*

第6章　モンドニオの学校 ― ひどい中傷を耐え忍ぶ　*33*

第7章　彼との最初の出会い ― そのときの興味深いエピソード　*35*

第8章　聖フランシスコ・サレジオのオラトリオに到着 ― 最初の生活の様子　*38*

第9章　ラテン語の勉強 ― 興味深い事件 ― 学校での態度

ー けんかを治める ― 危険を避ける　*42*

第10章　聖人になる決意　*48*

第11章　魂の救いのための情熱　*51*

第12章　仲間たちとの上手な会話とそのエピソード　*56*

第13章　祈りの精神 ― 神の母への信心 ― マリアの月　*61*

第14章　頻繁なゆるしの秘跡と聖体拝領　*65*

第15章　苦行　*70*

第16章　あらゆる外的感覚の抑制　*72*

第17章　無原罪の聖母信心会　*77*

第18章　特別な友情 ― カミッロ・ガヴィオ少年との友情　*84*

第19章　ジョヴァンニ・マッサーリア少年との友情　*88*

第20章　特別な恩恵と出来事　*95*

第21章　死についての彼の考えと、聖なる死を迎えるための準備　*100*

第22章　病人のための働き ― オラトリオを去る ― そのときの言葉　*103*

第23章　仲間たちに別れを告げる　*106*

第24章　病気の状況 ― 最後のゆるしの秘跡、臨終の聖体拝領 ― 教訓となる出来事　*109*

第25章　最後の瞬間と尊い死　*112*

目次

第26章　死の知らせ ― ピッコ神父から生徒たちへの言葉　*116*

第27章　サヴィオの徳の模倣 ― 多くの者が天国の恵みのための取り次ぎを彼に願い、

聞き届けられる ― 皆へのひと言　*122*

第2部
聖フランシスコ・サレジオのオラトリオの生徒、
ミケーレ・マゴーネ少年の小伝　*129*

第1章　風変わりな出会い　*133*

第2章　それまでの彼の生活、聖フランシスコ・サレジオのオラトリオに来る　*137*

第3章　困難と行動の改善　*141*

第4章　ゆるしの秘跡を受け、秘跡を頻繁に受けるようになる　*145*

第5章　若者たちへの言葉　*148*

第6章　信心業に対する模範的な積極性　*153*

第7章　務めを果たすときの正確さ　*156*

第8章　聖母マリアへの信心　*161*

第9章　純潔の徳を守ることへの心配と、そのために彼がしたこと　*165*

第10章　他者に対する大きな思いやりの心　*169*

第11章　マゴーネの機知に富んだ言葉とエピソード　*173*

第12章　カステルヌオヴォ・ダスティでの休暇 ― そのとき実践された美徳　*178*

第13章　死への準備　*183*

第14章　病気と看病　*189*

第15章　最後の瞬間と美しい死　*193*

第16章　葬儀 ― 最後の思い ― 結び　*199*

第3部
アルプスの小さな羊飼い、
すなわちアルジェンテーラのフランチェスコ・ベズッコ少年の生涯　*205*

第1章　ふるさと ― 両親 ― 若きベズッコの最初の教育　*210*

第2章　代母の死 ― 教会ですべきことへのよろこび ― 祈りへの愛　*214*

第3章　従順 ― よきアドバイス ― 畑仕事　*218*

第4章　学校での振る舞いと出来事　*220*

第5章　家族との生活 ― 夕べの省察　*224*

第6章　ベズッコと主任司祭 ─ 彼の発言 ─ ゆるしの秘跡の実践　*227*

第7章　聖なるミサ ─ 彼の情熱 ─ 山での羊飼い　*232*

第8章　会話 ─ 教会での態度 ─ 聖体訪問　*237*

第9章　聖なる十字架像 ─ ロザリオ ─ 神の現存　*241*

第10章　カテキズムを教える ─ 若きヴァロルソ　*243*

第11章　聖なる幼年期 ─ 十字架の道行 ─ 悪い仲間を避ける　*244*

第12章　初聖体 ─ 頻繁な聖体拝領　*248*

第13章　苦行 ─ 償い ─ 感覚の抑制 ─ 学業における進歩　*250*

第14章　聖フランシスコ・サレジオのオラトリオに行きたいという彼の願いと決心　*254*

第15章　いくつかのエピソードとトリノへの旅　*258*

第16章　オラトリオでの生活 ─ 最初の出会い　*261*

第17章　よろこび　*265*

第18章　勉強と勤勉　*267*

第19章　ゆるしの秘跡　*272*

第20章　聖体拝領　*275*

第21章　聖体への崇敬　*278*

第22章　祈りの精神　*281*

第23章　苦行　*284*

第24章　特筆すべき行動と発言　*288*

第25章　彼の手紙　*292*

第26章　最後の手紙 ─ 母親への思い　*301*

第27章　ふさわしくない苦行と病気の始まり　*305*

第28章　病気の受け入れ ─ 教訓となる言葉　*307*

第29章　臨終の聖体拝領 ─ そのほかの教訓となる言葉─彼の後悔　*312*

第30章　聖香油の塗油 ─ そのときに唱えられた射祷　*317*

第31章　すばらしい出来事 ─ 二つの訪問 ─ 尊い死　*319*

第32章　死者のための祈りと埋葬　*323*

第33章　アルジェンテーラにおける動揺と若きベズッコへの崇敬　*325*

第34章　結び　*327*

祝された十字架についての附録　*330*

目次

【解説】

先生と弟子たちの「生きる姿」（抄訳） *335*

1. 重要性　*336*
  1.1. ドン・ボスコの基本的教育メッセージ　*336*
  1.2. ドン・ボスコの自伝的文書　*337*
  1.3. ドメニコ・サヴィオの『生涯』　*337*
  1.4. ミケーレ・マゴーネの『小伝』　*338*
  1.5. フランチェスコ・ベズッコの『生涯』　*338*
2. 『生涯』の歴史的文脈　ドン・ボスコの事業の実り豊かな時期　*339*
  2.1. 信頼できる協力者の探求　*339*
    2.1.1. 最初の使徒的共同体　*339*
    2.1.2. より若い後継者たち　*340*
    2.1.3. 二つの部門の発展　*341*
  2.2. オラトリオに併設された家の発展　*342*
    2.2.1. オラトリオ内部の学校　*342*
    2.2.2. 受け入れ対象の変化　*344*
    2.2.3. 周囲の変化に無頓着な３つの伝記　*345*
  2.3. 教育者の修道会の誕生　*346*
3. ドン・ボスコはだれのために書いているのか　*348*
  3.1. 「愛する若者たち」　*348*
  3.2. 教育者と司牧者　*349*
    3.2.1. 自由主義的新しい教育モデルへの対応　*350*
    3.2.2. 教育者たちへのメッセージ　*351*
    3.2.3. 教育者ドン・ボスコの姿　*351*
4. ドン・ボスコの作品の性質　*352*
  4.1. 文学ジャンル　*352*
  4.2. 資料の活用　*353*
    4.2.1. ドメニコ・サヴィオの伝記　*354*
    4.2.2. フランチェスコ・ベズッコの伝記　*356*
    4.2.3. ミケーレ・マゴーネの伝記　*358*
    4.2.4. ドン・ボスコの資料活用に対する評価　*358*

4.3. 文書とその各部　*359*

　4.3.1. それぞれの人格的特徴　*360*

　4.3.2. 3作品の共通性　*360*

5. 解釈のためのポイント　*362*

4.1. 著者によって提示された読み方の道筋　*363*

　5.1.1. 序文とエピローグに示されるポイント　*363*

　5.1.2. 「よき死」のための準備　*366*

　5.1.3. 現代における読み方の注意点　*368*

5.2. 生きるドン・ボスコの観察　*369*

　5.2.1. 現代の司牧から生まれる解釈の疑問点　*369*

　5.2.2. ドン・ボスコと少年たちの対話　*370*

　5.2.3. それぞれの「危機」　*371*

6. 読書への招き　*374*

6.1. 現代に読む意義　*374*

6.2. どのように読むか　*374*

第1部

聖フランシスコ・サレジオの
オラトリオの生徒、
ドメニコ・サヴィオ少年の生涯

ジョヴァンニ・ボスコ著

オラトリオの少年たち

　このドメニコ・サヴィオの伝記訳に使用された版は、ドン・ボスコによって編集された最終版である第5版（『聖フランシスコ・サレジオのオラトリオの生徒　ドメニコ・サヴィオ少年の生涯　取り次ぎによる恵みについての附録つき　司祭ジョヴァンニ・ボスコ監修』1878年）＊¹であり、以下に記すそれ以前の版との対照を行いつつ編集された。第1版（『聖フランシスコ・サレジオのオラトリオの生徒、ドメニコ・サヴィオの生涯』1859年）＊²、第2版（1860年）、増補第3版（『聖フランシスコ・サレジオのオラトリオの生徒、ドメニコ・サヴィオの生涯　取り次ぎによる恵みについての附録つき』1861年）＊³、増補第4版（『聖フランシスコ・サレジオのオラトリオの生徒、ドメニコ・サヴィオの生涯　取り次ぎによる恵みについての附録つき』1866年）＊⁴。加えて、第5版の普及版（1880年）と、アルベルト・カヴィリアによる注釈版（『ドン・ボスコ著作全集』Vol. IV第1部「ドメニコ・サヴィオの生涯」1942年）＊⁵との対照も行っている。

　本文注には、改訂版ごとに加えられた本文の加筆訂正について、より意味深いものを示している。まとまった加筆としては、第2版で加えられた第16章がある。役立つと思われる際には、注に文献的・歴史的性格の情報を載せている。
　本文注への番号が（　）内で示されている場合、それは原文にすでに注としてあったものを示している。

＊1　*Vita del giovanetto Savio Domenico allievo dell'Oratorio di S. Francesco di Sales con appendice sulle grazie ottenute per sua intercessione,* per cura del sac. Giovanni Bosco, Torino, Tipografia e Libreria Salesiana, 51878, 158 p.

＊2　*Vita del giovanetto Savio Domenico allievo dell'Oratorio di san Francesco di Sales,* per cura del sacerdote Bosco Giovanni, Torino, Tip. G. B. Paravia e Comp.,1859, 142 p.

＊3　*Vita del giovanetto Savio Domenico allievo dell'Oratorio di san Francesco di Sales con appendice sulle grazie ottenute per sua intercessione;* per cura del sacerdote Bosco Giovanni, terza edizione accresciuta, Torino, Tip. Italiana di Fr. Martinengo e Comp., 31861, 186 p.

＊4　*Vita del giovanetto Savio Domenico allievo dell'Oratorio di S. Franc. di Sales con appendice sulle grazie ottenute per sua intercessione,* per cura del sacerdote Bosco Giovanni, quarta edizione accresciuta, Torino, Tip. dell'Orat. di S. Franc. di Sales, 41866, 156 p.

＊5　*Opere e scritti editi e inediti di Don Bosco,* vol. IV, parte I: *La Vita di Domenico Savio,* Torino, Societa Editrice Internazionale, 1942, pp. 1-72

第1部 ドメニコ・サヴィオ少年の生涯

愛する若者たち、

愛する若者の皆さん[6]は、仲間であったドメニコ・サヴィオについて何か書いてほしいと、かねてから私に願っていました。そこで、皆さんの心からの願いに応えるために私はできるかぎりのことを試み、短く、簡単に、彼の生涯について書き留めました。

この伝記を書くにあたって、特に二つ、難しい点がありました。一つ目は、多くの同時代の人びとが見聞きした事柄について書くことで、人びとの間でさまざまな話がふくらんでしまうことです。この問題は、皆さんか私自身が直接見たことか、私がほとんど保管している、皆さんが自分たちの手で書いたり記録したりしたことだけを語ることによって乗り越えました。

二つ目は、この若者がここに3年間暮らしていたので、さまざまな形で私自身のことも書かなければならなかったことです。この点については、できるだけ歴史的に物事を扱うことによって、つまり人がどう思うか気にせずに出来事をそのまま書くことで解決しようと試みました。しかし、もし私が自分のことをうれしそうに書いていると感じられることがあるならば、それは故人と皆さん一人ひとりに私が抱いている大きな愛情から来るものだと思ってください。この愛情によって、私は皆さんに自分の心の奥底を開いて、父が子どもたちにするように語ることができるのです。

皆さんと共に生活し、すばらしい徳が評判だったほかの若者たちではなく、なぜドメニコ・サヴィオの伝記を書くのかと、皆さんは尋ねるかもしれません。愛する皆さん、確かに神のみ摂理は徳の模

---

[6]　この言葉の繰り返しは原文の通り。

13

範となる多くの若者を私たちに送ってくださいました。例えばガブリエル・ファッシオ、ルイジ・ルア、カミッロ・ガヴィオ、ジョヴァンニ・マッサーリア*7やほかの者たちです。しかし彼らの行いはサヴィオほど知られておらず特別なものではありませんでした。彼の人生は際立ってすばらしいものだったのです。いずれにしても、神が私に健康と恵みを与えてくださるならば、皆さんの望みに応えて、皆さんのこの徳深い仲間たちの振る舞いについても集め、読んでもらい、皆さんの境遇に合ったことを見習っていってもらえるようにするつもりです。

　この第5版では、すでに出版された版を読んだことがある人たちにも興味深くするためにさまざまな情報を付け加えています*8。

　とりあえず、これから物語ることから得られるものを引き出し始めてください。そして、聖アウグスチヌスが言っていたことを自分の心に言ってみてください。*Si ille cur non ego*（彼がこうであったならば、なぜ私もこうでないのだろう）。つまり、自分と同じ年

＊7　ガブリエル・ファッシオ（Gabriel Fascio）：　1851年13歳でオラトリオにて死去。死の床にあって1852年4月26日トリノで起こった火薬工場の爆発を予言したようである（『オラトリオ回想録』p.284参照）。
　　　ルイジ・ルア（Luigi Tommaso Rua）：　1834年トリノに生まれた。ミケーレ・ルアの兄弟。キリスト教学校兄弟会の模範的な生徒であり、その後、パイプ鍛冶工場の職人。オラトリオには1844年の冬まで通った。1851年2月25日死去。
　　　カミッロ・ガヴィオ（Carlo Giuseppe Gavio）：　通称"Camillo"。トルトーナで生まれ、1855年11月にアルベルティーナ学院で彫刻のコースを取るためにオラトリオの寄宿舎に入る。1855年12月27日死去。
　　　ジョヴァンニ・マッサーリア（Giovanni Celestino Filippo Massaglia）：　1838年マルモリートに生まれる。1853年にヴァルドッコに来る。1855年9月30日ドン・ボスコのもとで着衣。肺の重病のため家族のところに帰り、1856年5月20日死去。
＊8　1860年第2版にはこう記されている。「この第2版では第1版を読んだ人にも興味深くするため、いくつかの大切な事項が付け加えられている」。

頃で、同じ場所の少年、自分と同じくらいかもっと多くの危険にさらされていた少年が、イエスの忠実な弟子であるために時間と方法を見つけたのならば、自分も同じようにできるのではないかと。忘れないでください、本物の宗教とは、ただ口で何か言うことではなく、行動することです[*9]。尊敬の気持ちを起こさせるようなことを読んだなら、「すごい」とか「これはいいね」と言うだけで満足しないでください。むしろ、「私を善に掻き立てるほかの人たちについて読んだことを、自分もするように努力してみよう」と言ってみてください。

　皆さんとこの小さな本のすべての読者にとって、この本が役に立つ恵みと健康を神が与えてくださいますように。サヴィオ少年が深く愛した聖母が、私たちの創造主を愛するために心と魂を一つにする恵みを、私たちにとりなしてくださいますように。神だけが、すべてを超えて愛され、私たちの毎日の生活において忠実に奉仕されるにふさわしい方なのですから。

第1章
ふるさと ― この若者の気質 ― 最初の徳の行い

　今からその生涯を書こうとするこの少年の両親、カルロ・サヴィ

---

*9　新約聖書 ヤコブの手紙2章14-26節 参照。

オラトリオの少年たち

オとその妻ブリジーダ[*10]は、カステルヌオヴォ・ダスティ[(*11)]出身の、貧しいけれども誠実な人たちでした。そこはトリノから10マイルほどのところにある小さな町です[*12]。1841年、このよき夫婦は生活に貧窮し、仕事がなく、キエリに近いリーヴァ[(*13)]に移り住

---

*10　カルロ・サヴィオ(Carlo Baldassare Savio)： 1815年11月8日カステルヌオヴォ・ダスティの一集落ラネッロに生まれる。1871年に妻を失い、オラトリオに受け入れられ、鍛冶屋として働く。1891年12月16日にヴァルドッコにて死す。ブリジーダ（Brigida Rosa Anna Dorotea Gaiato）： 1820年2月2日チェッレート・ダスティに生まれる。1871年7月14日モンドニオにて死去。二人は1840年に結婚し、10人の子どもをもうける。ドメニコは2番目。

(*11)　「古くはカステルヌオヴォ・ディ・リーヴァルバと呼ばれていた。なぜならこの町の主、ビアンドラーテ伯爵家に属していたからである。1300年代にアスティ人に占領され、カステルヌオヴォ・ダスティと呼ばれるようになった。当時、商業に専念する熱心な人びとでにぎわっていた。彼らはヨーロッパのさまざまな町で商売をしていた。多くの著名人のふるさとである。その世紀の『偉大な医者』と呼ばれた有名なアルジェンテーロ・ジョヴァンニは1513年にカステルヌオヴォ・ダスティで生まれた。彼はさまざまな広い知識の本を著した。彼は非常に信仰深く、神の母の信心家であり、トリノの聖アゴスティノ小教区教会に聖母を記念して人民の聖母の礼拝堂を建設した。彼の体は彼をたたえる碑文と共にその教会に葬られ、今もある。ほかの多くの人物たちもこの町を有名にしている。最近ではその信仰、神学、病者や囚人、死刑囚、あらゆる種類の不幸な人への愛徳で称賛されるべき司祭ジュゼッペ・カファッソがいる。彼は1811年に生まれ、1860年に死去」（1866年第4版に加筆された注）。この引用はカザーリスの『サルデーニャ王国の地理・歴史・統計・商業辞典』（1837年）から取られている。

*12　カステルヌオヴォ・ダスティ（Castelnuovo d'Asti）： 今日ではカステルヌオヴォ・ドン・ボスコ。アスティ州の地方自治体。当時3,332人の人口（1848年調べ）。モリアルド、バルデッラ、ネヴィッサーノ、ラネッロの4つの村落と行政所在地に分かれていた。

(*13)　「ほかの同じ名前をもつ町と区別するため、リーヴァ・ディ・キエリと言われていた。キエリから4kmのところにある。フェデリコ皇帝が1164年の公文書によってビアンドラーテ伯爵にリーヴァ・ディ・キエリの支配の権威を与えた。その後、アスティ人に譲渡された。16世紀にサヴォイア家の支配に下る」（1866年第4版に加筆された注）。当時、リーヴァの人口は2,869人であった。

みました。リーヴァで、カルロ・サヴィオは若いときに経験したことのある鍛冶屋として働きました。この町に住んでいるときに、神は彼らの結婚を祝福して一人の子どもを与えました。この子は彼らにとって慰めとなります。彼が生まれたのは1842年4月2日[14]でした。洗礼のときにいただいた名前はドメニコ。名前としてはよくあるものでしたが、（あとでわかりますが）この少年にとっては大きな意味をもつことになります。

　ドメニコが2歳のとき、両親はさまざまな都合でふるさとに帰ることにし、カステルヌオヴォ・ダスティの郊外のモリアルドに住まいを見つけました[15]。

　両親はこの子にキリスト教的教育を与えることに全精力を注ぎました。すでにこの子は両親のよろこびの源になっていました。彼は生まれながらに善良で、その心は信心のためにできているような子どもでした。驚くほど簡単に朝と晩の祈りを覚え、たった4歳にして自分一人で唱えられるようになりました。普通は気が散りやすいこの年齢で彼はいつも母親のそばにいました。母のそばを離れることがあれば、それはどこか片隅へ行き、より自由に祈りを唱えようとするときでした。

　両親はこう話します。「子どもにとってじっとしているのがとても難しく、考えの足りなさから母親にとって常に悩みと面倒のもとである最も幼い年のころ、あらゆる物を見たがり、触りたがり、だ

---

[14]　「朝9時に生まれ、同じ日の『夕方5時に』洗礼を受けた」（『洗礼台帳』より）。

[15]　ドン・ボスコは方言の発音により、Murialdoと書いている。サヴィオ家が住んでいた家はモリアルドの聖堂から100歩弱のところにあった。家族は1843年11月にモリアルドに引っ越してきた（当時農業契約と転居は11月11日の聖マルティノの祝いの前後に行われていた）。

オラトリオの少年たち

いたいを壊してしまうことになるころ、私たちのドメニコは私たちを困らせることは一切ありませんでした。単に従順で私たちが何を言っても聞いてくれるだけではなく、私たちがよろこびそうなことを先回りしてやってくれようとしていたのです」。

父親が夜、毎日の仕事から帰宅するとき彼が見せていたお迎えの仕方は興味深く、また好ましいものでした。走り出てきて、父の手を取ったり首もとに抱きついたりしました。そして言うのです。「お父さん、とっても疲れているでしょう！　お父さんはぼくのために働いてくれているのに、ぼくはお父さんに面倒をかけてばかりのよくない子。お父さんに健康が与えられて、ぼくがよい子になるように神様にお祈りするね」。こう言いながら一緒に家の中に入ると、父親が座れるように椅子を差し出します。そして彼のそばにいて、じゃれたりしています。父親はこう言います。「これが私にとっては大変な仕事のあとのうれしい慰めになっていて、早く家に帰ってドメニコにやさしくキスをすることが待ちきれませんでした。彼は私の愛情を独占していたのです」。

彼の信心はその年齢を超えるものでした。4歳にして夜寝る前や食事の前後の祈り、お告げの祈り[16]を思い出させる必要はありませんでした。むしろ、ほかの人たちがたまたま祈ることを忘れたとき、思い出させるのは彼のほうでした。

ある日、珍しい出来事に気の散った両親が、祈りを唱えずに座って食事をしようとすると、ドメニコがすぐさま言いました。「お父さん、まだぼくたちのご飯の上に神様の祝福を願っていないよ」。

---

[16]　お告げの祈り：　13-14世紀に始まった祈りの習慣。大天使ガブリエルがマリアに救い主の母となると告げたことを記念する。一日に3回、朝6時・正午・夕方6時に唱える。

そして自分から十字を切って祈り始めました。別のあるとき、一家を訪れた客が夕食に招かれました。その男の人は何も宗教的なしるしをせずに食べ始めました。ドメニコはその訪問者に何かを言う勇気はありませんでしたが、食卓を離れ、家の隅っこに隠れて苦しんでいました。どうしてそのような変わった振る舞いをしたのかと両親に尋ねられると、ドメニコは答えました。「動物みたいに食べ始める人と一緒にテーブルについているのが嫌だったからです」[*17]。

第2章
モリアルドでの立派な行い ─ 彼の徳の特徴
─ 村での通学の様子

ここで紹介することは、実際に伝えてくれる人が疑いを取り除いてくれなければ、にわかには信じがたいことでしょう。私は彼の愛する教え子について書いてくれた、村の司祭の報告書[*18]から引用したいと思います。彼はこう言います。

「モリアルドの村に赴任してまもなく、5歳くらいの小さな男の子が母親と一緒に教会に来るのをよく見かけるようになりました。その子の穏やかな表情と落ち着いた人間性、信心深い様子に、私やほかの人たちは目を奪われました。朝、彼が教会に来て扉が閉まっていると、それは見ものでした。同じ年頃の少年たちがするように、

[*17]　この段落は1866年第4版で付け加えられた。

[*18]　1859年初版（そして1861年第3版）の注釈「この村落の聖堂付司祭は当時モリオンドのジョヴァンニ・ズッカ神父だった」。ジョヴァンニ・バッティスタ・ズッカ（Giovanni Battista Zucca 1818-1878）はドン・ボスコの神学生時代の同級生であり、司祭に叙階された後、死ぬまで小学校の先生と聖堂付司祭を務めた。

オラトリオの少年たち

うろうろしたり、騒ぎ始めたりするわけではなく、門のそばまで来て頭を下げて胸の前で手を合わせてひざまずいて、門が開くまで熱心に祈るのでした。地面がぬかるんでいたり、雪が降り積もっていたりしてもその子は気にすることなく、いつもと同じようにひざまずいて祈り始めるのでした[19]。非常に感嘆し、すっかり私の関心の的となったこの子は、鍛冶屋のカルロ・サヴィオの息子だということがわかりました。

道で会うことがあれば、まだ遠く離れていても手を振ってくれ、本当に天使的な雰囲気でていねいにまず先に挨拶してくれました。学校に通い始めてからは、瞬く間に進歩を遂げました。ただ賢かったからだけでなく、一生懸命勉強したからです。乱暴で、とてもよい子とは言えない少年たちとも付き合わなくてはなりませんでしたが、彼が言い争っているのを一度も見たことはありません。何かの口論が起こると、彼は級友たちによる侮辱を忍耐強く我慢し、静かに抜けだしていました。危険な遊びに加わろうとしたのを見たことはありませんし、学校で何か迷惑になるようなことは一切しませんでした。多くの級友たちが果樹園どろぼうをしたり、石を投げたり、お年寄りをからかったり、畑をめちゃめちゃにするようなことに誘おうとすると、彼は上手に彼らの行動を非難し、自分はそこに加わらないようにするのでした。

教会の入り口で祈っていることに示された信仰心は、成長しても失われることがありませんでした。たった5歳で侍者ができるようになり、しかも大変集中して奉仕しました。毎日ミサにあずかる

---

[19] 「いつもと同じようにひざまずいて祈り始めるのでした」： 1866年第4版に変えられた表現。以前は「そこで祈り始めるのでした」と表現されていた。

第1部　ドメニコ・サヴィオ少年の生涯

ように努め、ほかに奉仕したい人がいれば会衆席からミサにあずか
り、そうでなければ最も立派な態度で奉仕しました。年齢も小さく、
小柄なほうだったので[20]、ミサ典書を運ぶことができませんでした。
不安そうな様子で祭壇に近づき、ミサ典書の台に触れようとして爪
先立ち、一生懸命手を伸ばす姿は、ほほえみを誘うものでした。も
し彼に世界で最も愛らしいことをさせたいならば、ミサをささげて
いる司祭はミサ典書を自分で運んではなりません。彼の手が届くよ
うに台を近づけてあげるのです。すると彼はよろこんでミサ典書を
祭壇の反対側に運ぶのでした[21]。

　彼は頻繁にゆるしの秘跡[22]を受けました。そして地上のパンと
天上のパンの見分けがつくようになっていたので、初聖体[23]を許
されました。彼は本当に感嘆すべき信心で聖体を拝領していました。
彼の純粋な魂に神の恵みがこれほどすばらしく働いているのを見て、
私はしばしば思いました。『すばらしい将来が期待できる子どもだ。
この子が到達できる高みへの道を、神が開いてくださいますよう
に』」（以上モリアルドの担当司祭の証言）[24]。

---

[20]　遺体の確認をした医者フランチェスコ・ヴォランテによると、ドメニコの死
　　　のときの身長は「約1m50cmと考えられる」（F・ヴォランテからF・ジラウディ
　　　への手紙、1950年2月18日）。
[21]　この話はミケーレ・ルアによって集められた回想録に基づいている。
[22]　ゆるしの秘跡：　カトリック教会の7つの秘跡の一つ。信徒が司祭に罪を告白
　　　し、神からゆるしをいただく式のこと。
[23]　初聖体：　カトリック教会で、幼児洗礼の数年後に初めて聖体を拝領する儀
　　　式。初聖体拝領の意。
[24]　修正を加えられてここに掲載されたズッカ神父の手紙はサレジオ会アーカイ
　　　ブに保存されている（G・B・ズッカからG・ボスコへの手紙、1857年5月6日）。

オラトリオの少年たち

第3章
初聖体を許可される ── 準備
── その日の集中力と思い出

　ドメニコが初聖体をいただく許可をもらうのに、何のさしつかえ
もありませんでした。彼は初聖体のためのカテキズム＊25の教えを
全部覚えていました。そして聖体が何であるかを、よく承知してい
て、その秘跡に近づく望みに燃えていたのです。ただ一つの問題は、
年齢でした。当時、子どもたちは普通、11歳か12歳になるまで初
聖体をいただけませんでした＊26。サヴィオはまだ7歳でした。幼く
見える顔だけではなく、小さめの体もより彼を幼く見せていました
ので、主任司祭は許可することを<ruby>躊躇<rt>ちゅうちょ</rt></ruby>しました。彼はほかの司祭た
ちに相談しました。彼らはドメニコの早熟な認識力、受けた教育、
熱い望みをよく知っていたので、あらゆる疑いを脇に置いて、天使
の食べ物に初めてあずかることを許可しました＊27。

　この知らせを聞いて彼がどれほどよろこびでいっぱいになったか、
言い表すのは簡単ではありません。走って家に帰り、有頂天で母に

＊25　カテキズム：　基本的に問答形式で、カトリック教会の教えを信徒用に簡潔
　　　に要約したもの。公教要理。

＊26　カステルヌオヴォでは当時子どもたちが初聖体を受けられるのは「12歳に
　　　なってから。ただし、その子どもにその能力と堅固さがあれば」（『カステル
　　　ヌオヴォの聖アンドレア小教区の情勢報告』より）。しかしながら、1840年
　　　代の終わりにはアルフォンソ・リゴリの倫理学と司祭研修学院から影響を受
　　　けた若い司祭たちが、場合によっては年齢を引き下げることを始めた。

＊27　ドン・ボスコはミケーレ・ルアが集めた証言から引用する。「聖堂付司祭は、
　　　彼がまだ幼い年齢であることを心配して初聖体を受けさせることを迷ってい
　　　た。だが、この子どもを知るほかの司祭たちの意見を聞くと、彼らはこの天
　　　使のような子が天使たちの食卓に近づくことができるように、初聖体を受け
　　　させることを勧めた」。

第1部　ドメニコ・サヴィオ少年の生涯

伝えました。彼は祈ったり霊的読書をしたり、ミサの前後に多くの時間を教会で過ごしていました。彼の魂はもはや天国で天使たちと住んでいるかのようでした。初聖体の前の晩[28]、母のところへ行って言いました。「お母さん、ぼくは明日ご聖体を受けます。今までお母さんに嫌な思いをさせたことがあったらぼくを赦してください。これからはもっとずっとよい子どもになることを約束します。学校では勤勉に、そしてお母さんが命じることには従順で、素直で、大切にするようにします」。そう言うと、感動してわっと泣きだしました。母も彼からは慰めしか受け取ったことがなかったので、必死に涙をこらえて、こう言って元気づけました。「ドメニコ。安心してね。全部赦しているわ。神様がお前をいつもよい子にしてくださるように祈りなさい。お母さんとお父さんのために祈ってね」。

　その記念すべき日の朝、彼は早く起きていちばんいい服に着替え、教会へと急ぎました。教会はまだ閉まっていたので、いつものように入り口のところにひざまずき、ほかの子どもたちが着いて門が開くまで祈りました。ゆるしの秘跡、準備、聖体拝領の感謝などを含め、典礼は5時間も続きました。ドメニコは一番先に教会に入り、教会を出たのは最後でした。この間ずっと、彼は自分が地上にいるのか天国にいるのか区別がつかないかのようでした。

　それは彼にとって、忘れがたい日となりました。それは新しい始まり、もしくはどんなキリスト者にとっても模範となるような生き方の継続と言えるものでした。何年もあと、初聖体のことを尋ねられると、いまだによろこびで顔を輝かせて言うのでした。「ぼくの

＊28　初聖体は通常復活祭の日曜日か、その次の月曜日、もしくは復活節第2日曜日に行われていた。

人生でいちばん素敵な、すばらしい日だった」。彼はある信心の本にいくつかの約束を書き留め、大切に保管し、しばしば読み返していました。私はその約束を手に入れることができたので、彼がつづったままにここに紹介しましょう。次のようなものです。

「ぼく、ドメニコ・サヴィオの約束。1849年、7歳、初聖体をいただいたときに。
1. 頻繁にゆるしの秘跡にあずかる。聴罪司祭が許可を与えるかぎり、毎回聖体拝領をする。
2. 日曜日と祝日を、聖化する。
3. ぼくの友達はイエス様とマリア様。
4. 罪を犯すよりも死を」

この約束をドメニコはしばしば繰り返し唱えていて、それは亡くなるまで生涯ドメニコを導いた指標でした。

この本の読者の中で、まだ初聖体をいただいていない人がいるなら、ドメニコを模範にすることを強く勧めます。また私は心から、父母や教師、子どもたちに責任をもつすべての人に勧めます。この大いなる宗教的実践に、最大の重きを置いてください。よく準備していただく初聖体はその子どもにとって、生涯にわたる堅固な精神的礎になるということを、確信してください*29。この大いなる行為をしっかりと果たし、そのあと、徳に満ちたすばらしい人生を送らなかった人がいるとすれば、それは実に珍しいことに違いありま

───────────────

＊29　「生涯にわたる堅固な精神的礎になるということ」： 1878年第5版で変更。元は「生涯にわたる要素」。

せん。他方、道を外れてしまい、両親や自分たちに責任をもつ人び
とを失望させる若者が何千といます。問題は初聖体のためにわずか
な準備しかしなかった、あるいはまったく行わなかったことに端を
発しているということがわかります。初聖体をよくない状態でいた
だくよりも、先に延ばすか、あるいはまったく行わないほうがいい
のです。

第4章
カステルヌオヴォの学校 ─ 教訓となるエピソード
─ 悪い誘いに対する賢明な答え

　最初の学業を終えたものの、ドメニコは勉強を続けるためには
もっと前にどこかほかのところへ送られるべきでした。田舎の村落
ではそんな勉強はできませんでしたから。ドメニコがそれを望んで
いましたし、両親も同様にそのことを気にかけていました。しかし、
そのための学費がないのにどうやってそれができるでしょうか。す
べてのことの支配者である神は、この子どもが神の招いている道を
歩んでいけるように必要な手段を用意してくれることになります。
ドメニコは時々言うのでした。「ぼくが鳥だったら、朝と夕方にカ
ステルヌオヴォまで行ったり来たりして勉強を続けられるのに」。
　ついに、彼の勉強に向けられた強い願いはあらゆる困難を克服さ
せ、ほぼ2マイル*30 も離れていましたが、公立学校に進学できるこ
とになりました。ようやく10歳になるかならないかの少年が、毎

────────────────
＊30　2マイル：　約3.7km。

オラトリオの少年たち

日学校への行き帰り6マイル*31の歩みを始めたのです。時には激しい風、照りつける太陽、ぬかるみ、雨が邪魔をします。でも関係ありません。あらゆる面倒を我慢し、あらゆる困難を乗り越えます。彼はそこに両親への従順、健康の知識を身につける手段を見いだし、それだけであらゆる不便をよろこんで我慢できました。ある日かなり年を取った人が日差しの容赦なく照りつける午後2時ごろ、一人学校に向かうドメニコを目にして、元気づけようと思い少年に近づいて話しかけました。

「こんな道を一人で怖くないのかい？」

「一人じゃありません。守護の天使*32がずっと一緒です」

「でもこんな暑い中、毎日行ったり来たり二往復、うんざりしないのかい？」

「そんなことないですよ。全然つらくありません。気前のよいご主人のためだから」

「へえ、ご主人っていったいどなたなんだい？」

「ご自分のために水1杯でもあげる人に気前よく報われる、創造主である神様です」*33

この老人は、この会話をよく思い出して友達に語り、最後はいつもこう言って終わるのでした。「まだ小さいのにこんな考えをもっているなんて、これからの人生でうわさの人物になるに違いないね」

学校への行き帰りで、彼は何人かの仲間のために魂の重大な危険にさらされました。

＊31　6マイル：　約11km。

＊32　守護の天使：　人間を守るために、神から一人ひとりに与えられている天使のこと。

＊33　新約聖書 マタイによる福音書10章42節 参照。

第1部　ドメニコ・サヴィオ少年の生涯

　暑さの中、少年たちの中にはあるときは堀に、あるときは小川に、またあるときは池やそのほか水のあるところへ泳ぎに行くことがありました。裸の子どもたちが何人か一緒に公の場所へ泳ぎに行くということは、身体的な危険を伴うもので、結局溺れて死んでしまう子どもやその他の人びとのことをしばしば嘆くことになるのです。また、霊魂にとっても危険なことがあります。どれだけの若者があの仲間たちとあの祝福されない場所へ何度も泳ぎに行くことによって、自分の純真さを失ってしまったでしょうか。

　サヴィオの多くの級友たちも泳ぎに行く習慣をもっていました。自分たちが行くだけで満足せず、サヴィオにも来てほしくて、一度だけそれに成功しました。しかし彼はそのようなことはよくないと知っていたので、非常に心を痛めました。彼をそこにもう一度連れていくのは不可能でしたし、自分が魂と体を危険にさらしてしまったことを何度も嘆き、泣いたのです[*34]。にもかかわらず、最も厚か

* 34　「しかし彼は〜泣いたのです」：　オラトリオのある生徒の異議の後に、1860年第2版で付け加えられた。その生徒によると、ドメニコは仲間の誘いに乗ったことがあるというのである。それに対しドン・ボスコがボナノッテで次のように説明したとレモエンは述べる。「ここ数日、皆さんは仲間であったドメニコ・サヴィオの人生のあることについて、いくつかの意見を聞いたと思います。特に、私が嘘をついていると言われていることについて。つまり、サヴィオが泳ぎに行くことを断った、とは事実と違う、ということですが。確かに、そうです。彼は泳ぎに行った……！　しかし物語においては二つの状況を分けて考えなくてはいけません。1回目は彼は誘いに乗りましたが、家に帰ったときに何が起こったかをお母さんに話し、彼女はもう行かないようにと言いました。かわいそうなサヴィオは自分が悪いことをしたのだとわかったとき、大変泣きました！　2回目に誘われたときには彼ははっきりと断りました。私は2回目についてだけ書きたかったのです。なぜならオラトリオには、サヴィオを一度連れていって、もう一度誘おうとした人がいるからです。〔中略〕ですから私はまだ生きている仲間の悲しい姿を見せないために、そして彼が永遠に後悔しなくてはいけないことと、友達を裏切る

ましくおしゃべりな二人の少年がこう言いながら新たな攻撃をしかけてきました。

「ドメニコ、勝負をするためにぼくらと一緒に来ないかい？」

「何の勝負？」

「泳ぎだけど？」

「まさか！ 行かない。上手じゃないし、溺れて死んでしまうよ」

「来いよ。すごく楽しいし、泳ぎに行くやつらはもう暑さは感じないんだよ。それに食欲も出るし、健康にすごくいいんだよ」

「でもぼくは溺れ死ぬのが怖いんだ」

「怖くないって。必要なことは教えてやるから。ぼくらがどうやるか見て、今度は君が同じようにやればいいのさ。君はぼくらが水の中を魚のように泳ぐのを見るだろうし、すぐにうまくなるさ」

「でも、そんな危険なところに泳ぎに行くのは罪なんじゃないかな？」[*35]

「ちっともそんなことないよ。みんな行っているんだから」

「みんなが行くからといって、罪ではないとは限らないよ」

「もし水の中に飛び込みたくないなら、みんなを見ていればいいよ」

「もういいよ。わけがわからない。なんと言っていいかわからないけど」[*36]

「来いよ。ぼくたちを信じろ。何も悪いことは起こらない。ちゃ

　　　ということを明るみに出す危険を隠すために、私は2番目の話だけを書いたのです」（*Memorie Biografiche*〔以下MB〕7, pp. 148-149）。

[*35]　「そんな危険なところに」： 1878年第5版で加筆。

[*36]　第1版ではこのセリフの前にもう一つのセリフがあったが、その後の版では取り除かれた。「行くのが悪いことなら、ほかの人を見ることも悪いと思うよ」。

第1部　ドメニコ・サヴィオ少年の生涯

んと助けてやるから」

　「君らが言うことをやる前に、母さんに聞いてくる。母さんがいいと言うなら行くよ。じゃなければ、行かない」

　「ばかなこと言うな。お前の母さんには何も言うな。きっと行かせてくれないさ。それに絶対ぼくらの親に話すし、そうなれば棒でこっぴどく叩かれたうえに暑さを味わわせられるよ」＊37

　「そうか、母さんが行かせないならそれはよくないってことだ。だから行かないよ。どっちにしても本当のことを聞きたいなら言うよ。前に一度だまされて行ったけど、もう二度と行かない。溺れやすい危険なところだし、神様に背くことだからだ＊38。だから泳ぎに行く話はもうしないでくれ。君たちのお父さんとお母さんが行かせたくないなら、君たちも行くべきじゃないだろう。親の望まないことをする子どもを神様は罰せられるよ」

　われらがドメニコはこのようにして害悪をもたらす仲間たちの誘いに賢く答え、深刻な危険を避けたのです。もし誘いに乗って行っていたら純真さという計り知れない宝を失っていたかもしれず、そうすればあまりに多くの悲しい結果につながっていたでしょう。

＊37　「そうなれば棒でこっぴどく叩かれたうえに暑さを味わわせられるよ」：
　　　1866年第4版で加筆。
＊38　「どっちにしても本当のことを〜神様に背くことだからだ」：　1860年第2版
　　　で加筆。

第5章
カステルヌオヴォ・ダスティの学校での振る舞い
― 先生の言葉

　この学校で、ドメニコは、ほかの少年たちとどのように接すれば
よいか学びました。まじめで、従順で、先生の言うことをよく聞き、
授業をよく理解し、勉強も一生懸命し、先生からほめられる生徒が
いるなら、ドメニコは友達になりました。いつも問題を起こし、横
柄で、自分の務めを果たさず、汚い話し方をし、冒瀆の言葉を吐く
ならば？　ドメニコは彼をペストのように避けました。少しのんき
な仲間たちについては、彼らに挨拶をし、必要なときには彼らを助
けましたが、決して深く親密にはなりませんでした。

　学問と信心において前向きに歩みたいと願う子どもにとって、カ
ステルヌオヴォ・ダスティの学校におけるドメニコの生活は模範と
なるでしょう。彼の先生であったアレッサンドロ・アッローラ神父
が書いた報告をここに紹介しましょう[39]。彼は今もこの行政庁所在
地の先生をされています。こういう内容です。

　「少年ドメニコ・サヴィオについて私の知っていることをよろこん
で書きましょう。彼は瞬く間に私の愛情を勝ち取りました。私は彼
を父の気持ちで大切にしました。私はこの依頼にかなりうまく応え
ることができると思います。なぜなら、いまだに彼の勉強、彼の振
る舞い、彼の徳について生き生きと、はっきりと、完全に思い出す

---

[39]　アレッサンドロ・アッローラ神父（Alessandro Giuseppe Allora 1819-1885）：
　　　キエリの公立学校と神学校でドン・ボスコを知っていた。司祭研修学院に通
　　　い、カファッソ神父の友人であった。生涯、初等学校の先生と聖堂付司祭を
　　　務めた。

第1部　ドメニコ・サヴィオ少年の生涯

ことができるからです。

　彼の宗教面での振る舞いについてはあまり語れません。家が遠かったので、学校の信心業に参加することを免除されていたのです。もし彼が参加していたら間違いなくその信心の光を輝かせたことでしょう。

　モリアルドで初等科1年目を終え、この子どもは私の学校の初等科2年に入学することを希望し、ずば抜けた成績で合格しました。それは1852年6月21日[*40]、若者の保護者聖アロイジオ[*41]の祝日でした。体格はきゃしゃで弱々しい感じでした。表情はまじめさとやさしさが混じったもので、何とも言えない感じのよさがありました。性格はとても柔和でやさしく、落ち着いた性格でした。学校でも外でも、教会でもどこでも、そのような態度を保っていたので、先生は彼を見、彼のことを考え、彼と話すとき、最高のよろこびを感じました。何をしてもらっても、努力しようとも興味を示そうともしないほかの一部の少年たちにがっかりする分、彼は先生たちの苦労の大きな報いの一つになっていました。彼はサヴィオ[*42]という苗字で、実際にそのように生きていました。つまり、勉強の面だけでなく、信心、級友たちとのやり取り、すべてにおいてそうだったのです。彼が私の学校に入った最初の日から、その学年の最後の日ま

---

*40　6月21日に入学試験に合格し、上のクラスへの入学を許可された。学年度は9月の終わりに終了するのだが、実際には年度内にも上のクラスに移ることもできた。

*41　聖アロイジオ・ゴンザガ（Aloisio Gonzaga 1568-1591）：　イタリア出身の聖人。貴族の息子として生まれるが、17歳で相続権を放棄してイエズス会に入会。自我と戦い、祈りと悔い改めの生活を徹底した。「純潔の聖人」と呼ばれ、若者の模範としてドン・ボスコはよく紹介していた。ペスト流行の際、献身的に患者たちに尽くし、自身もペストを患い23歳の若さで死去した。

*42　「知恵深い」という意味。

31

で、そして次の年の4か月間、勉強において目覚ましい進歩を遂げました。彼はずっと自分のクラスで1番を取り、学校でほかにも賞を取り、教えられた全科目で高い点を取りました。そのようなすばらしい結果はただ単に彼が元から頭がよかったからだけではなく、勉強やほかの徳への大きな愛があったからでしょう。

特筆すべきことは、彼が学校のどんな小さな務めであってもしっかりと果たしていたことです。また、熱心に欠かさずに学校に通っていました。体は丈夫ではなかったのですが、行き帰り合わせて1日に4回、4キロメートル以上の道のりを歩いていました。冬の雨や雪や寒さの厳しい気候の中、驚くべき心の落ち着きと晴れやかさをもって通っていたのです。それは、めったに見られない模範として先生から認められないはずがありませんでした。同じ年、1852年度の生徒であったとき、彼は病気をし、その上両親が引っ越しをしなくてはなりませんでした。こうして本当に残念なことだったのですが、この愛すべき生徒に教えることができなくなってしまいました。私のある恐れが大きくなるにつれ、大きな美しい希望がだんだんと消えていく気がしました。それは、彼が病弱でお金がなかったので、勉強を続けられないのではないかということだったのです。

ドメニコが聖フランシスコ・サレジオのオラトリオの若者たちに仲間として受け入れられたと聞いて、私は大よろこびでした。彼の稀に見る才能と、輝かしい信仰心を育てていくための道が開かれたからです」（以上先生による証言）[43]。

---

[43] 　ここで忠実に再現されているドン・ボスコとの手紙におけるアッローラ神父の証言は、サレジオ会アーカイブに保存されている。

第6章
モンドニオの学校 [*44] ── ひどい中傷を耐え忍ぶ

　み摂理は、この世が本当は流刑地であり、ある場所からある場所へ巡礼しながら進んでいくのだということに、この少年が気づくよう望んだようです[*45]。もしくは、ドメニコがいろいろなところで知られ、徳のすぐれた鏡として、できるだけ多くの場所で示されるようになることを望まれたのかもしれません。

　1852年の終わりごろ、ドメニコの両親はモリアルドを離れ、カステルヌオヴォに隣接するモンドニオという小さな村に住むようになりました[*46]。ここでも、ドメニコはモリアルドやカステルヌオヴォでしていたのと同じような生活を続けました。ですから、彼について前の先生たちが書いたのと同じことを繰り返さなくてはなりません。彼の教師となったクリエロ神父 [*47] は同じような報告を

(＊44) 「モンドーオ、もしくはモンドミオ、またはモンドーネは約400人の人口の小さな村である。カステルヌオヴォ・ダスティから2マイルの距離で、丘のトンネル開通により容易に行き来することができるようになった（Casalis, *Dizionario geografico,* 1842）」（1866年第4版の注）。1847年にはモンドニオの住民は430人であった。

＊45　新約聖書 コリントの信徒への手紙二5章6-7節 参照。

＊46　引っ越しはおそらく1852-53年の冬に行われた。実際、アッローラ神父はドメニコが彼の生徒だったのは「数か月だった」と書いている（A・アッローラからG・ボスコへの手紙、1857年8月25日）。他方、サヴィオ家の7番目の息子であるグリエルモが1853年4月20日にモンドニオで生まれている。ドメニコはカステルヌオヴォの小教区でイヴレアの司教ルイジ・モレーノから堅信を受けたが（1853年4月13日）、このときの堅信式には「800人以上」が秘跡を受けたと言われる。これは、隣接するいくつかの小教区から合流していたためで、サヴィオ家はすでにモンドニオに住んでいたと考えられる。

(＊47) 「ジュゼッペ・クリエロ神父はピーノ・ディ・キエリで聖堂付司祭を数年間務めた後、模範的生活を送り、同じ村で主のもとに休んでいる」（1859年版に加

しています。私は繰り返しを避けるためにそこからいくつかの特筆すべきことだけを選び、ほかのことには触れないようにします。

彼はこう書きます。「子どもたちを20年にわたって教えてきましたが、信仰心においてサヴィオと並ぶような少年はいなかったと言うことができます。彼は年齢こそ子どもにすぎませんでしたが、立派な大人のような思慮分別のある子でした。その勉強に対する熱心さと勤勉さ、柔らかな物腰によって、先生たちは彼に愛情を向け、級友たちのよろこびになっていました。彼を教会で見ていると、あの年齢の若者がそこまで集中している姿にはまったく驚いてしまいました。よく心の中で思ったものです。『本当に純真な子どもで、天国のよろこびだ。彼は心の中では天使と共に生きている』」。

特別な出来事の中で、クリエロ神父は次のエピソードを伝えます。「ある日、私の生徒の中で非常に深刻な出来事が起こりました。その責めを負う者が退学処分になることは明らかでした。事件を起こした本人たちはそのことに気づき、私のところに来てすべての責任をドメニコに負わせ、罰を逃れようとしました。そのような馬鹿げたことを彼がするとは想像もつきませんでしたが、彼を非難する者たちは非常にうまく中傷したので、私は最後には信じてしまいました。私は起こった出来事について非常にいらだった気持ちで教室に向かいました。皆の前で犯人に向かって話しました。それからサヴィオに向かい、言いました。『この過ちを君が犯す必要があったのかい？　すぐに退学処分になるようなことではないのかな？　君がこんなことをしたのが初めてでよかった。さもなければ……。これが最後であるように』。ドメニコは弁明のためにひと言言えば、無実

筆され、1878年第5版で改訂された注）。

は証明されたでしょう。でも彼は何も言わなかったのです。彼は頭を下げ、まるで理由があって非難されているかのようにして、目を上げませんでした。しかし、神は無実の者を守られます。翌日、真犯人が明るみに出て、ドメニコの無実は証明されました。彼の上に投げつけた非難の言葉に非常に恥じ入りながら、私は彼を呼んで尋ねました。『ドメニコ、君がやったんじゃないと、なぜ言わなかったんだい？』 ドメニコは答えました。『彼らは今までたくさん悪いことをしてきたから、今度はきっと退学になるとわかっていました。ぼくなら初めてなので、おそらく許されるだろうと思ったのです。それに、私たちの救い主のことを考えたんです。イエス様は不当に非難されたのですから[48]』。彼はそれ以上、何も言いませんでしたが、皆がサヴィオの忍耐に尊敬を覚えました。彼は、悪を善に変えることができ、自分を非難する者のために重い罰を受けることさえ覚悟できたのです」（以上クリエロ神父の証言）[49]。

第7章
彼との最初の出会い ― そのときの興味深いエピソード

これから書くことは、もっと詳しく伝えることができます。なぜなら私自身の目の前で、またそれが本当だと証言できる多くの若者たちのいる中で起きたからです。1854年のことでした。すでに登

---

[48] 新約聖書 ペトロの手紙一2章23節 参照。

[49] ドン・ボスコによって大きく引用されたこのクリエロ神父の証言（1857年4月19日）はサレジオ会アーカイブに保存されている。ドン・ボスコはこの証言を、おそらくほかの証言と混ぜ合わせながら、級友たちに罪を負わされる場面を誇張し、ドラマチックにしている。

場したクリエロ神父が、自分の生徒のことで私に会いに来たのです。その生徒は才能と信仰において特別に注目するべき生徒だということでした。クリエロ神父は言いました。「あなたの家には同じようにすばらしい若者たちがいるかもしれませんが、才能と徳の面で彼を超える少年はいないでしょう。一度会ってみてください。そうすれば彼がもう一人の聖アロイジオだとわかるでしょう」。次に私がベッキを訪れる機会に、彼に会わせてくれることになりました。そこへはよくオラトリオの若者たちと遠足をし、同時にロザリオ[*50]の祝日を祝うためのノヴェナ[*51]をするために行っていました。

10月最初の月曜日の朝でした[*52]。一人の少年が父親と一緒に私のほうへ歩いて来るのが見えました。少年の明るい表情、にこやかですが礼儀正しい雰囲気は、私のまなざしを引き付けました。

「君の名前は？　どこから来たの？」

「ぼくは、ぼくの先生クリエロ神父様からお話のあったドメニコ・サヴィオです。モンドニオから来ました」

私は彼を脇に連れていき一対一で話しながら、勉強のこと、これまでの生活の様子などを尋ねました。私たちはすぐに完全に信頼し

[*50]　ロザリオ：　ロザリオの祈りは、救い主イエスと聖母マリアのよろこび、光、苦しみ、栄えの神秘を黙想しながらアヴェ・マリアの祈りを50回唱える祈り。アヴェ・マリアの祈り10回で一連、5連で一環となる。祈りの際に用いる数珠状の信心用具をロザリオと言う。

[*51]　ノヴェナ：　17世紀に始まった信心業。特別な願いを神に聞き入れていただくため、9日間にわたって祈りをささげるもの。

[*52]　1847-69年の記録によれば、ドメニコはオラトリオに1854年8月22日に入っている。もしこの資料を（同時代のものではなく、不正確さもあるが）信頼するならば、ドン・ボスコとドメニコの出会いはこの日付の前に起こったはずである。ここではほかの比較対象がないので、ドン・ボスコの説を元にすることにする。

第1部　ドメニコ・サヴィオ少年の生涯

合うことができました。彼は私を、私は彼を。

　彼のうちに、私は主の霊に従う魂を見ました。そして、すでにその幼い少年のうちにいかに恩寵が働いているかを見て、非常に感嘆しました。

　私たちは時間をかけて語り合い、私が彼のお父さんを呼ぼうとする前に、彼は私に次のとおり正確に言いました。

　「神父様、どうでしょうか？　勉強するためにぼくをトリノへ連れていっていただけますか？」

　「そうだね、よい布地があるようだね」

　「その布地は何に役立つ物ですか？」

　「主にささげる美しい服を作るためだよ」

　「つまり、ぼくは布地で神父様は仕立屋ですね。ぼくを連れていって、イエス様への美しい服を作ってくれるんですね」

　「君の体力で勉強に耐えられるか、心配だね」

　「心配しないでください、神父様、これまで主は私に健康と恵みを与えてくださったし、これからも助けてくださると思います」

　「ラテン語の勉強を終えたら、何をしたいのかな？」

　「もし主がぼくに多くの恵みをくださるなら、司祭になることを強く望んでいます」

　「よろしい。それでは、君に勉強のための能力が十分にあるか見てみよう。この小さな本（『カトリック講話集』*53 の1冊だった）を持ち帰ってこのページを読みなさい。明日また来て、暗唱しなさい」

　こう言って私は、彼の父親と話す間、彼がほかの若者たちと一緒

───────────────

＊53　『カトリック講話集』：　原題は“Lettura Cattoliche”。ドン・ボスコが1853年に創刊。小冊子のシリーズで、手軽で読みやすく、カトリック信徒の信仰を奮い立たせ、豊かにした。

に遊べるように自由にさせました。すると、8分もたたないうちに
ドメニコがほほえみながら近づいてきてこう言いました。

「お望みでしたら、あのページを今、暗唱します」。私は本を手に
取りました。驚いたことに、彼は内容を暗唱しただけでなく、そこ
に含まれる意味を非常によく理解していたのです。

「見事だ。君は約束より早く勉強してきたね。だから私も早く返
事をしよう。トリノに君を連れていこう。そして今から、君は私の
子どもたちの一人だよ。これからは、私と君がすべてにおいて神の
聖なるみ旨を行えるように助けてくださいと、イエス様に頻繁に祈
り求めなさい」。

うれしい気持ちと感謝を、ほかにどう表したらいいのかわからず、
彼は私の手を取って握り、何度も接吻し、最後にこう言いました。「神
父様がぼくのことで不満を感じることが決してないように、いつも
行動したいと思います」。

第8章
聖フランシスコ・サレジオのオラトリオに到着
― 最初の生活の様子

彼の年代の若者は、こうなりたいという決心をしてもしばしば変
わってしまう、不安定な年頃です。ですから、今日はあることを決
めても明日は違ってしまっている、ということはよくあることです。
今日はある徳をすばらしく実践しても、明日になると正反対。もし
注意深く見守ってあげる人がいないと、しばしば教育が悪い結果に
終わってしまうのです。われらのドメニコの場合、そうではありま
せんでした。人生のさまざまな段階で始まり、成長し始めた徳すべ

てが、どんどんすばらしく発展し、互いに妨げとなることなく見事に成長を続けました。

　オラトリオの家に到着すると、彼はすぐに私の部屋にやって来ました[54]。彼が言うには、自分自身を完全に長上の手にゆだねるためでした。最初に彼の目を捕らえたのは、壁に掛かった貼り紙でした。そこには、聖フランシスコ・サレジオがよく口にした言葉、"*Da mihi animas, coetera tolle*"（*私に魂を与えてください。他のものは取り去ってください*）[55]が大きな字で書かれていました。彼はじっとそれを読んでいましたので、私は彼にその意味を理解してほしいと思いました。そこで私は彼に「意味がわかるかい」と尋ね、彼が翻訳できるように助け、こういうことだと説明しました。「おお主よ、私に魂をください。ほかの物はすべて取り去ってください」。彼は少し考え込み、それから言いました。「わかりました。ここではお金の商売をするのではなく、魂の商売をしているんですね。わかりました。ぼくの魂もこの取り引きの一部になればいいなと思います」。

　しばらくの間、彼の生活の様子はまったく普通でした。感嘆すべきはオラトリオの規則を正確に守っていたことです[56]。彼は熱心に

---

[54]　ドン・ボスコの部屋は、ピナルディの小屋の延長された部分に、聖フランシスコ・サレジオ聖堂と平行する向きで併設して1853年に建築された建物の3階にあった。ドメニコがヴァルドッコにいた間に、その1853年の建物を聖フランシスコ・サレジオ聖堂と結び合わせるために、ピナルディ聖堂は取り壊され（1855年）、1856年に工事が終了した。

[55]　旧約聖書 創世記14章21節から取られたラテン語のこの表現は、聖フランシスコ・サレジオの著作には見当たらない。彼の弟子（Pietro Camus）が伝えている言葉である。ドン・ボスコはカファッソ神父の影響で、自分の司祭職のモットーとして選んだ。人びとの魂の救いだけが大切なのであり、他のものは取り去ってください、という意味。

[56]　1854年の秋に制定されたオラトリオの規則の改訂版（1877年まで手書きの文書のままであった）が施行された。54年からますます増えていった寄宿生の

オラトリオの少年たち

勉強しました。そして情熱的にすべての務めを果たしていました。また、大きなよろこびをもって説教を聞いていました。神のみ言葉は天国への道を確実に導いてくれると、すでに確信していたからです。ですから説教のときのどんな教えも、彼にとっては忘れられない記憶となりました。

どんな道徳的講話も、どんなカテキズムも、どんな説教も、それが時に少々長くなっても、彼にとってはよろこびでした。何かわからないことがあれば遠慮することなく、もっと説明してほしいと願いました。このようにして彼はあの比類のない模範的な生活、徳における絶えざる進歩、自分の務めの正確な遵守を始めたのでした。

家の規則や規律をよく理解するため、彼は非常に礼儀正しくだれか長上[*57]のところに近づいていきました。そして彼に質問し、助言や勧めを求め、もし務めを怠るようなことがあれば正してほしいと願いました。仲間に対しての態度も同じように称賛されるものでした。だれかがだらしなかったり、務めを怠ったり、祈りをおろそかにしていたらどうするか？ ドメニコはその仲間とは関わりませんでした。模範的で、一生懸命勉強し、熱心で、先生からほめられる仲間がいたら？ ドメニコはすぐに彼の友達となりました[*58]。

12月8日の無原罪の聖母の祝日が近づいていました。聖なるマリアにふさわしく祝日を祝えるよう、その準備として、オラトリオの若者たちに毎晩ひと言励ましと勧めの言葉を語るのが院長の習慣で

　　　　共同体に特に採用されたものである。この「家（支部）の規則」は学年度の初めに公に読まれ、そして「毎日曜日、生徒たちに１章ずつ読ませて」（MB4, 543 p.）いた。

＊57　上記の規則によれば、「家（オラトリオ）の長上」とは、「1. 院長　2. 副院長　3. カテキスタ　4. アシステンテ　5. 守護の天使係　6. 寝室長　7. 奉仕係」である。

＊58　この段落は1866年第4版で加筆された。

第1部　ドメニコ・サヴィオ少年の生涯

した。特にそれぞれ最も必要としている恵みをこの天の保護者に願うようにと、院長は熱心に勧めました。

その年、1854年、世界のキリスト者は霊的なよろこびに沸き立っていました。ローマで、聖母を無原罪の御宿りと宣言する教義が制定されようとしていたのです[*59]。私たちの間でも、ふさわしい荘厳さと若者たちの霊的実りをもってこの祝日を祝おうと、心を込めて準備していました。

サヴィオは、この祝日をふさわしく過ごしたいという大きな望みをもつ者の一人でした。彼は9つの霊的花束、すなわち聖母をたたえて果たすべき9つの徳を書き出し、日ごとにそれをくじで引くようにしました。そしてとてもよく準備して総告解をし、最大限集中して秘跡を受けました。

12月8日の祝日前夜、聖堂での祭儀のあと、ドメニコは聖母の祭壇へ行き、聴罪司祭の勧めに従って初聖体のときにした約束を更新し、何度も繰り返し次のように言いました。「マリア様、あなたにぼくの心をささげます。この心をご自分の物としてください。イエス様、マリア様、いつもぼくの友達でいてください。どうぞお願いです。一つでも罪を犯すような不幸が起こるよりは、死をお与えください」。

こうして自分の霊的生活の支えとしてマリアを選んだあと、彼の生き方は特別にすばらしいものとなり、徳の行いがそれに付随してきましたので、そのときから私は彼の行動を忘れないように書き留め始めました。

[*59]　無原罪の聖母の教義は、ピオ9世によって使徒的回勅 *Ineffabilis Deus* と共に宣言された（1854年12月8日）。

若きサヴィオの行動について詳しく描写する段階に来ましたが、書く人にとっても読む人にとっても特別注目すべき出来事や徳が目の前にいっぱい広がっています。ここからは、起きた順番にではなく、互いに関連する事柄ごとにまとめて書きたいと思います。そのほうが明瞭でわかりやすくなるでしょう。そのため、扱う事柄ごとに章に分けていきます。まず、ドメニコがヴァルドッコの*60 この家に受け入れられた主な理由であった、ラテン語の勉強のことから始めましょう。

第9章
ラテン語の勉強 ― 興味深い事件 ― 学校での態度 ― けんかを治める ― 危険を避ける

ドメニコはモンドニオでラテン語を学び始めました。熱心に努力し才能にも恵まれていたので、まもなく第4級、今日で言う、ラテン語文法第2学年に進みました*61。ドメニコは、信仰が篤く愛情深いジュゼッペ・ボンザニーノ教授の下でこのクラスを学びました*62。当時は今と違って、オラトリオの家には中学校がまだなかっ

---

*60　「ヴァルドッコの」： 1878年第5版で加筆。

*61　ラテン語文法第2学年： 中等学校（ジンナジオ）2年。ここでドン・ボスコは部分的に古い用語を使っている。伝統的な人文科目のカリキュラムは、以前はラテン語下級の3学年、ラテン語上級の3学年、そして哲学の2年に分けられていたが、カザーティ法（1859年）によって、ジンナジオ（5学年）とリチェオ（3学年）の2段階に分けられた。

*62　「信仰が篤く愛情深い」： 1878年第5版で加筆。ジュゼッペ・ボンザニーノ教授（Carlo Giuseppe Bonzanino 1888年死去）は自分の家で20人の生徒のために学校を開いていた。

第1部　ドメニコ・サヴィオ少年の生涯

たのです[63]。ここで私は彼の態度、成長、模範を描きたいと思いますが、以前の彼の先生たちが言っていた言葉と同じようなものになるでしょう。そこで、ラテン語のこの学年と次の2学年の間の、彼を知っている人たちが特に感心したいくつかのことだけを記そうと思います。記憶するかぎり、サヴィオ少年以上に注意深く、素直で、人に敬意を払う生徒をもったことはないと、ボンザニーノ教授は何度も語りました[64]。彼はすべての面で模範でした。服装や髪形に気取ったところがありませんでしたが、その質素な服装と控えめな態度のために、清潔感があり、しつけがよく、礼儀正しい人に見えました。彼の級友にはお金持ちや貴族階級の子どもも大勢いましたが、彼らもドメニコと過ごすことをとてもよろこんでいたのです。それは彼の知識と信仰だけではなく、人と接するときのよくしつけられた、感じのよい態度のためでもありました。少々注意力散漫でおしゃべりな少年がいると、教師はその子をドメニコの横に座らせました。すると、彼は巧みにその少年を沈黙や勉強、務めを果たすことに導いていくのでした。

　その年に起きたある出来事によって、ドメニコがあの年齢の少年にしては信じがたい本物の勇気を備えた少年であることが明らかになりました。ある二人の少年の間に深刻な対立が生じたときのことです。そのけんかは互いの家族について悪口を言い合ったことから始まりました。しばらく中傷し合ったあと、侮辱に移り、最後は石

---

[63]　1855年の夏までは、ヴァルドッコに寄宿する全生徒は、ジュゼッペ・ボンザニーノ教授とマッテオ・ピッコ教授（注67参照）のところへ通っていた。1855-56年の学年にドン・ボスコは最初の中学校をヴァルドッコ内部で開き、神学生ジョヴァンニ・バッティスタ・フランチェジアに任せた。

[64]　サレジオ会アーカイブには、ボンザニーノ教授からドメニコに送られた、勤勉と長所の書かれた5つのメモが保存されている。

43

で決闘をすることになってしまいました。ドメニコはこのことを耳にしました。でもどうやってやめさせればよいのでしょうか。二人とも自分より年上で、腕っ節もずっと強かったのです。彼は、復讐は神の掟に反するし、道理にも反していることを考えさせながら、決闘をやめ仲直りをするよう、彼らを諭し、説得しようと、一人ずつに手紙を書きました。そして、先生や両親に報告すると二人に強く警告しました。しかし、すべて無駄でした。彼らの魂は怒りに満ちていたので、どんな言葉も役に立ちませんでした。大怪我をする危険があるだけではなく、神への深刻な背信行為でした。ドメニコは大変苦しみ、何とかして反対しようと思いましたが、どうすればよいかわからなかったのです。しかし、神が次のようなインスピレーションを与えました。放課後、彼らを待ち受け、彼らから離れて二人ともに話せるようにしてこう言いました。「君たちの獣のような計画をどうしても実行しようと言うのなら、一つだけ条件を受け入れてほしい」「俺たちの決闘を邪魔しないならば、聞いてやろう」と彼らは答えました。「やつはペテン師だ」と一人がすぐに言いました。「俺はやつとは仲良くしない。やつか、俺のどちらかが頭をかち割るまではな」ともう一方は答えました。サヴィオはこの恐ろしいやり取りに震え上がっていましたが、より大きな悪を阻止するために、何とか自制して言いました。

「決闘を邪魔するような条件ではないよ」

「何だその条件は？」

「決闘をする場所に行くまでは言わないよ」

「俺たちをだますつもりだろう。それか、何とか邪魔しようってことか」

「一緒に行くし、だましたりはしないよ。信じて」

第1部　ドメニコ・サヴィオ少年の生涯

「どうせだれかを連れてこようってんだろう」

「そうすべきだろうけど、しないよ。さあ、一緒に行くよ。ただ、約束は守ってね」

　彼らは約束しました。そしてポルタ・スーザの外のチッタデッラの牧草地[*65]と呼ばれるところに行きました。

　二人の憎しみがあまりに激しかったので、途中の短い距離でも二人がつかみ合いになるのを止めるためにサヴィオはずいぶん苦労しました。

　決めた場所に着くと、サヴィオはだれも想像できなかったことをしました。二人がそれぞれ5つの石を手に持ち、互いに距離を置いて立つと、ドメニコは言いました。「決闘を始める前に、約束したことを守って」。そう言うと、彼は首に掛けていた小さな十字架を手に取って高く掲げました。「二人ともこの十字架をよく見て、最初の石をぼくに向かって投げるんだ。そしてはっきりと次のように言ってくれ。『イエス・キリストは、罪がないのに自分を十字架にかけた者を赦しながら死にました[*66]。罪びとの私は、イエス・キリストに背き、大きな復讐を行います』」。

　こう言って、彼はより怒っているように見えた少年のほうへ走り寄り、その少年の前でひざまずいて言いました。「最初の石をぼくに向かって投げてくれ。ぼくの頭の上に思い切り石を投げてくれ」。少年は震えだし、言いました。「いや、できないよ。お前には何の恨みもないんだから。お前がだれかにやられそうだったら俺が守ってやりたいぐらいさ」。

(＊65)『あの牧草地には今はすべて建物が建ち、あのけんかの場所には聖バルバラ教会の小教区の教会がある』（1878年第5版の注）。

＊66　新約聖書 ルカによる福音書23章34節 参照。

45

ドメニコはそれを聞いてもう一人のほうへ走って行き、同じこと を言いました。彼もまた当惑し、震えながら言いました。「君は友 達だ。俺はそんなことしない」。

するとドメニコは身を起こし、厳しい表情で激しく言いました。 「どうして！　君たちは、惨めな者にすぎないぼくを守るために自 分の身を危険にさらす覚悟さえある。でも君たちは学校で起こった 侮辱とからかいを互いに赦すことができず、イエス様がそのために 血を流した君たちの魂を救おうとせず、この罪によって破壊しよう としている」。こう言って彼は黙り、高く十字架を掲げていました。

この愛徳と勇気の光景に級友たちは打ち負かされました。彼らの 一人があとに言っています。「その瞬間、私は心が揺さぶられたの です。全身に寒気が走り、自分たちの恐ろしい計画を阻止するため に、サヴィオのような友達に、これほどまでのことをさせてしまっ たことが心から恥ずかしくなりました。彼への気持ちを示すために、 自分を怒らせた相手を心から赦しました。そしてゆるしの秘跡を受 けるために、愛があり忍耐強い司祭を紹介してくれるようドメニコ に頼みました。彼はその要求に応えてくれました。数日後、私は自 分の敵だった人とゆるしの秘跡を受けに行きました。こうして彼と もう一度友達になったあと、私は主と和解しました。憎しみと復讐 にかられた私は確かに主を傷つけてしまったのですから」。

これは、だれかがほかの人から何かしら傷つけられ侮辱され、復 讐したくなったときに、すべての若いキリスト者が見習うべき手本 と言えるでしょう。

この出来事の中で、サヴィオの行動と愛徳について特別に称賛さ れるべきことは、彼がこのことをずっと黙っていたことです。当事 者たちが何度も語らなかったなら、彼がしたことは知られないまま

だったでしょう。

　田舎から都会に出てきた少年たちにとって、オラトリオと学校を往復する道には危険が伴いました。われらのドメニコはそこでも徳を実践していました。彼は先生たちの指導をすべて実行し、若いキリスト者にとって好ましくないことに一切目を向けず、耳も傾けませんでした。もしだれかが寄り道をしていたり、かけっこをしたり、飛び跳ねたり、石を投げたり、行ってはいけないところに行ったりするのを見ると、すぐにそこから離れました。ある日には、許可なしにどこかに散歩に行こうと誘われました。ほかのときには遊びに行くために授業をさぼろうと勧められましたが、彼はいつもはっきりと断っていました。「自分の務めを果たすことが、いちばん好きな楽しみなんだ。もし君たちが本当にぼくの友達なら、務めをおろそかにするのではなく、正確に果たすように勧めてくれるはずだよね」。それにもかかわらず、ある級友たちがサヴィオの邪魔をして、ついに彼らの罠に落ちてしまいそうになったときがありました。彼らと共に行動し、その日は学校に行かないことを決意してしまったのです。しかし、少し歩き始めたときに悪い勧めに従っていることに気づき、ひどく後悔し、哀れな誘惑者たちを呼んでこう言いました。「ぼくの務めは学校に行くことだ。そしてぼくは学校に行きたい。ぼくたちは神様と長上たちが嫌がることをしている。自分がしたことを後悔しているよ。もしまたこんなことに誘うなら、もう君たちはぼくの友達ではないよ」。

　若者たちは彼らの友の警告を聞き入れました。彼らは皆学校へ行き、それからというもの、彼の務めを果たすことを邪魔することはありませんでした。その年の終わりに、彼は品行方正と勉学への絶えざる努力が認められ、最も優秀な成績の学生の一人として上級に

進級しました。しかし文法第3学年の最初に、ドメニコの体調が思わしくないように思われたため、オラトリオの家で個人指導を受けながら勉強することになりました。そうすれば、休息と勉強と余暇のために、より細やかな世話を受けられると思われたのです。

　人文第1学年、もしくは修辞法第1学年のときに、彼の健康はだいぶ回復していました。彼は高名な神父、マッテオ・ピッコ教授[67]のクラスに通うことになりました。マッテオ教授の学校はトリノで最も優秀とされていましたが、サヴィオは授業料免除で入学を許可されました。教授がすでに彼の特別な才能についてのうわさを何度も聞いていたからでした。

　文法第3学年、もしくは修辞法第1学年にサヴィオが言ったこと、行ったことで模範的なことは数多くあります。私たちは関係する出来事を少しずつ話しながら、それらを明らかにしていきましょう。

第10章
聖人になる決意

　ラテン語クラスでの勉強については触れましたので、彼の聖人になるという固い決意について話しましょう。

　サヴィオがドン・ボスコの学校に来て半年ほどたったころでした。聖人になるための簡単な道についての説教がありました。説教師は次の3つの点を特に強調したのですが、それはドメニコの魂に深い

---

[67]　マッテオ・ピッコ教授（Matteo Picco）：　1810年にトリノに生まれ、1832年司祭叙階。サン・アゴスティノ通りの1階で学校を開く。ドン・ボスコとサレジオ事業の友人。1880年に死去。

驚きを与えました。皆が聖人になることが神のみ旨であること*68。聖人になることは簡単だということ。聖人になる人には、天において大きな報いが用意されていること。その説教は、彼の心にある神への愛を大きな炎へと燃え立たせる火花のようでした。数日間、彼は何も言わず、いつものように明るい雰囲気ではありませんでした。仲間たちも、私自身もそれに気がつきました。私が最初に思ったのは、また具合が悪くなったのではないかということでした。そこで、彼にどこか悪いのかと尋ねました。「いいえ」と彼は答えました。「よいことのために苦しんでいるんです」「どういうことだい？」「聖人になりたいし、なる必要があると感じています。それが簡単だとは思ってもみませんでした。今は、よろこびながらもそれができるとわかったので、ぼくは絶対に聖人になりたいし、絶対にそうなる必要があるんです。この大仕事を始めるために何をすればよいか、教えてくださいますか」。

　私はそのよい決意をほめましたが、心を騒がせないように勧めました。魂が興奮していると、神の声がわからなくなるからです。そうではなく、私が望むのは、第1に常に、そしてほどよくよろこんでいること。祈りと勉強の務めを忍耐強く果たすこと。レクリエーションをいつも仲間と共にすることをおろそかにしないことだ、と伝えました。

　ある日、私は君をよろこばせる贈り物を何かしたい、と彼に言いました。そしてそれを選ぶのは君に任せたい、と。彼は即座に答えました。「ぼくが欲しい贈り物は、神父様がぼくを聖人にしてくれ

＊68　新約聖書 テサロニケの信徒への手紙一4章3節 参照。

ることです。ぼくはすべてをイエス様にささげたい、永遠に＊69。ぼくは聖人になる必要があると感じますし、聖人にならないなら、何もしないも同然です。神様はぼくを聖人にしたいのですし、そうならなければなりません」。

　また別のときのことです。院長は家＊70の若者たちに特別の愛情を表すため、何でも欲しい物をカードに書いて願いなさい、可能ならかなえよう、と言いました。中にはおかしな突飛な願い事をする子もいたことは、想像に難くないでしょう。サヴィオは小さな紙切れを取って、次の言葉だけを書きました。「ぼくの魂を救い＊71、聖人にしてください」。

　ある日、言葉の語源について勉強していたときのことです。彼は尋ねました。「『ドメニコ』とはどういう意味ですか？」　答えは次のとおりでした。「『ドメニコ』とは、神のもの、という意味だよ」「ほら、やっぱり」。彼は言いました。「ぼくを聖人にしてくださいと神父様に願うのは正しいでしょう？　ぼくの名前さえ、神のものという意味なんだから。何とかして神のものにならなければならないし、なりたいんです。そして聖人になりたいし、そうでなければ幸せになれません」。

　この聖人になりたいという強い願いは、彼が本当に聖人のような生き方をしていなかったから出てきたわけではありません。そう言ったのは、彼は厳しい苦行や長時間の祈りを行いたかったからでした。しかし院長はそれを許しませんでした。なぜなら彼の年齢と健康と務めに合ったものではなかったからです。

＊69　「ぼくはすべてをイエス様にささげたい、永遠に」：1878年第5版で加筆。

＊70　ドン・ボスコはオラトリオのことを "casa"（家）と呼んでいた。

＊71　「魂を救い」：1866年第3版で加筆。

第1部　ドメニコ・サヴィオ少年の生涯

第11章
魂の救いのための情熱

　聖人になるために彼が最初に勧められたことは、神のため、霊魂を獲得するために働くことでした。なぜなら、イエス・キリストは人びとの霊魂の救いのために、最後の一滴に至るまでその血を流されたのであり[72]、人びとの霊魂のために働くことよりも聖なることはこの世にないからです。ドメニコはこのことの重要性を完全に理解し、しばしば次のように言っていました。「仲間たちみんなを神様のものにできたなら、なんて幸せだろう！」　彼はよい助言をしたり、だれかが神の掟に反する言動をしたりすることがあれば、注意する機会を決して逃しませんでした。

　彼に強い嫌悪感を抱かせ、健康に少なからず害を与えたことは、冒瀆の言葉や、神の名をみだりに呼ぶのを耳にすることでした。街の通りや、ほかの場所でそのようなことを耳にすると、彼は悲しい思いで頭を垂れ、敬虔な気持ちで一人つぶやきました。「イエス・キリストは賛美されますように」[73]。

　ある日、街の広場を歩いていたとき、彼が帽子を取り何かつぶやいていることに、仲間が気づきました。「何をしているの？　何を言っているの？」「あの御者が冒瀆の言葉でののしっているのが聞こえなかった？」　ドメニコは答えました。「注意したほうがいいと思ったら走っていってそうするけど、おそらくもっとひどいことを言わせてしまうと思う。だから帽子を取って『イエス・キリストは

＊72　　新約聖書 ペトロの手紙一1章18-19節 参照。

＊73　　この段落全体は1860年第2版で加筆。

51

賛美されますように』と言うだけにとどめたんだ。こうやってイエスの聖なるみ名への侮辱を少しでも償おうとしているんだ」。

その仲間はドメニコの行動と勇気に感嘆し、今日に至るまでこの友人の名誉と仲間たちの教訓のためにこのエピソードをよろこんで話しています。

あるとき、学校の帰り道、一人の老人がひどい冒瀆の言葉を吐くのをドメニコは耳にしました。彼はそれを聞いて体が震えました。心の中で神を賛美してから、彼は驚くべきことを行いました。大きな尊敬と礼儀正しい態度でその冒瀆の言葉を言う老人のほうへ走っていき、聖フランシスコ・サレジオのオラトリオへの行き方がわかりますかと尋ねました。その天国のような雰囲気を感じて、その人は凶暴な気持ちを静めて言いました。

「本当に悪いねえ、わからないよ」

「おお！　もしご存じないなら、ほかのお願いをしてもいいですか？」

「もちろん、もちろん。いったい何だい？」

ドメニコは老人の耳元に近寄り、ほかの人が聞こえない小声でささやきました。「腹が立ったとき、神様への冒瀆の言葉ではなく、ほかの言葉を言ってくれたらすごくうれしいです」。

その人は非常に驚き、少年への尊敬の気持ちでいっぱいになり、言いました。

「よく言ったね。君の言うとおりだ。これは何としても直したい悪い癖だ」＊74

また別の日に、オラトリオの門の近くで9歳くらいの少年が級友と激しく口論していました。けんかしながらこの少年はイエスの

＊74　この二つのエピソードは1861年第3版で加筆。

聖なるみ名を使ったのです[75]。ドメニコはこれを聞いて憤慨しましたが、自分を抑え、二人を引き離し仲直りさせました。そして神の名をみだりに使った少年に言いました。「ぼくについてきて。きっと君もよろこぶから」。少年はその感じのよい招きに同意しました。ドメニコは彼の手を取って聖堂へ連れていきました。中央祭壇まで進み、自分のそばに少年をひざまずかせて言いました。「イエスのみ名をみだりに使って主を傷つけたことの赦しをイエス様に願って」。少年は痛悔の祈りの言葉を知らなかったので、一緒に唱えました。それからドメニコは言いました。「イエス・キリストに対して行った侮辱を償うためにぼくのあとに繰り返して。『イエス・キリストは賛美されますように。イエス・キリストの聖なる尊いみ名は永遠に賛美されますように』」。

　聖人たちの生涯の中で、彼が特に好きだったのは、霊魂のための働きが際立っていた人びとでした。彼は霊魂を救うために遠い国で多くのことを耐え忍ぶ宣教師たちについてよく話していました。宣教地へ送るお金はありませんでしたが、毎日宣教師のために祈り、少なくとも週に1回は、聖体拝領をささげていました。

　私は何度か、彼が言っているのを聞いたことがあります。「イギリスではどれほどたくさんの霊魂がぼくたちの助けを待っていることだろう。ぼくの体が丈夫で、徳のある人間だったら、すぐに向こうへ行って言葉と模範で主のためにみんなを獲得するのに」[76]。また、

＊75　イエスのみ名を使った冒瀆の言葉を言ったということ。

＊76　ジョン・ケーブル（John Keble 1792-1866）とジョン・ヘンリー・ニューマン（John Henry Newman 1801-1890）のイニシアチブによるオクスフォード運動の流れの中で、特にニューマンのカトリックへの改宗（1845年10月9日）の後に、大きな改宗の動きがあり、カトリック信徒に熱狂をもたらした。ドメニコ・サヴィオの持つ本の中に、『カトリック講話集』の1855年版がすべてあった。

多くの人たちが仲間たちに信仰の真理を教える情熱をあまりもっていないことを嘆き、しばしば仲間たちにも話していました。「神学生になったらすぐにモンドニオに行って、子どもたちを一つ屋根の下に集めたい。カテキズムを教えたり、物語を聞かせたりして、みんなを聖人にしたい。信仰に導く人がいないために、どれほどたくさんのかわいそうな若者が霊魂を失ってしまうことか!」 彼はこのように言って、実践によって証明していました。自分の年齢と受けた教育の範囲内で、オラトリオの聖堂でよろこんでカテキズムを教えました。まただれかが望めばどんな時間でも、週のどんな日であってもカテキズムを教えてあげました。それは、彼らに霊的なことを話し、魂の救いの大切さに気づいてもらうためだけにしていたのです。

ある日、とある軽はずみな仲間が、休憩時間にためになるよい話を語って聞かせている彼をからかいました。「なんでわざわざそんな話をするんだい?」「わざわざ?」と彼は答えました。「ぼくの仲間たちの霊魂はイエス様の血によって贖われたからだよ。ぼくたちは皆兄弟で、自分たちの魂を互いに愛し合わなくてはならないから。そして、神ご自身が互いの魂を救うため助け合うように言っておられるし、一人の霊魂を救うことができれば、自分の霊魂の救いも確かになるからさ」。

その中には英語から訳されたノンフィクション『イギリスでカトリック信徒への刑罰がまだ有効であった時代に、カトリック教会へ改宗した裕福なイギリス貴族の女性』(1855年)というタイトルの分冊が含まれていた。ヴァルドッコではドン・ボスコがロレンツォ・ガスタルディ(後の大司教)と手紙のやりとりをしていた。ガスタルディはロスミニの愛徳会に入り(1851年)、宣教師としてイギリスに派遣された(1853-63年)。おそらくイタリアでの2回の滞在(1856年と1857年)において、ガスタルディはヴァルドッコを訪れ、イギリスの状況について話した可能性がある。

第1部　ドメニコ・サヴィオ少年の生涯

　ドメニコは、短い休暇でふるさとにいるときも魂のためのよい働きを続けました。学校やカテキズムで手に入れた聖画、メダイ、十字架、小冊子などがあれば、休暇で帰ったときに使おうと全部大事に取っておきました。また、帰省する前に、彼が言うところの遊び仲間たちをよろこばせるために、何か分けてもらえる物がないか長上方のところを聞いて回りました。ふるさとに帰ると、すぐにたくさんの少年たちに囲まれていました。自分と同年代の子もいれば、小さな子も大きな子もいました。彼らはドメニコと共に過ごすことを本当によろこんでいたのです。彼はふさわしいときにプレゼントを子どもたちに配り、カテキズムや勉強について彼らにしていた質問に注意するように励ますのでした。

　こういう上手なやり方で、彼は多くの子どもたちをカテキズムや祈り、ミサ、ほかの信心業に導くことができたのです。

　彼がある友達に教えるために少なからざる時間をかけていたと確かに聞いています。彼はその少年にこう言っていました。「もし君が十字架のしるしができるようになったらメダイをあげよう。それから、神父様のところに行ってきれいな本がもらえるようにするよ。でも、このしるしをきちんとしてほしいんだ。口で言葉を述べて、右手で頭から始まって次に胸に、そして左の肩にしっかり触り、次に右、最後に手を合わせて言うんだ。『アーメン』と」。この私たちの贖いのしるしが心を込めてなされることは、彼の大きな望みでした。彼自身、皆の前で十字架のしるしをし、人にもそうするように勧めていました[77]。

＊77　「学校やカテキズムで手に入れた聖画……人にもそうするように勧めていました」：　1860年第2版で加筆。

彼は、自分自身のどんな小さな務めも正確に守るだけではなく、二人の後輩たちの面倒を特別に見ていました。彼らに読み書きやカテキズムを教え、朝と晩の祈りを一緒に唱えていました。彼らを聖堂に連れていき、聖水の使い方を教え、聖なる十字架のしるしのきれいな仕方を見せていました。彼はいろいろなことをして余暇を楽しむこともできましたが、その時間に話を聞きたがっている両親や仲間たちによい話を聞かせていました。ふるさとでも毎日、必ず聖体訪問をするようにしていましたが、だれかを誘って一緒に行くことができればそれは彼にとって大きなよろこびでした。だれかを助けたり、助言をしたり、魂のために何かする機会を決して逃さなかったと、確かに言えるでしょう。

第12章
仲間たちとの上手な会話とそのエピソード

神のために霊魂を獲得するという思いは彼を離れませんでした。彼は休み時間には遊びの中心にいましたが、言葉や行いはすべて、自分や他人の心の善になるようにしていました。彼は他人が話すときに割って入ったりしないという、礼儀の基本をいつもわきまえていましたが、仲間たちが静かになると、授業や歴史、数学などについての話題を出しました。いつも何かおもしろい話を山ほどもっていましたので、彼と一緒にいることは心地よかったのです。だれかが文句を言ったり批判したりし始めると、ほかの話題で皆を笑わせて気を紛らわせ、批判の言葉を打ち消し、神への侮辱となるようなことを仲間たちから遠ざけるようにしていました。

彼は朗らかな雰囲気と快活さのため、宗教的なことにあまり関心

のない者たちにも好かれていました。彼らもいつもよろこんで彼と一緒に過ごし、時々彼がする注意を大部分受け入れていました。

あるとき、一人の仲間が一緒に仮装して出かけようと彼を誘いました。彼は行きたくありませんでした。「二つの角と大きな鼻があって道化師の服を着た者に本当になったらうれしい？」「もちろんなりたくないよ」。相手は答えました。するとドメニコはこう言うのでした。「じゃあどうしてなりたくない者の格好をして、そのうえ神様にもらったよい顔を悪く見せたいんだい？」

また別のあるとき、ある男がレクリエーションの時間に遊んでいる若者たちの中に入って来ました。男は彼らのうちの一人に声をかけ話し始めましたが、声が大きかったので周りの人たちは皆それを聞いていました。ずるがしこい男は、自分の周りに人を集めるために、まずは笑わせるためのおかしなことを話し始めました。好奇心から、若者たちはすぐに彼の周りを大勢で囲み、その口から出てくる変わった話を注意深く聞き始めました。大勢集まったと見るやいなや男は宗教について話し始め、そういった人たちがいつもするように、聖なる事柄をばかにする話を含め、聖職にある人びとの信用を傷つけることを言って、怖がらせるような恐ろしい間違いを語り始めました。居合わせた者の数人は、そのような背教的行為に耐えられないものの反対することもできず、とりあえず立ち去りました。多くの者が不注意にもそこにとどまり、聞き続けました。そのとき、サヴィオが偶然通りかかりました。彼はどんなことが話されているか理解すると、大きな声で呼びかけました。「みんな、この哀れな人から離れよう。この人はぼくたちの魂を奪おうとしているんだ」。若者たちは自分たちの愛し尊敬する友人の言葉を従順に聞き入れ、全員、この悪魔から遣わされた男からすぐに離れました。男は皆か

オラトリオの少年たち

ら取り残され、それ以来、姿を見せることはありませんでした[78]。

またあるとき、何人かの若者たちが泳ぎに行きたいと思いました。水遊びは、十分に注意しなければどこでも危険があり、特にトリノ周辺は、道徳的な危険は当然として、水が深く流れも速く、毎年、多くの若者たちが犠牲になっていました。ドメニコは泳ぎに行こうとしている者たちのことを聞き、何かおもしろい話をして引き留めようとしました。しかし、彼らがもう行くと決めたとわかると、強い態度で語りかけました。

「だめだ。君たちには行ってほしくない」

「何も悪いことはしてないだろう」

「君たちの長上たちに対して[79]不従順だし、つまずきを与えたり受けたりする危険と、溺れる危険があるのに何も悪いことはないって？！」

「だけど、ひどく暑くて我慢できないんだ」

「この世界の暑さに耐えられなかったら、君たちが行くかもしれない地獄のひどい暑さはどうやって耐えるんだい？」

ドメニコのこの言葉に動かされて彼らは泳ぎに行くのをやめ、彼と共にレクリエーションをし、決められた時間に聖堂での聖なる儀式にあずかりました。

オラトリオのほかの何人かの若者たちが、あまり素行のよくない仲間たちを回心に導くために、信心会のようなグループを作りました。サヴィオは最も熱心な会員の一人でした。彼は小さなお菓子や果物、十字架、聖画などをそのためにとっておきました。「これ欲

---

[78] この段落のエピソードは1860年第2版で加筆。ミケーレ・ルアによって集められた証言からの引用である。

[79] 「君たちの長上たちに対して」： 1860年第2版にて加筆。

しい人、これ欲しい人」と言って回りました。「欲しい、欲しい」
と皆は叫びながら一斉に駆け寄っていきました。そこで彼は言いま
す。「ちょっと待って。カテキズムの質問にいちばんよい答えをし
た人にあげる」。そう言いながら彼はあまり素行のよくない仲間た
ちだけに質問し、彼らがまずまずの答えができれば、その小さな賞
品をあげました。

　ほかにもいろいろな方法がありました。彼らを捕まえ、一緒に散
歩するように誘い、語り合い、必要なら一緒に遊んだりしていまし
た。時々、こん棒をかつぐヘラクレスのように、大きな棒を肩にか
ついで歩いているドメニコが目撃されたかもしれません。俗にチリ
メッラ[80]とも呼ばれるラーナという遊びをするためで、彼はその
遊びがとても好きだったのです。しかし彼は途中で突然遊びをや
め、仲間に言うのです。「ゆるしの秘跡を受けに、土曜日に一緒に
行かない？」　相手の少年は、土曜日がまだずいぶん先のように思
え、遊びを続行したいばかりに、あるいは彼をよろこばせようとし
て、次のように言います。「いいよ」。ドメニコはまた遊び続けまし
たが、そのことを決して忘れませんでした。毎日何かしらの理由を
つけてその「いいよ」を彼に思い出させ、ゆるしの秘跡を受けるよ
いやり方をほのめかすのでした。土曜日になると、いい獲物を取っ
たこの狩人は、彼と一緒に聖堂へ出かけ、まず自分がゆるしの秘跡
を受け、聴罪司祭にだいたいの状況を伝え、秘跡のあとに少年と一
緒に感謝の祈りを共にささげるのでした。このような出来事は決し
て珍しいことではなく、ドメニコに大きな慰めを与え、仲間たちに

---

[80]　チリメッラ（Cirimella）：　イタリアのさまざまな地方に広まった、古い起源
　　　をもつ遊び。先をとがらせた棒切れを長い棒で打って遠くに飛ばす。現在は
　　　リッパ（Lippa）と呼ばれる。

は大変有益でした。なぜなら彼らは教会で聞く説教からはあまり学ばないことが多かったのですが、ドメニコの敬虔な説得にはしばしば折れるのでした。

時には、相手がその週の間希望をもたせておいて、土曜日のゆるしの秘跡の時間に姿を現さないということがありました。ドメニコは次にその少年に出くわすと、ほとんど冗談っぽくこう言うのでした。「おい、いたずらっこめ！　やってくれたな！」　すると相手はこう言います。「準備できてなかったんだ。そういう気分じゃなかった」。ドメニコは答えるのでした。「かわいそうに。悪魔の誘惑に負けたんだね。やつはよろこんで君を迎えてくれるからね。君は今、前よりももっと乗り気でないようだし、すごく不機嫌に見えるよ。さあ、でも思い切って飛び込んで、よいゆるしの秘跡を受けるようにしたら、きっと心がよろこびでいっぱいになると思うよ」。多くの場合、相手はゆるしの秘跡を受けたあと、ドメニコのところによろこびでいっぱいになって来るのでした。「君の言ったことは本当だった。すごく幸せになった。これからはもっとゆるしの秘跡を受けたいと思う」。

どこの若者の共同体でも、仲間から相手にされない者たちが必ずいるものです。それはその子たちが乱暴であったり、無知であったり、礼儀知らずであったり、何らかのごたごたで苦労していたりするためでした。彼らは友の慰めをより必要としているので、見放されていることをより感じ、苦しみます。

彼らこそがドメニコの友達だったのです[81]。サヴィオは彼らに近づいていき、何かおもしろい話をして楽しませ、よい勧めを与えて

＊81　「彼らこそがドメニコの友達だったのです」：　1860年第2版にて加筆。

いました。それで、無秩序に身を任せようとしていた若者たちが、彼の愛に満ちた言葉に励まされて前向きな気持ちを取り戻すということがしばしば起こりました。

こういうわけで、だれかが病気になると、その人はドメニコに来てほしいと頼むのが常でした。悩んでいる者は彼に悩みを打ち明けて慰められました。このように彼の前には、いつも隣人に愛徳を行い、神のみ前に功徳を積む道が開かれていました。

第13章
祈りの精神 ― 神の母への信心 ― マリアの月

神が彼に豊かに恵まれた賜物の中に、熱心な祈りの賜物がありました。彼の精神は神と会話することに非常に慣れており、どんな場所でも、周りがどれほど騒がしくても、思いを集中させ、敬虔な気持ちで神に心を向けるのでした。

皆と祈っているとき、彼はまるで小さな天使のように見えました。身じろぎせず、全身を集中させ、ひざまずく以外はどこにももたれかからず、にこやかな表情で、頭をわずかに垂れ、目は伏せていました。まるでもう一人の聖アロイジオのようでした。

彼を見るだけで、学ぶことがありました。1854年、カイス伯爵[82]が、このオラトリオで設立された聖アロイジオ信心会[83]の会

---

[82]　カイス伯爵（Carlo Cays 1813-1882）：　ジレッタとカセレッテの伯爵。法律学士。トリノにおける聖ヴィンセンシオ・ア・パウロ信心会の共創立者であり代表。オラトリオでは聖アロイジオ信心会の会長（1854-1855）。ピエモンテ議会の代議士（1857-1860）。1877年に寡夫となり、サレジオ会員となり、司祭に叙階された。

[83]　聖アロイジオ信心会：　1847年4月12日付のフランゾーニ大司教に承認された手書きの規則が保存されている。規則のテキストはMB3に引用されてい

長になりました。私たちの典礼に初めて参加した伯爵は、とても敬虔な様子で祈っている一人の少年を見て、非常に驚きました。典礼が終わったあとで彼を感嘆させた少年がだれなのか知りたくなりました。その少年がドメニコ・サヴィオだったのです。

彼のレクリエーションの時間はたいてい半分になっていました。だいたい霊的読書をするか、ほかの仲間たちと煉獄*84の霊魂のためや聖母マリアをたたえて聖堂に行って祈っていたのです。

ドメニコの中で、神の母への信心は非常に大きいものでした。毎日、聖母をたたえるために何かの犠牲を行っていました。女性の顔を見つめたりしないようにし、学校に行くときは、決して目を上げませんでした。時々、おもしろい見世物のそばを通ることがありました。級友たちは夢中になってしまうほど必死に見てしまっていました。サヴィオはその見世物が気に入ったかと聞かれて、彼は何も見なかったと答えるのでした。あるとき、ほとんど怒りながら、ある級友が彼を叱りました。「こういうことを見るために目があるんだろう？　でなきゃ何のために目がついているんだい？」　彼は答えました。「いつか神様の助けによって天国に行くことができたら、マリア様に会って、マリア様の顔を見つめるために使いたいんだ」。

彼は、マリアの汚れなきみ心*85への特別な信心をもっていました。

　　　る。修正された規則は1877年に印刷された『通学生のための聖フランシスコ・サレジオのオラトリオの規則』に見ることができる。

＊84　煉獄：　人は死後、神の審判を受け、天国か地獄あるいは煉獄へ行く。煉獄は、苦しみによって罪の汚れを清め、天国に行けるよう準備するところである。

＊85　マリアの汚れなきみ心：　聖母マリアのよろこびや悲しみ、美徳、秘められた人間としての完全さ。とりわけ処女性をもって父なる神を愛したこと、御子イエス・キリストへの母なる愛情、そして全人類を思いやる心といったマリアの内的生活。

第1部　ドメニコ・サヴィオ少年の生涯

教会へ行くたびに聖母の祭壇を訪れ、あらゆる汚れから自分の心を守ってくださる恵みが与えられるよう祈るのでした。彼はこう祈っていました。「マリア様、ぼくはいつもあなたの子どもでありたいのです。清らかさに背く罪を犯すよりも、どうぞぼくを死なせてください」。

　毎週金曜日、ある休み時間を選んで何人かの友達を集め、一緒に聖堂へ行き、皆でマリアの7つの悲しみのロザリオか、少なくとも聖母の連祷を唱えました[86]。

　彼は聖母マリアへの信心が篤いだけではありませんでした。マリアのための信心業をするようにだれかほかの人を導くことができたら非常によろこんでいました。ある土曜日、一人の仲間に一緒に聖堂に行って、聖母の夕の祈り[87]を唱えようと声をかけました。その少年は乗り気ではなく、両手が冷え切っているからと言って拒みました。ドメニコは自分の手袋を取って少年にあげ、二人とも聖堂に行きました。別のときには、その相手には上着をあげ、自分と一緒によろこんで聖堂に祈りに行けるようにしました。このような親切な態度を見て、感心しない人がいるでしょうか。

　ドメニコの聖母への信心が最高潮に達するのは、5月でした[88]。聖母をたたえるために、聖堂でする祈り以外に毎日特別な行いをささげようと、友人たちの間で提案して取り決めました。聖母への信心を皆の心に掻き立てるため、聖母に関する興味深い話や事実を集め、それを進んで皆と分かち合いました。休憩時間にもしばしばそれについて話していました。特にこの月に、頻繁なゆるしの秘跡と毎日の聖体拝領を仲間たちに勧めました。たいていの人には望むこ

＊86　『青少年宝鑑』内「悲しみのマリアへのロザリオ」参照。
＊87　『青少年宝鑑』参照。
＊88　カトリック教会には、5月を「聖母月」として特別にマリアを敬う伝統がある。

63

ともできないような集中力で毎日聖体拝領をし、模範を示していました。

マリアへの信心にかける彼の愛情を示す興味深いエピソードがあります。彼の部屋の生徒たちは、聖母月を荘厳に締めくくるための小さくきれいな祭壇を買うことにしました。ドメニコはこのことのために一生懸命働いていましたが、一人ずつが払わなければならない金額がわかったときに、大声で言いました。「ああ！　なんてことだ！　こういうことのためにはお金が必要なんだ。自分はポケットに一銭もない。だけどぼくも何としても貢献したい」。彼は賞でもらった本を持って出ていき、長上に許可を得て、よろこびに満ちて帰ってきました。そしてこう言うのです。「みんな、これでぼくもマリア様のために協力できる。この本を使ってほしい。これがぼくのささげられる物だ」。

ほかの仲間たちは彼の自発的行為と気前のよさに触発され、それぞれ自分の本やほかの物を差し出しました。これらを使って小さな福引きが催され、その収益で必要な経費をまかなうことができました。

祭壇のための作業が終わり、若者たちはできるかぎり盛大に聖母の祝日を祝いたいと思いました。それぞれが準備するために一生懸命に働きましたが、祝日に間に合わせるために、その前の夜遅くまで作業をしなければならなくなりました。サヴィオは「ぼくは一晩中手伝うよ」と言いましたが、仲間たちは彼が少し前に病気をしたばかりだったので、無理に休みに行かせました。彼はあきらめたくなかったのですが、従順のためにその決定を受け入れました。「少なくとも」と彼は仲間の一人に言いました。「完成したらすぐに起こしに来てね。ぼくたちのお母さんにささげられた祭壇を最初に見る仲間の一人になりたいんだ」。

第1部　ドメニコ・サヴィオ少年の生涯

第14章
頻繁なゆるしの秘跡と聖体拝領

　若いころの成長の最も確かな支えがゆるしの秘跡と聖体拝領であることは、経験によって十分に証明されています。これらの秘跡を頻繁に受ける若者がいたら、彼は若い時期に成長を遂げ、大人になり、神が許されるなら年老いるまで年齢を重ね、周りのすべての人によい影響を与えるような生き方をするものです。この原則を若者たちが理解し、実践してほしいものです。彼らの教育に携わるすべての人も、若者たちにこのことを教えるために理解してほしいのです。

　オラトリオに住む前、サヴィオは学校の慣習に従い、二つの秘跡を月に1回受けていました。その後はより頻繁に受けるようになりました。ある日、説教台から以下の教えを聞きました。「若者たちよ、天への道を歩みたいなら、3つのことを勧めます。たびたびゆるしの秘跡を受けること、たびたび聖体拝領すること。心を開くことのできる一人の司祭を聴罪司祭として選び、必要のないかぎりほかの司祭に変えないこと」[*89]。ドメニコはこの勧めを完全に理解しました。

　彼は一人の司祭を聴罪司祭として選ぶことから始め、この学校にいる間ずっと、定期的に司祭のもとを訪ねました。司祭が自分の心について正しい判断ができるように総告解をしました。初めは15日に一度、ゆるしの秘跡を受け、やがて8日ごとにするようになり、

[*89]　「よい聴罪司祭を一人選んで、君たちの心をすべて彼に開きなさい。そして可能な限り、決して司祭を変えないように」（G.Bosco, *Cenni sulla Vita del giovane Luigi Comollo morto nel seminario di Chieri ammirato da tutti per le sue rare virtù,* 1854, 32 p.）。同じような指示はミケーレ・マゴーネの伝記にも見つけることができる。

オラトリオの少年たち

聖体拝領も同じ頻度で受けました。聴罪司祭は、彼が霊的に大変進歩したのを見て、週に3回聖体拝領をするように提案し、その年の終わりごろには、毎日聖体拝領することも許可しました。

彼はある時期、小心に悩まされていました。それで4日に一度、時にはもっと頻繁にゆるしの秘跡を受けることを望みましたが、指導司祭はこれを許さず、週に一度にするよう命じました。

彼は霊的指導司祭に無限の信頼を置いていました。自分の良心に関わることを、告解室の外でも非常に単純に打ち明けていました。時にはほかの司祭のところへ行ってみたらと助言する人もいましたが、彼は聞こうとしませんでした。こう言っていました。「聴罪司祭は魂の医者なんだ。自分の医者を信頼できなくなったり、絶望的な状況でないかぎり、医者を変えたりしないだろう。ぼくはそういう状況ではない。父のようなやさしさと気遣いで私の魂の善のために骨を折ってくれる聴罪司祭をぼくは全面的に信頼している。それにその神父様が治せないような病気は自分にはないと思う」。しかしながら、院長は折々に、例えば黙想会のときなどにほかの司祭の指導を受けるように勧めることがあり、それには躊躇することなく従いました。

サヴィオは、自分の状況に大変満足していました。「何か心に引っ掛かることがあれば聴罪司祭のところへ行きます。彼は神様の望みに従ってぼくに助言してくれるのです。聴罪司祭の声は神の声だとイエス・キリストはおっしゃいました＊90。何か大きなことを求めていれば、ご聖体をいただきに行きます。ご聖体の中には、"*corpus*

＊90　新約聖書 ルカによる福音書10章16節 参照。

第1部　ドメニコ・サヴィオ少年の生涯

quod pro nobis traditum est"（*私たちに与えられている御体*）＊91、つまり十字架の上でイエス・キリストがぼくたちのために永遠の御父にささげてくださった御体、御血、魂と神性があるんです。幸せになるのに、何か欠けていることがあるでしょうか？　この世界には何もありません。一つだけ欠けているとすれば、それは天国で満たされます。この地上では、祭壇の上で信仰の目によって見てあがめるしかない方を、天国でありのままに見るということです」。

　このような思いをもって、ドメニコは毎日を幸せに過ごしました。これこそ、彼のすべての行動から透けて見える、あの快活さとよろこびの源だったのです。彼が自分のしていたことの重大さを理解していなかったとか、頻繁な聖体拝領を望むために必要なキリスト者としての生き方をしていなかったなどと考えてはなりません。ドメニコの振る舞いはどんな観点からも非の打ち所がありませんでした。サヴィオが3年間、私たちと暮らした間、彼の間違った点、あるいは彼に欠けていた徳を何か見つけたことがあったら言ってほしいと、私は彼の仲間たちに尋ねました。皆、異口同音に、彼には正す必要のあること、あるいは付け加えるべき徳は何もなかったと言いました。

　彼の聖体拝領の準備は最も模範的なものでした。聖体拝領の前の晩、眠る前に特別な準備の祈りを唱えました。その祈りはいつも次の言葉で終わるものでした。「最も聖なる、神聖なる秘跡は絶えず祝され、賛美されますように」。当日の朝も準備を続けましたが、聖体拝領後の感謝の祈りはとめどないものでした。その無限の慈しみを筆舌に尽くしがたい方法で人間に伝える神の善意を、祈って、と言うか、観想して過ごしていたので、もし声をかけられなければ、

───────────────
＊91　新約聖書 ルカによる福音書22章19節 参照。

多くの場合、朝食や休み時間、授業さえも忘れてしまうのでした。

聖体に現存するイエスの前で時間を過ごすことができるのは、彼にとって大きなよろこびでした。最低1日1回は、そしてできるときはいつも、ほかの人を誘って一緒に聖体訪問をしました。彼の好きな祈りは、異端者や、不信仰者、よくないキリスト者から受けるイエスのみ心への侮辱を償うミニ・ロザリオの祈り^{（＊92）}でした。

できるだけ実りある聖体拝領をするため、そして、日々、熱意を新たにするように自分をふるい立たせるために、彼は各曜日に特別な意向を作りました。

以下が1週間どのように聖体拝領をするかという計画です。

日曜日：　聖三位一体をたたえて

月曜日：　霊的・物的恩人のため

火曜日：　自分の守護の天使と聖ドメニコを記念して

水曜日：　罪びとの回心のために悲しみの聖母に

木曜日：　煉獄の霊魂のために

金曜日：　イエスの受難を記念して

土曜日：　聖母マリアをたたえて。この世のいのちにおいて、
　　　　　また死において聖母のご加護をいただくため。

彼は、聖体に関係のあるすべての実践に大きなよろこびをもって

（＊92）「このミニ・ロザリオは多くの書物に印刷されており、とりわけ『青少年宝鑑』p.105にある。この祈りは、主の祈りとそれに続く7つの短い祈りによって構成されるもので、「異端者や不信仰者、よくないキリスト者からご聖体において受ける侮辱」からイエスに慰めを与えるためのものである」（1860年第2版で加筆された注）。

参加しました。街中で、臨終のための聖体が病人のもとへ運ばれる場面に出会うと、どこであろうとひざまずき、時間があれば、儀式が終わるまで一緒にいました。

　ある日、臨終のための聖体を携えた小さな行列が通りかかりました。雨が降っていて、地面はひどくぬかるんでいました。よりよい場所がなかったので、彼は泥の中にひざまずきました。一緒にいた仲間は、このようなときにひざまずく必要はない、服を汚すことを神様は命じておられないと言いました。彼はただこう答えました。「ひざも、ズボンも、すべては主のものだ。だからすべての物が主をたたえるために使われるべきなんだ。主が通られるとき、ぼくはぬかるみにひざまずくだけでなく、燃える炉の中に身を投げてもかまわない。そうすれば、このようなすばらしい秘跡をぼくたちにくださるほどの無限の愛の炎の中に入ることができるから」。

　同じような状況で、一人の兵士が自分のそばをご聖体が通ったときに立ったままでいるのを見ました。ドメニコはひざまずくようにとは言えず、ポケットからハンカチを取り出し、兵士の前のぬかるんだ地面に広げ、使ってくださいという合図をしました。兵士は意表を衝かれたような表情をしていましたが、ハンカチを別のところに置いて、道にひざまずきました[*93]。

　キリストの聖体の祭日に、聖体行列に参加するために彼は神学生の服を着て、何人かの仲間たちと一緒に小教区に派遣されました。ドメニコは大よろこびでした。どのような贈り物も、それ以上に彼をよろこばせはしなかったでしょう。

＊93　「ある日、臨終のための聖体を〜道にひざまずきました」：　1860年第2版で加筆。

第15章
苦行

　その年齢、病弱な体、生き方の清さを考えるとき、彼はいかなる苦行からも免除されてしかるべきでした。しかし若者にとってはいくらかの苦行がなければ清さを保つことが非常に難しいことを、彼はわかっていました。そのため、彼には苦しみの道とはバラの花に彩られた道であるように思われました。苦行と言うとき、侮辱や嫌なことを忍耐して受け入れることや、学校で、勉強中、休み時間、祈るときに自分の五感を抑制することを言っているのではありません。彼にとってそのような苦行は、いつもしていることでした。

　私がここで言う苦行とは、体に苦しみを与えることです。彼は毎週土曜日に、聖母を記念してパンと水だけをとる断食をすることにしました。しかし聴罪司祭がそれを禁じました。四旬節に断食を始めましたが、1週間後、そのことがオラトリオの院長の耳に入り、すぐに止められました。少なくとも朝食を断ちたいと思いましたが、それも許されませんでした。これらのことが許可されなかった理由は、彼の病弱な体が完全にだめになってしまわないためでした。ではどうするか？　食べ物の犠牲が禁止されたので、ほかの方法で肉体を苦しめることにしたのです。シーツの下に木片やれんがのかけらを入れ、寝心地を悪くしました。非常に粗い布のシャツを着ようとしました。このような苦行もすべて禁止されました。そこで彼は新しい方法を試みようとしました。秋や冬になっても、ベッドに毛布を増やさずに過ごそうとしたのです。1月なのに、彼は暑い夏用の薄い掛け布団で寝ていました。ある朝、院長が、具合が悪くて休んでいる彼の様子を見に来ました。体を丸めているのを見て近寄っ

第1部　ドメニコ・サヴィオ少年の生涯

てみると、薄い掛け布団しか掛けていないのがわかりました。「どうしてこんなことをしたんだい？」と彼に言いました。「凍え死にたいのかい？」「いいえ」と彼は答えました。「凍え死にはしません。でもベツレヘムの馬小屋で、そして十字架につけられたとき、イエス様は私よりも大変でした」。

　そこで、はっきりした許可がないかぎり、いかなる苦行も絶対にしてはならないことになりました。彼はこの決定を苦しみながら受け入れました。あるとき、私は悲しそうな様子の彼に出くわしました。彼は大声で言いました。

　「どうしたものでしょうか！　どうしていいか、まったくわかりません。苦行をしなければ天国に行けないと救い主はおっしゃっています＊94。ぼくは苦行を禁じられています。これでは天国へ行けないんじゃないですか？」

　「主が君に望んでおられる苦行は従順だよ」と私は彼に言いました。「従うならば、君にはそれで十分だ」。

　「ほかには苦行はできませんか？」

　「できるよ。どんなときでも、忍耐をもって君にされた侮辱を耐え忍ぶという苦行を許可しよう。そして神様が君に与えてくれる暑さ、寒さ、風、雨、疲れ、あらゆる病気を甘んじて耐えることだ」

　「でも、そういうことはやむを得ず我慢することですよね」

　「やむを得ず我慢しなければいけないことを神様にささげること。これが君の魂のために功徳となるんだよ」

　この勧めにドメニコは満足し、ほっとし、落ち着きを取り戻しました。

───────────────────────

＊94　新約聖書 ルカによる福音書13章5節 参照。

71

オラトリオの少年たち

第16章 * 95
あらゆる外的感覚の抑制

サヴィオの外面的な落ち着きを見ていた人は、それがあまりにも自然であったので、主から生まれつきそのように造られたのだと思いがちだったかもしれません。しかし、彼をよく知る人、彼を教育した人は、それが神の恵みに助けられ、大きな人間的努力を重ねた結果だったことを保証できるでしょう。

彼の目はキョロキョロとしがちで、目をじっとさせておくために、小さくはない努力をしなくてはなりませんでした。彼は友人に何度か言っています。「ぼくが絶対に自分の目をじっとさせるという決意をしてからというもの、すごく努力が必要だったよ。時々、ひどい頭痛になるほどだった」。その視線の節制のすごさは、非常に厳しい清さの基準を超えるものを彼が一瞥でもしたことはなかった、ということで、それは彼を知っている人が皆同意するところです。彼はよく言っていました。「目は二つの窓のようだ。窓にはそこをとおることを許したものが、中に入ってくる。ぼくたちはこの窓から天使を中に入れることもできるし、角の生えた悪魔を入れることもできる。そしてどちらにせよ、ぼくたちの心の支配者としてしまうことができるんだ」。

ある日、オラトリオの外部のある少年が、軽はずみにも下品で不信心な絵の掲載された雑誌を持ってきました。大勢の少年たちが、トルコ人や異教徒の人たちさえ * 96 身震いさせるようなその恐ろし

---

* 95　第16章全体が1860年第2版で加筆。
* 96　当時のイスラム教徒や他宗教徒への偏見の影響が感じられる。

第1部　ドメニコ・サヴィオ少年の生涯

い絵を見ようと、雑誌を囲んで集まっていました。サヴィオも、何か神聖な絵が見られるのかと思い遠くから走ってきました。

　しかし彼はそこに近づいたとき、驚いた態度を示し、次の瞬間笑いながらそれをビリビリに破ってしまいました。仲間たちは非常に驚き、お互いに顔を見合わせながら静まり返りました。そして彼が口を開きました。

　「なんてことだ！　神様は創造のわざの美しさに感動するように目をくださったのに、ぼくたちは魂を滅ぼすために人間の悪知恵が生み出した汚い物を見るために目を使っているのかい？　何度も聞いたお話を忘れてしまったのかな？　救い主がこう言っている。一度悪い物を見ただけでぼくたちの魂は罪で汚れてしまう。君たちはこんな物を目でむさぼろうとしていたのかい？」

　「ぼくたちは、ただ笑うためにその絵を見ていただけさ」一人が答えました。

　「そうかい、そうかい。笑うために。君たちは笑いながら地獄へ行く準備をしているんだね……。だけど、もし地獄へ行くような不幸に陥ったら、それでも笑えるかい？」

　「だけどぼくたちは、あの絵はそんなに悪い物とは思えないんだけど」もう一人が言いました。

　「もっとまずいね。あんな下品な絵を見ても悪いと思わないとすれば、君の目がそういう物を見るのに慣れてしまっているってことだ。慣れているからって罪が小さくなるわけじゃない。もっと罪深い者になってしまうんだよ。ああ、ヨブよ、ああ、ヨブよ！　あなたは歳を取っていて、聖なる人でした、そして病気に冒されていて、汚い場所の上に寝ていなくてはなりませんでした。けれど、あなたは自分の目に恥ずべき物を見る自由を与えないように決めていました！」

73

この言葉に皆は黙ってしまい、それ以上、彼を責めたり、見解を述べたりする者はいませんでした。このように、目への配慮に加え、彼は口をよく制御していました。どんな理由であれほかの人が話しているときは、ほかの人が話せるように黙っているか、自分の言葉を途中でやめていました。また、自習中も授業中も聖堂でも、もしくは勉強や祈りの務めが行われているときに、彼が無関係なことをひと言でも言ったりして注意されたことは一度もなかったと、先生たちや長上たちも異口同音に言っています。さらには、そういう時間にだれかがけんかを売ってくるようなことがあっても、言葉と怒りを抑えることができたのです。

　ある日、サヴィオがある仲間の悪い癖を注意しようとしました。その少年はその注意を感謝して受けとめるどころか、怒り狂ってしまいました。彼に向かって暴言を吐き、殴ったり蹴ったりしました。サヴィオは年齢も体力も上だったので無理にでも納得させることもできたはずでした。それにもかかわらず彼はキリスト者としての復讐以外はしようとしなかったのです。顔を真っ赤にしながら怒りの衝動を抑え、こう言うだけにしました。「ぼくは君を赦す。君は悪いことをしたんだよ。しかし、ほかの人に同じようなことはしないでくれ」。

　彼が体のさまざまなほかの感覚を抑制したことについて、何を話しましょうか。いくつかの例だけを挙げましょう。

　彼は冬になると手の霜焼けにひどく悩まされていました。痛みを感じていたものの、愚痴を言ったことも、そのような様子を示すことも一度もありませんでした。むしろ、霜焼けがうれしいかのようでした。彼はよく言っていました。「霜焼けが大きければ大きいほど、健康にいいんだ」。もちろんそれは、自分の魂の健康のことで

第1部　ドメニコ・サヴィオ少年の生涯

した。ドメニコの多くの仲間たちが証言していますが、とても寒い日に彼はゆっくりと歩きました。こうやってどんなときでも機会があれば辛さを味わい、苦行をしたかったためです。ある仲間がこう言っています。「何度も見たのですが、冬の寒さの最も厳しいときに、彼がとげやペンの先で自分の皮膚や肉を切り裂くのを見ました。その切り傷が救い主の傷と同じようになるためです」。

　若者の共同体には、何にも決して満足できない者たちが必ずいるものです。あるときは宗教行事について、またあるときには規則について、別のときには休息について、また別のときには食卓の食べ物について不満を言います。あらゆることについて、賛成できないことがあるのです。このような若者たちは長上たちにとって本物の十字架です。一人の不満はすぐにほかの仲間たちに広がり、時には決して小さくない害を与えるのです。サヴィオの態度はこれとは正反対でした。夏の暑さについても、冬の寒さについても、彼の口から不満の声が出ることはありませんでした。天気が悪いときもよいときも同じように朗らかでした。食卓に出された物は、彼にとって何でもおいしくいただく物でした。というよりも、感心するほど巧みに、犠牲のための手段をそこに見いだすのでした。火がとおりすぎ、あるいは十分とおっていない、塩辛い、あるいは味が薄いとほかの者が思うとき、彼は「ぼくにはちょうどいいよ」と言って満足している様子でした。

　ほかの仲間たちが食べ終わったあとも食堂に残り、テーブルに残されたり、床に落ちたりしたパン切れがあれば集め、それをおいしい物かのように食べるのは彼にはよくあることでした。それに感心している者がいると、彼は苦行の精神を隠そうとして言うのでした。「パンを一口で食べる人はいないでしょう。これだともう小さくなっ

オラトリオの少年たち

ているから噛む手間が省けるんだ」。スープやメインディッシュ、ほかの食べ物の残りについても同じように彼は集めて食べるのでした。大食いのためにそうしていたのではありません。彼はしばしば自分の食べる分をほかの仲間たちにあげていたのですから。ほかのだれかには、嫌悪感を催すような残り物を集めるのになぜそんなに熱心になるのかと聞かれ、彼はこう答えました。「この世にある物はすべて神様からの大切な贈り物だろう。でも、すべての贈り物の中でいちばん尊いものは食べ物だ。ぼくたちのいのちは食べ物に生かされているから。だからこの贈り物のどんな小さな一部分でもぼくたちの感謝に値するし、最大限の配慮をして大切にする価値があるんだ」[97]。

　靴を磨いたり、友達の衣服の汚れを落としたり、病人のために最も大変な奉仕をし、掃いたり磨いたりするといったことは、彼にとって最も楽しい気晴らしでした。「それぞれができることをすればいい」と彼はよく言っていました。「ぼくは大きなことはできないけど、できることを神様のより大いなる栄光のためにしたい。神様が限りない善意のうちにぼくのこの惨めなささげ物をよろこんでくれるといいな」。

　好きでない物を食べ、好きな物はとらない。関心のない物でさえも視線を抑える。不快な匂いを気にしない。自分のやりたいことを放棄する。自分にとって体にも精神にも苦しみを与えることを完璧な忍耐で受け入れる。こういったことは、ドメニコが毎日実践していた徳の行いでした。

　皆が競って示したいであろう出来事がほかにもたくさんあります

───────────────

＊97　この話はミケーレ・ルアとジョヴァンニ・ボネッティの証言に基づいている。

76

が、ここでは省きます。こういったことはいずれも、ドメニコの苦行と愛徳とあらゆる人間的感覚を節制する精神がどれほど大いなるものであったか、同時に生活の中で出会う大小を問わないあらゆる機会、どうでもよいようなこともすべて逃さずに、いかに積極的に生かしたかを証ししています。それは、自分を聖化し、主の前に宝を積み上げるためでした。

第17章
無原罪の聖母信心会

　ドメニコの人生のすべてが、聖マリアへの信心の実践であったと言うことができるでしょう。彼はマリアに敬意をささげるための機会を決して逃しませんでした。1854年、教会の最高権威者が無原罪の御宿りの教義を宣言しました。サヴィオは、教会が天の女王に与えたこの荘厳な称号への思いを自分たちのところで生き生きと続くものにしたいと熱く願っていました。彼はよく言っていました。「マリア様をたたえるために何かしたい。それを早くしなければ。自分にはあまり時間がないと思うから」。

　いつもの熱い愛徳にかられて、頼りにしている何人かの友人に声をかけ、共に無原罪の聖母信心会を作るために集まろうと呼びかけました。目的は、人生において、特に臨終において神の母の特別な加護を得ることです。そのためにサヴィオは二つの方法を提案しました。無原罪のマリアをたたえる信心と頻繁な聖体拝領を実践し、広めることです。彼は友人たちと協議をしたうえで会則を作りました。そして何回も校閲をしたあとに、1856年6月8日、亡くなる9か月前に、友人たちと聖マリアの祭壇の前へ進み、一緒にこれを読み

上げました。ここにその会則を記しましょう。ほかの人びとにとって
もこれが同じように行動する規範となるように＊98。以下のとおりです。

「私たち、ドメニコ・サヴィオ……（ほかの会員の名前が続く）は、
生きている間、そして死のときに、無原罪の聖母のご保護を確か
に受けるため、そして私たち自身を彼女への奉仕に完全にささげ
るために、今日、6月8日、全員ゆるしの秘跡を受け、聖体を拝領
し、私たちの御母へ、子としての絶えざる信心を宣言する決意をも
ち、ここ聖母の祭壇の前で、私たちの霊的指導者の同意の下、力を
尽くしてルイジ・コモッロ（＊99）に倣うことを宣言します。以下のこ
とを私たちは約束します。

1.家の規則を忠実に遵守します。
2.愛徳をもって注意し、言葉によって、だがさらによい模範によっ
て、善へと招くことにより、仲間を感化します。
3.時間を少しも無駄にしません。私たちがこの生き方を忍耐強く守
れるように、以下の規則を院長に申告します。
　1）第1の規則として、私たちの長上たちへの徹底した従順を果
　たします。彼らには無限の信頼を寄せます。

＊98　　ドン・ボスコがいくつかの補筆を行って書き写したオリジナルの文書は、サ
　　　レジオ会アーカイブに保存されている。
（＊99）「ルイジ・コモッロは1818年にチンザーノに生まれ、1839年死去。当時22歳
　　　でキエリの神学校において並外れた徳を示していた。若者の模範となるこの
　　　人物の伝記は『カトリック講話集』の第4版に二度目の発表がされた」（本文
　　　注）。コモッロの伝記1844年第1版は作者の名前が伏せられていた（「彼の同
　　　級生作」）。ドン・ボスコは『カトリック講話集』において加筆を行って発表
　　　（1854年）。第3版は第2版のコピーであるが、決定版である第4版は完全に見
　　　直され、多くの注が加えられた。

2）自分の務めを果たすことを、第1の、そして特別なやるべきこととします。

3）相互への愛徳によって私たちの心は一つになり、分け隔てなく兄弟を愛します。また、忠告が役立つと思われるときにはやさしく伝えます。

4）週に一度、30分間集まり、聖霊に祈ったあと、短い霊的読書をし、信心と徳において会がどのように進歩したかについて話し合います。

5）自分たちの欠点をなくすために、公にではなく個人的に助言を与え合います。

6）どんな小さな嫌がらせをも避けるようにします。そして互いに、また厄介な人に、忍耐をもって関わります。

7）特定の祈りは唱えません。務めを果たしたあとの空いた時間は、自分たちの霊魂に最も役立つことにささげます。

8）しかしながら、次のことは実践します。

　　§1°許されるかぎり頻繁に秘跡にあずかります。

　　§2°日曜日ごとに、また義務である祝日、ノヴェナや、聖母およびオラトリオの守護聖人の祝日に聖体拝領をします。

　　§3°何らかの重大な務めのためにできない場合を除き、木曜日にも聖体拝領をします。

9）毎日、特にロザリオの祈りのうちに、私たちに堅忍の恵みが与えられるよう祈り、私たちの会をマリアにゆだねます。

10）土曜日は聖母にささげる日とし、無原罪の御宿りを記念して何か特別な行い、もしくはキリスト教的信心業を聖母にささげます。

11）祈っているとき、霊的読書のとき、聖務のとき、授業や勉強

の時間に、模範的な態度を取ります。

12）神のみ言葉を細心の注意で大切にし、聞いたみ言葉を熟考します[100]。

13）怠惰へと向かわせる強い誘惑から私たちの心を守るため、時間を無駄にすることを避けるよう、心がけます。したがって、

14）それぞれに課された務めを果たしたあとに残された時間は、役に立つ良書を読むか、あるいは祈りなど有益なことに費やします。

15）レクリエーションの時間は、食事のあと、授業と勉強時間のあとに取ります。

16）私たちの品行方正な行動のためになることがあれば何でも、私たちの長上たちに知らせます。

17）さまざまな許可を絶えず願うことがないようにします。長上たちが善意から許可を与えてくださるとしても。私たちの特別なねらいはもちろん家の規則を正確に守ることであり、そのような許可の乱用によって非常に頻繁にそれが乱されてしまいます。

18）長上から与えられる食事について、決して文句を言わずにいただきます。またほかの者たちも文句を言わないように助けます。

19）私たちの会に入りたい者は、まずゆるしの秘跡によって良心を清め、聖体の食卓から栄養を受け、1週間の試しの期間を過ごして品行方正を示し、この規約をよく読み、それを忠実に守ることを神と無原罪の聖母に約束しなければなりません。

20）新たな入会者がある日には、ほかのメンバーは聖体を拝領し、神が堅忍、従順、神への真の愛の恵みを新しい仲間に与えてくだ

---

[100]　新約聖書 ルカによる福音書11章28節 参照。

さるよう、神である主に祈ります。

21）私たちの会は無原罪の聖母のご保護の下に置かれ、そのみ名を冠し、そのメダイを身につけています。マリアへの子としての限りない心からの信頼、たゆみない信心と特別な愛情は、あらゆる障害を乗り越えさせ、私たちが決心したことにしっかりと踏みとどまり、自分に対しては厳しく、隣人に対しては愛情深く、すべてにおいて忠実であるようにさせます。

　兄弟たちは、まず自らの心と思いにイエスとマリアのみ名を記すように求められます。それから本、そのほか自分の目が行くところの持ち物にその名を記します。イエスとマリアをいつも思い出すためです。この規則に目を通し、それについて評価をくださるよう、院長に願います。このことに関する院長の判断を、私たちは余すところなく受け入れます。院長はこの規則に必要と思われる修正を加えることができます。

　そして、マリアよ、私たちの働きを祝福してください。この会にインスピレーションを与えたのは、まさにあなただからです。私たちの希望を開花させ、私たちの約束をお受けください。そのとき、あなたのマントの下であなたの保護に強められ、私たちはこの世の荒れ狂う海を安全に渡り、悪魔の攻撃に打ち克って勝利するでしょう。また、あなたによって同じように強められて、私たちは仲間の模範、目上の慰め、あなたの愛する子となることができるでしょう。そして、もし神が司祭として主に仕える恵みと人生をくださるなら、私たちの最大限の情熱をもって行うためにすべての力を尽くして働きます。そして自分たちの力にではなく、ただ神の助けにすべての信頼を置きます。こうして、傍らにおられるマリアに慰められなが

オラトリオの少年たち

ら、この涙の谷のあと、霊と真理のうちに神に仕える者に神がくだ
さる永遠の報いを最後のときに受けることができるでしょう」。

　院長は上記の規約を読み、細心の注意を払って検討したあと、次
の条件の下で承認を与えました。
1. ここにある約束が誓願の拘束力をもたないこと。
2. 規約への違反を罪とする拘束力を決してもたないこと。
3. 集会の際、聖堂の清掃や、より物事を知らない子どもに同伴するこ
とや、カテキズムを教えるなどの外部的な愛徳の行為を決めること。
4. 毎日、メンバーのだれかが聖体拝領をするように1週間の予定を
組む。
5. 長上の明白な許可なしには、特別な信心業を加えてはならない。
6. 会の第1の目的は、無原罪の聖母と聖体のイエスへの信心を広め
ることとする。
7. だれかを受け入れる前にルイジ・コモッロの伝記を読ませること
（＊101）。

──────────────────────────

（＊101）　「無原罪の聖母信心会を設立し、会則を作成するためにドメニコ・サヴィ
　　　オを最も効果的に助けた者の一人はジュゼッペ・ボンジョヴァンニであった。
　　　彼は両親を亡くし、叔母によってオラトリオの院長に紹介され、院長は1854
　　　年11月に愛徳をもって彼を受け入れた。当時彼は17歳で、いやいやながら
　　　強制されて来たわけだが、頭の中にはこの世的な虚栄心と、宗教に対するさ
　　　まざまな偏見でいっぱいであった。だが神の恵みが彼の中で大きく働き、短
　　　期間でこの家とその規則、長上たちに愛情を抱くようになった。いつの間に
　　　か自分の考えを修正し、徳の獲得と信心業の実践に熱心に取り組むように
　　　なった。鋭い洞察力に恵まれ、学習能力が高かったので、勉学に向けられた。
　　　驚くべき速さで人文学のクラスを終え、優秀な成績を収めた。燃え立つよう
　　　な想像力に恵まれ、口語イタリア語でも方言でも、詩を書く大いなる才能を
　　　伸ばした。親しい会話の中では友達に対しておどけた話題を即興で楽しく話
　　　すことができ、机の上では美しい詩を書き、その多くは出版された。中でも、

『青少年宝鑑』に収録された "Salve, salve, pietosa Regina" で始まる扶助者聖マリアへの詩がある。

司祭職を目指し始めてから、信心深さと規則への忠実、仲間たちへの善のための情熱において常に目立っていた。1863年司祭になり、大変情熱的に聖務にあたったことは言うまでもない。声に恵まれていたわけではなかったが、内容の美しさと巧みな言葉づかいで説教はとても評判がよく、多くの実りをもたらした。

聖なる友情を結んだドメニコ・サヴィオを無原罪の聖母信心会の設立で助けた後、まだ神学生であったので、長上の許可の下に聖体の秘跡にささげられた別の信心会を設立した。この信心会の目的は若者の間にこの信心を広め、聖なる儀式に奉仕するために優秀な生徒たちを訓練することで、こうして小さな司祭団を作り上げた。この信心会は彼が司祭になったとき、より大きな活動とすばらしい実りをもたらし続けた。聖フランシスコ・サレジオの修道会が教会に多くの司祭を生み出しているとすれば、多くの部分はボンジョヴァンニ司祭の小さな司祭団の働きによる。

1868年ヴァルドッコの扶助者聖マリアにささげられた教会の献堂が近づいたとき、ボンジョヴァンニ司祭はその儀式のために必要なことを準備するために尽くし、特に献堂の日とその後の8日間での儀式において小さな司祭団が担当する部分を模範的に準備した。その儀式は特別に盛大に行われなければならなかったのである。聖マリアへの熱い愛に動かされ、どんな気配り、苦労、汗もいとわず、特に前晩の6月8日はそうであった。扶助者聖マリアは彼の熱い信心と従順を気に入られ、すぐに彼に報いを与えられた。だがその前に聖母は試練をお与えになり、彼は善良な司祭としてそれを甘受し、耐え忍んだ。彼は祝いの成功のために献身し、6月9日の献堂の日、病気になり、床に伏した。次の日から病気は続いた。新しい教会で一度だけでもミサをささげたいと願い、聖母にその恵みが与えられるように強く願った。それは聞き入れられた。8日間の間の日曜日に病気の改善と体力の向上を感じ、ふさわしい準備の後に祭壇に近づき、ミサをささげ、心に大きな慰めを感じた。ミサの後、自分が大変満足して、『シメオンの賛歌』を唱えることができたと友人の一人に言った。その後、力がなくなるのを感じ、ベッドに帰った。もう起き上がることはできなかった。次の水曜日、8日間が終わり、亡くなった恩人たちへの感謝のミサがささげられた。午後、すべての儀式が終わり、祝いに参加するために来たさまざまな学校の生徒たちは帰っていった。

1時間後、司祭ジュゼッペ・ボンジョヴァンニは宗教的慰めを与えられ、愛する院長に同伴され、彼が最も愛する友達や会員に囲まれ、主にその美しい魂を返した。彼は天国において聖母をどのように祝うのかを見ることであろ

第18章
特別な友情 ── カミッロ・ガヴィオ少年との友情

　皆がドメニコと友達でした。彼を愛してはいない者も、彼の徳に
尊敬を覚えていました。彼はだれとでも仲良くできました。徳にしっ
かりと根ざして立っていたので、手に負えない若者たちと関わって
神のほうへ連れ戻すように頼まれることもありました。彼は余暇の
時間、いろいろな遊びやどうでもよいようなおしゃべりなど、あら
ゆることを霊的な助けとなるように利用しました。しかしながら、
やはり彼の親友たちといえば、無原罪の聖母信心会の若者たちでし
た*102。彼らとは、すでに見てきたように、あるときは霊的な集会の
ために、またあるときは信心業の実践のために集まりました。その
ような会合や集いは長上たちの許可を得ていましたが、若者たち
自身が運営、監督をしていました。主な祭日のためのノヴェナをど
のようにするか決め、1週間のうちにそれぞれが決められた日に受
ける聖体拝領の分担をし、道徳的同伴がより必要な若者の担当を決
め、それぞれがその若者を「お客様」、つまり保護する者として接し、
その若者が徳に近づくためにキリスト教的愛徳が示すあらゆる手段
を使います。サヴィオは彼らの中で最も活発な存在であり、この会
合の先生と言ってもよかったでしょう。

　その会合に参加しており、サヴィオとしばしば接していた、彼の
たくさんの仲間たちについて話せることがいろいろありますが、彼

　　うと強く希望されている。聖母は彼の最も大切な信心の対象であった」（1878
　　年第5版で加筆された注）。
＊102　「やはり彼の親友たちといえば、無原罪の聖母信心会の若者たちでした」：
　　1860年に変更。元は「やはり彼にも親友はいました」。

らのほとんどが今も存命中なので、ここでは控えたほうがいいで
しょう*103。すでに天のふるさとに旅立った二人についてだけ、触れ
たいと思います。トルトーナ出身のカミッロ・ガヴィオと、マルモ
リート出身のジョヴァンニ・マッサーリアです*104。私たちがカミッ
ロ・ガヴィオと一緒に過ごしたのは2か月だけでしたが、仲間たち
にその聖なる思い出を残してくれるには十分でした。

　カミッロは際立った信仰心と、すばらしい絵と彫刻の才能の兆し
を見せたので、町の議会は彼がトリノでその才能を伸ばす勉強が続
けられるように援助することを決めました。カミッロはふるさとで
重い病気にかかっていました。オラトリオに来たときは、まだ完全
に回復しておらず、ふるさとや家から遠く離れてもいたし、知らな
い大勢の若者たちの中で暮らすのも初めてで、ほかの若者たちが元
気いっぱいに遊ぶのを見ながら、物思いにふけっていました。サヴィ
オは彼を見つけ、元気づけるためにすぐに近寄って話しかけました。
そのやり取りは次のとおりでした。

　サヴィオが切り出しました。「やあ、まだ知り合いがいないんじゃ
ないかな？」

---

*103　ジュゼッペ・ボンジョヴァンニによって残された無原罪の聖母信心会の創立
　　　議事録の中に、この会の創立メンバーの名前が列挙されている。「ジョヴァ
　　　ンニ・ボネッティ、フランチェスコ・ヴァスケッティ、ドメニコ・サヴィオ、
　　　ルイジ・マルチェッリーノ、チェレスティーノ・ドゥランド、ジュゼッペ・モモ、
　　　ジュゼッペ・ボンジョヴァンニ」。議事録のもう一つの写しにはジュゼッペ・
　　　ロッケッティ、ミケーレ・ルア、そしてジョヴァンニ・カリエロの名前もある。
*104　注7参照。二人とも、無原罪の聖母信心会の創立（1856年6月9日）の前に亡
　　　くなっている。ガヴィオは1855年12月29日、マッサーリアは1856年5月20
　　　日に天に召された。にもかかわらず、おそらく彼らはドメニコと仲間たちと、
　　　信心会の始まる前からヴァルドッコでよく行われていたように、「時には霊
　　　的集会において、また別のときにはキリスト教的信心を行うために」集まっ
　　　ていた。この間違いは、注92にある1860年第2版での変更によるものであろう。

「いないよ。でも、みんなが遊んでいるのを見るのは楽しいよ」

「名前は？」

「カミッロ・ガヴィオ。トルトーナから来たんだ」

「何歳なの？」

「15歳」

「悲しそうに見えるけど、どうしてかな。体の具合、悪いの？」

「うん、確かに病気だったんだ。心臓が悪くて、あと一歩でお墓まで直行だった。今もまだ完全に治ってないんだ」

「すっかり元気になりたいだろう？」

「ううん、そういうわけでもないんだ。神様のみ旨を行いたい、それだけ」

この最後の言葉で、ガヴィオがありきたりの信心をもつだけの少年ではないことがわかり、サヴィオの心は本物の慰めを感じました。そこで、すっかり心を開いて言葉を続けました。

「神様のみ旨だけを行いたいという人は、自分を聖化したいという願いをもっているはずだ*105。君は聖人になりたいの？」

「ああ、その望みは大きいよ」

「いいね。ぼくたちの友達の数を増やそう。君は聖人になるためにぼくたちがやっているグループの一員になるんだ」

「それはいいね。でも何をすればいいかわからないよ！」

「簡単に説明しよう*106。ここでは聖人になるっていうことは、とってもよろこんでいるってことなんだ。ぼくたちはただ罪を犯さないようにする。罪はぼくたちから神様の恵みと心の平和を奪う大

＊105　新約聖書 テサロニケの信徒への手紙一4章3節 参照。

＊106　「それはいいね。でも～簡体に説明しよう」：　1861年第3版で加筆。

いなる敵なんだ。そしてぼくたちは自分の務めを忠実に果たし、信心業に積極的に参加する。今日から次の言葉を書いて覚えておくといい。"Servite Domino in laetitia"（聖なるよろこびのうちに主に仕えよう）＊107」

この言葉は、ガヴィオの悩みの上にバルサム＊108のようにふり注ぎ、大きな慰めになりました。その日から、カミッロはサヴィオの親しい友達になり、彼の徳に倣う者となりました。しかし彼を危うく死に追いやりそうになった病はまだ完治しておらず、2か月後に再発し、医者や友人たちのあらゆる手だてにもかかわらず対策が見つかりませんでした。数日後徐々に容体は悪化し、とても模範的に最後の秘跡を受け、1855年12月29日＊109、神に霊魂をゆだねました。

ドメニコは彼が病気で苦しむ間何度か見舞い、枕元で一晩中過ごしたいと願い出ましたが、許可が下りませんでした。亡くなったことを知らされると、最後にもう一度顔を見るために行き、彼が死んだのを見届けて、心を震わせて言いました。「さようなら、ガヴィオ。君はまっすぐに天国へ行ったに違いないと思っているよ＊110。ぼくのためにも場所を用意してくれよ。ぼくは一生、君の友達だ。主がぼくを生かしてくれる間、君の霊魂の安息を祈るよ」。

その後で彼は仲間たちと一緒に自分の部屋で死者のための祈りを唱え、一日中別の祈りをささげました。それから最も善良な仲間たちに呼びかけ聖体拝領をしました。彼自身、亡くなった友達の霊魂のために何度もそうしました。

＊107　旧約聖書 詩編100編2節 参照。
＊108　聖香油に使われる、樹木から採られる香料。
＊109　ドン・ボスコは誤って1856年12月30日と書いている。
＊110　「違いないと思っているよ」：　1878年第5版で加筆。

彼は友人たちにとりわけ次のように言っています。「この友人の
霊魂を忘れないようにしよう。きっと彼はもう、天の栄光を味わっ
ていると思う。でもぼくたちは彼の霊魂の安息のために祈り続けよ
う*111。ぼくたちが彼のためにすることはすべて、いつかぼくたちの
ときが来たとき、ほかの人たちがしてくれるように神がはからって
くださるだろう」。

第19章
ジョヴァンニ・マッサーリア少年との友情

　ドメニコがさらに親密に、長い期間、友情を培ったのは、ジョヴァ
ンニ・マッサーリアでした。彼はモンドニオからほど遠くないマル
モリート出身です。

　二人は同じころオラトリオの家に来ましたが、隣り合う村の出身
で、二人とも司祭になりたいと願い、聖人になりたいという共通の
望みを抱いていました。

　ある日、ドメニコは友人に言いました。「司祭になりたいって言
うだけでは足りない。司祭に必要な徳を伸ばすように努める必要が
ある」。

　相手は言いました。「本当にそうだね。でもぼくたちが自分ので
きることをやったら、神様はイエス・キリストの使徒になるという
この大きな特権にあずかれるよう、恵みと力をくださるだろうね」。

　復活祭のころ、ほかの若者たちと一緒に、二人は非常に模範的に
黙想会に参加しました。黙想会が終わると、ドメニコはジョヴァン

＊111　「きっと彼はもう〜祈り続けよう」： 1860年第2版で加筆。

第1部　ドメニコ・サヴィオ少年の生涯

ニに言いました。

「ぼくたちは本物の友達になろう。魂に関する事柄のための本物の友達になるんだ。そのために、これからは霊的善のために必要なあらゆることについて互いに注意し合おう。だから、君がぼくに何かしらの欠点を見つけたら、すぐに言ってくれ。ぼくがそれを直せるように。または、ぼくができそうな何かよいことに気づいたら、必ず教えてほしい」

「君のためならよろこんでそうするよ。君にはその必要はないけどね。それが必要なのはぼくだよ。君もよくわかっているとおり、ぼくの年齢、勉強、学校*112のことでぼくのほうがもっと誘惑にさらされているから」

「お世辞は抜きにして、魂の善のために互いに助け合おう」

そのときから、サヴィオとマッサーリアは真の友となりました。彼らの友情は徳に根ざしていたので、永続的な友情でした。二人は、悪を退け、善をなすために助け合おうと、競って模範を示し、助言を与え合いました。

学年末の試験のあと、オラトリオの若者には夏休みを両親かほかの親戚のところで過ごしてよい許可が与えられました。勉強を進めたいとか、信心の実践にもっとよくあずかりたいという理由で*113オラトリオに残ることを好む者たちもいました。サヴィオとマッサーリアもそうでした。私は二人の両親が首を長くして待っていること、二人とも疲れを休める必要があることを知っていましたので、彼らにこう言いました。「どうして数日間でも休暇に行かないのか

───────────────

＊112　「勉強、学校」：　1860年第2版で加筆。
＊113　「勉強を進めたいとか〜という理由で」：　1860年第2版で加筆。

な？」　すると返事をする代わりに二人とも笑いだしました。「何が
おかしいんだい？」　ドメニコが答えました。「家に帰れば両親がと
てもよろこぶのはわかっています。ぼくたちも彼らをとても愛して
いますし、よろこんで行きたいです。でも、鳥は籠の中にいる間は
確かに自由を味わいませんが、鷹から守られて安全です。反対に籠
の外では好きなところへ飛んで行けますが、恐ろしい鷹の餌食に
なってしまう危険がいつもあります」。

　それでも私は、二人ともしばらく家へ帰ったほうが健康のために
はよいと判断し、彼らは従順ためにのみ私の意向に従い、私が提案
したとおりの日数だけを家で過ごしました。

　マッサーリア少年のよい模範や徳について書くなら、サヴィオに
ついて書いたことをほぼ繰り返すことになるでしょう。彼は生涯、
ドメニコの模範に忠実に倣っていました。彼は健康に恵まれ、勉強
の将来性も高く評価されていました。人文学を修了したあとは、神
学生のスータンを着衣する試験を抜きん出た成績で合格しました。
しかし、あれほど待ち望んでいたスータンを着ることができたのは
数か月間だけでした。数か月後、彼はただの風邪と思われた悪性の
感冒になりましたが、勉強を中断したくありませんでした。しかし、
彼の両親はしっかり完治させ、勉強を離れてよく休めるように家へ
連れて帰りました。ふるさとに滞在したこの期間に、彼は以下の手
紙を自分の友に書いたのでした＊114。

　友よ、
　数日だけ家に帰ってオラトリオに帰るつもりだったので、本も

＊114　「ふるさとに滞在した〜書いたのでした」：　1860年第2版で加筆。

第1部　ドメニコ・サヴィオ少年の生涯

ノートも持って来ませんでした。でも、なかなか病気がよくならない。いったいどうなるのだろうと思っています。医者はよくなると言いますが、ぼくは、悪くなっているように思う。どちらが正しいか、そのうちわかるでしょう。親愛なるドメニコ、ぼくは君やオラトリオから遠く離れてとても辛いです。ここでは信仰生活のためのさまざまな機会がありません。聖体拝領の準備のためにお互いに助け合った日々を思い出して自分を慰めています。

それでも、ぼくたちが体では離れていても霊において一致していると確信しています。

学習室へ行って、捜査官よろしくぼくの机を視察してほしい。そこに手書きの紙が数枚あると思うんだけれど、そのそばにぼくの友達、ケンピスがいると思う。『キリストに倣う』[115]のことだけど。それを小包にしてぼくに送ってください。その本がラテン語版であることに注意してください。なぜならぼくは翻訳版も好きですが、やはり翻訳なので、ラテン語オリジナルの味は出てこないのです。何もしないで過ごすのに退屈していますが、医者は勉強するのを許してくれません。時々、部屋を行ったり来たりしながら考えます。「ぼくはよくなるのだろうか。帰ってまたぼくの仲間たちに会えるだろうか。これがぼくの最後の病気なのかな」。神様だけが答えを知っておられます。ぼくは、この3つのどの状況においても、神の聖なるみ旨を行う準備ができていると思う。

ぼくの助けとなるような助言があれば書き送ってください。君の

---

[115] 『キリストに倣う』：　原題は"De imitatione Christi"。トマス・ア・ケンピスによって15世紀に書かれ、「第二の福音書」「中世の最高の信心書」とも言われる。カトリック信徒の霊的修練の書として識字階級に広く読まれ、親しまれている。

健康はどうなっているか教えてほしい。そして祈りの中でぼくのことを思い出してください。特に聖体拝領のときに。さあ、主において心からぼくを大切に思ってください。この世で長く共にいられないなら、祝された永遠の世界で楽しく、幸せに生きる日がくるように。

　ほかの皆にも、ぼくのことを思い出してくれるように伝えてほしい。特に無原罪の聖母信心会の皆に。神が君と共にいてくださいますように。親しみを込めて君の友より。

ジョヴァンニ・マッサーリア＊116

　ドメニコは頼まれごとを果たし、それを送るときに次の手紙を添えました。

　君の手紙を受け取ってとてもうれしかったです。少なくとも、君がまだ生きていることがわかったから。君が行ってしまってから何の知らせも来なかったので、ぼくたちは君のために *"Gloria patri"* (栄唱) を唱えるべきか、それとも *"De Profundis"* (深い淵から) ＊117 を唱えるべきかわかりませんでした。君に頼まれた物を送ります。ケンピスはよき友人だけれど、彼はすでに死んでいるから、どこかに行くことはないよ。だから、君は彼の本をよく読み、意味を考え、生活の中で実践していけるようにすればいいと思います。

　君は、ぼくたちがここで信仰生活のために与えられているさまざまな機会を思い、ため息をついています。確かに、ぼくもモンドニオにいたときそうでした。毎日、聖体訪問をしてその埋め合わせを

＊116　この手紙全体は1860年第2版で加筆。
＊117　死者の安息のためにささげられる祈り。

第1部　ドメニコ・サヴィオ少年の生涯

しようとしました。聖体を訪ねるときは、できるだけたくさんの人に一緒に行こうと誘いました。ケンピスのほか、福者レオナルドが書いた『ミサの隠れた宝』も読みました[118]。よかったら読んでみてください。君はオラトリオに帰ってぼくたちに会えるかどうかわからないと言います。ぼくの「骸骨」[119]もかなり弱っているようで、ぼくの勉強と人生が急速に終わりに近づいていると感じています。いずれにしても、こうしよう。お互いのために祈るんだ。二人ともよき死を遂げることができるように。先に天国へ行った者がもう一人のために場所を用意し、後の者が到着したら手を差し伸べて天国の住み処へと案内するんだ。

　神がいつも恵みのうちにぼくたちを守ってくださいますように、そしてぼくたちが聖人になるよう助けてくださいますように。早くそうしてくださいますように。残された時間はわずかだから。友人たちは皆、君の帰りを待っています、そして主において心からの挨拶を送っています。

　ぼくも兄弟的愛と愛情と共に、心からの挨拶を送ります。

いつも君の親しい友、
ドメニコ・サヴィオ[120]

　ジョヴァンニ・マッサーリア少年の病は、初めは深刻ではないように思われました。何度か完全に回復したように見えましたが、そ

＊118　1840年作。ドン・ボスコは『カトリック講話集』の中で掲載した（1861年２月12日）。

＊119　原語は "Carcassa"（骸骨、やせ衰えた人、残骸）で、数回出てくる表現である。ドメニコが自分の肉体について使う言葉。

＊120　この手紙全体は1860年第2版で加筆。

のたびにまたぶり返し、あるとき突然、彼は死の扉の前に立っていました[121]。

　休暇の間の彼の霊的指導者であった[122]ヴァルフレ神学士[123]は、手紙に次のように書きました。「彼は何とか間に合って、聖なるカトリック教会が与える最後の秘跡をとても模範的に受けることができました。彼の死は、この世を去ってまっすぐに天国へ行く正しい人の死でした」[124]。

　サヴィオは友を失い、深い悲しみに沈みました。この出来事を神のみ旨として完全に受け入れていましたが、数日間は涙に暮れていました。あの天使のような顔に悲しみと涙の跡を見るのは初めてで

---

[121]　「ジョヴァンニ・マッサーリア少年の病は～死の扉の前に立っていました」：1860年第2版で加筆。

[122]　「休暇の間の彼の霊的指導者であった」：　1861年第3版で加筆。

[123]　神学士：　大学で学士以上の神学学位を取得した人物のこと。

[124]「神学士カルロ・ヴァルフレは1813年7月23日にピエモンテのヴィッラフランカにて出生。非常に模範的な態度をもって学業に邁進した。召命の道を進み、司祭になる。司牧的情熱をもって聖務に励み、選考会にてマルモリートの主任司祭にふさわしい者と選ばれた。務めを果たすために疲れを知らず働いた。貧しい青少年への教育、病人の看護、貧者の援助などが彼の情熱の特徴となっていた。善良さ、愛徳、公平無私のために魂の世話をするどんな司祭にとってもモデルとなりえた。小教区の仕事がゆるせば、ほかのところにも黙想会、トリドウオ、ノヴェナなどに行っていた。主は彼の苦労を祝福し、多くの実りをもたらしていた。しかし私たちが彼のことを最も必要としていたとき、神は彼が天のために成熟したと考えられたのである。短い闘病の後、義人の死によって、彼は1861年2月12日、47歳で永遠の幸福へと入った。この喪失をもって、教会は一人のよき司祭を失い、マルモリートから人びとの父と呼ぶことのできる牧者が取り去られた。だが私たちは天において神の仲介者が増えたという希望によって大いに慰められているのである」（1861年第3版に加筆された注）。

カルロ・ヴァルフレ（Carlo Valfré 1813-1861）：　1851年からマルモリートの無原罪聖母教会の主任司祭。

した。彼の唯一の慰めは、友のために祈り、仲間たちにも祈ってもらうことでした。彼は時々、次のように言っていました。「マッサーリア、君は死んでしまった。ガヴィオと一緒にもう天国にいると願っているよ。ぼくはいつ天という無限の幸せの場所で君たちと一緒になれるだろう」。

ドメニコは自分が亡くなるそのときまで、祈りの中でこの友のことを忘れることは決してなく、よくこう言っていました。ミサにあずかったり、何かの信心業に参加したりするとき、生きている間自分のために多くの善を施してくれた彼を、神のみ前で思い出さないことはなかったと。ドメニコの感受性豊かな心はこの喪失によって大変苦しみ、健康さえも影響を受けました。

第20章
特別な恩恵と出来事

ここまで書いてきたことには、特別なことはありません。ドメニコの純潔な生き方、悔い改めのわざ、信心の実践によって日々完成されていった継続的な模範的行動は、特別だったと言えるかもしれませんが。また、臨終を迎えるそのときまで続いた、生き生きとした信仰、ゆらぐことのない希望、燃える愛徳、粘り強い善行も特別なものと言えるでしょう。しかしここでは、特別な恩恵と、一般的ではないいくつかの出来事について話したいと思います。おそらくこれらのことは批判の対象にもなるでしょう。ただ、読者には伝えたいと思うのですが、これから述べることは、聖書の語る出来事や聖人伝に出てくるようなことにも匹敵します。これらはすべて私自身が目撃したことで、それについて書く際は、真実のみを書くこと

に細心の注意を払いました。各自、どのように考えるかは、皆さん
におまかせします。それでは以下に記します。

　聖堂にいるときに何度か、特に聖体拝領をした日、あるいは聖体
が顕示されている日に、ドメニコは感覚がなくなって恍惚としてい
ることがありました。次のことをする時間になったと知らされない
かぎり、時がたつのも忘れ、そのままの状態でいるのでした。ある日、
彼は朝食にも、午前の授業にも、昼食にも現れませんでした。だれ
も彼がどこにいるのか知らず、学習室にも、部屋のベッドの中にも
いませんでした！　そのことが院長に伝えられましたが、彼には思
い当たることがあり、結局そうでした。前にも何度かあったので、
おそらく聖堂にいるのではないかと思ったのです。聖堂へ入り、小
歌隊席に行くと、彼がそこに石のように固まっているのを見つけま
した。片方の足はもう一方の上に乗っていて、片手は朗読台の上に
置かれていました。もう一方の手は胸に当てられ、まなざしは聖櫃
に注がれていました。まばたきすらしていませんでした。呼びかけ
ましたが反応がありません。私が彼を揺すると、彼は振り向いて言
いました。「あ、ミサはもう終わったんですか？」「ほら」と院長は
時計を見せながら言いました。「2時だよ」。彼はオラトリオの規則
を破ってしまったことで謙遜に赦しを願いました。院長は彼に食事
をとりに行かせ、言いました。「どこへ行っていたのかと聞かれたら、
私に言いつけられた用をしていたと言いなさい」。仲間の好奇心か
らの質問に困らないよう、そのように言ったのです。

　また別のときですが、私がミサの感謝の祈りを終えて香部屋を出
ようとしたとき、小歌隊席からだれかと論じ合っているような声が
聞こえました。行ってみるとサヴィオがおり、彼は話したり、だれ
かが答えるのを待つかのように話すのをやめたりしていました。彼

第1部　ドメニコ・サヴィオ少年の生涯

の言葉の中で、次の言葉がはっきりと聞き取れました。「はい、神様、もう言いましたが、もう一度言います。あなたを愛しています、そして死ぬときまであなたを愛し続けたいと望んでいます。もしぼくがあなたに背きそうになっているのがわかったら、死なせてください。そう、罪を犯すよりは先に死ぬほうがよいのです」。

私は、遅れて出てくるときに何をしているのかと、時々彼に尋ねたことがあります。彼はごく単純に答えるのでした。「困ったものです。気が散ることがあって何を祈っていたかを忘れるんです。するとすばらしいものが見えてくる感じがして、まるで一瞬のことのように何時間もたってしまうんです」。

ある日、彼が私の部屋へやって来て言いました。「早く来てください！　しなければならないよいことがあります」「どこへ連れていきたいんだい？」　私は彼に尋ねました。「早く、早く！」彼は言います。私はためらいましたが、繰り返し催促するのでついていきました。こういうふうに誘われるときの重大性は、前にもあったのでわかっていたのです。私たちはオラトリオを出ました。彼は黙ったままある通りを進み、次の通りに、そしてまた次の通りに、次々と進んでいきます。最後にもう一つの通りに進み、私は門から門へと彼についていきましたが、とうとう止まりました。3階まで階段を上り、思い切り呼び鈴を鳴らしました。「ここです。入ってください」。彼はこう言うと、すぐに行ってしまいました。

扉が開きました。「ああ、急いで、急いで。時間がなくなってしまいます。主人はプロテスタントになってしまいました＊125。今、危篤で、

＊125　当時は「対話」の時代ではなく、カトリックとプロテスタントの間では激しい対立と闘いがあった。

後生だからよきカトリックとして死にたいと願っているのです」。

　私はすぐにその病人の寝床に向かいました。その人は、良心の平和を取り戻したいという焦りに捕らえられた様子でした。私が彼の魂の問題を素早く取り計らったところで、聖アゴスティノ教会の＊126主任司祭が到着しました。司祭が終油の秘跡＊127の油を一滴注ぐや否や、その人は亡くなりました。

　ある日、私は、なぜあの場所に臨終の人がいることがわかったのか、サヴィオに尋ねました。彼は何か辛そうな表情で私を見て、泣きだしました。私はそれ以上、尋ねるのをやめました。

　清い生き方、神への愛、霊的なことへの望みによって、ドメニコの精神は絶えず神との一致のうちに生きるようになりました。時々、彼が遊びをやめ、別の方向を見、独りで歩き始めることがありました。どうして仲間たちから離れるのか尋ねたことがあります。すると彼は答えました。「例の気を散らせることが急に起こります。すると、頭上で天が開けるのが見えるような気がして、そうすると、みんなには馬鹿げているとしか思えないようなことを言ってしまうかもしれないので、離れなければならないんです」。

　ある日の休み時間、清い生き方を保った者たちのために、神様が天国で用意してくださっている大きな報いのことが話題にのぼっていました。中でも、次のことが言われていました。「清さを保った者は天国で神なる救い主に最も近いところにいる。そして彼に特別な賛美の歌を永遠に歌うのだ」。この言葉によって彼の精神は神に向かって高く昇り、まったく身じろぎせず立ち尽くし、そしてま

＊126　「聖アゴスティノ教会の」：　1878年第5版で加筆。
＊127　終油の秘跡：　第2バチカン公会議以後、「病者の塗油」と言われる。当時は臨終の人にだけ授けられていた。

第1部　ドメニコ・サヴィオ少年の生涯

るで死んだかのように、そこにいた一人の腕の中に倒れ込みました*128。

　このように彼がわれを失う状態は、時に勉強時間中や、通学のために街中を歩いているとき、そして学校の中でも起こりました。

　彼は教皇についてよろこんで話し、自分が死ぬ前にどれほど教皇に会いたいことかと言うのでした。教皇に伝えなければならないとても大事なことがあると、彼は何度も言いました。彼があまりに何度も繰り返すので、その大事なこととは何なのかと私は尋ねました。

　「教皇様にお話しすることができたら、『考えなければならないことがたくさんあっても、イギリスに特別な注意を向けるのをやめないでください』と伝えたいんです。神様はあの国で、カトリック信仰の大いなる勝利を準備されています」

　「どんな根拠があってそう言えるんだい？」

　「神父様にはお話ししますが、どうぞだれにも言わないでください。笑われてしまいますから。でももしローマに行かれたら、ピオ9世にお伝えください。こういうことです。ある朝、聖体拝領のあとで感謝の祈りをしていたら、何かにすっかり気を取られてしまうことがありました。広々とした平原に人がいっぱいいて、濃い霧に覆われているのが見えるような気がしました。その人たちは道に迷い、どちらへ向かったらいいのかわからないかのように歩き回っていました。ぼくの近くにいた人が言いました。『ここはイギリスです』。ぼくが質問しようとしたとき、教皇ピオ9世が見えました。いつも絵で見ていたとおりの人に見えました。教皇様は荘厳な祭服をまとい、燃え盛るたいまつを持っていました。教皇様がゆっくり

──────────────

＊128　この段落は1860年第2版で加筆。

99

とそのおびただしい群衆のほうへ歩いて行くと、たいまつの躍るような炎が霧を追い払い、人びとは真昼の太陽のすばらしい輝きの下に立っていました。ぼくの隣の人は言いました。『あのたいまつはカトリック信仰であり、イギリスを光で照らします』」。

　私は1858年にローマへ行ったとき、このことをピオ9世にお話ししました。教皇様は大きなよろこびと満足をもって耳を傾けられ、そして私に言われました。「あなたが話されたことは、すでに私の配慮と切望の的であるイギリスのためにできるだけのことをするという、私の決意を固めてくれます。あなたがくださったメッセージは、少なくとも、よい魂が与えてくれた助言だと言えます」。

　ほかにも同様の出来事が数多くありますが、ここでは述べません。しかしそれらは書き留めてあるので、神のより大いなる栄光のためにときがくれば公にするよう、ほかの人たちに任せます。

第21章
死についての彼の考えと、
聖なる死を迎えるための準備

　ここまでドメニコ・サヴィオについて書いてきたことを読んだ皆さんは、その生涯が絶えざる死の準備だったと気づくでしょう。彼は、無原罪の聖母信心会とは、臨終のときに聖母の守りを保証する確かな手段であると考えていました。皆が彼にとってはそれがそう遠くないと感じていました。いつどのような状況で自分が死ぬのか、彼が神様から何か啓示を受けていたのか、あるいはそれを予感しただけだったのか、私にはわかりません。しかし、亡くなるずっと前から自分の死について話し、実際に亡くなったあとだったとしても

第1部　ドメニコ・サヴィオ少年の生涯

それほど正確には話せないというほどに、はっきりと語っていました*129。

　彼の健康状態を考慮して、勉強と信心業の生活をもっと楽にするため、あらゆる手だてが講じられました。しかし、元からの体質の弱さ、いくつかの個人的な苦しみ、また精神の絶えざる緊張のため、彼は日を追うごとに弱っていきました。彼自身もそれをわかっていて、時々言うのでした。「急がないと、道を行く途中で日が暮れてしまう」*130。その意味は、自分のいのちがあまり長くはなく、死が訪れる前にできるだけのよいことをしなければならないということでした。

　この家では、月に一度、若者たちが「よき死の練習」をします*131。この信心業は、まるでそれが人生最後であるかのように、ゆるしの秘跡と聖体拝領を準備することです。教皇ピオ9世は、大いなる善意をもってこの信心業に数々の免償*132を与え、実り豊かなものにしてくださいました。ドメニコは、これ以上は無理というほど集中してこの信心業に取り組みました。この信心業の最後に、ここで最初に天に召される者のために、主の祈りとアヴェ・マリアを唱えるのをならわしとしています。ある日、彼は冗談っぽく言いました。「私たちのうちで最初に天に召される者のため、ではなく、私たちのうちで最初に天に召されるドメニコ・サヴィオのために、ですよ」。彼はこれを何度か言ったのです。

───────────────

＊129　「彼が神様から何か啓示を～はっきりと語っていました」：　1860年第2版で加筆。

＊130　新約聖書 ヨハネによる福音書9章4節 参照。

＊131　1700年代に起源があり、ドン・ボスコによって応用された信心業。

＊132　免償：　カトリック信徒がゆるしの秘跡を受けて、すでに赦された罪に伴う有限の罰を免除されること。

101

1856年の４月の終わりに、彼は院長のところへ行き、聖母の月をいちばんよい方法で祝うためにはどうしたらよいかと尋ねました。

院長は答えました。「あらゆる務めを聖母のためにできるだけ忠実に果たし、毎日聖母についての話を語り、毎日でも聖体拝領をするにふさわしい生活を送るようにして祝いなさい」。

「それを忠実に行うようにします。どんな恵みを願ったらいいですか？」

「君の健康と、聖人になれる恵みを聖母に願いなさい」

「はい、ぼくが聖人になれるよう助けてくださいますように。ぼくが聖なる死を迎えることができるよう助け、臨終のとき、一緒にいてくださり、天国へ導いてくださいますように」

彼はその月を大きな熱意をもって過ごし、その姿はあたかも人間の服を来た天使のようでした。マリアのために書き、話し、勉強し、歌い、学校に行き、すべてがマリアのためでした。休み時間には毎日、マリアについての話を用意していて、あるときは、ある仲間たちのグループに、別のときはまたほかのグループに、という具合に話をしました。ある日、仲間の一人が言いました。「何もかも今年してしまったら、来年、君は何をするの？」彼は答えました。「そっとしておいてくれ。今年はできることをする。来年は、もしまだここにいたら、何をするつもりか話すよ」[133]。

彼の健康のためにできるだけの手を尽くそうと、私は何人かの医者にお願いして診察してもらいました。医者たちは皆、ドメニコの朗らかさ、打てば響くような精神、聡明な答えに感銘を受けていました。そのうちの一人で、すでにこの世を去られたフランチェスコ・

---

[133]　この段落全体は1860年第2版で加筆。

ヴァッラウリ先生[134]は、すっかり感嘆しながら私に言いました。

「すばらしい真珠のような少年だね！」

私は尋ねました。「日々悪くなっている健康上の根本的な問題は何なのでしょうか」。

「体力の弱さと、鋭敏な頭脳、絶えざる精神の緊張が、気づかないうちにヤスリのように生きる力を削っているのです」

「最も役立つであろう治療法は何でしょうか？」

「最良の治療法は、彼を天国にそのまま行かせることでしょう。その準備はすっかり整っているように見えます。いのちを永らえさせると思われる唯一の方法は、勉強を完全に遠ざけさせ、体力に合った活動にいそしませることです」。

第22章
病人のための働き ― オラトリオを去る
― そのときの言葉

ドメニコは体力が弱まっていましたが、床にふせっていなければならないというほどではありませんでした。それで、時々は学校に行ったり、学習室に行ったりもしていました。もしくは家事をしたりもしました。彼がしていたことの中で特によろこんでやっていたのは、オラトリオで仲間のだれかが病気のときに奉仕することでした。

彼は言っていました。「病人のそばにいたり、訪問したりすることは、ぼくにとっては少しも功徳にならない。それをできるのがう

---

*134　フランチェスコ・ヴァッフウリ（Francesco Vallauri 1856.7.13死去）とその妻ローザ、その息子であり司祭ピエトロ（1829-1909）はドン・ボスコの友人であり、恩人。彼らは特に聖フランシスコ・サレジオ聖堂の主祭壇のための寄付をした。

れしすぎるから。というよりも、それは自分にとっての大切な楽しみなんだ」。

　ドメニコは病人に必要な世話をしながら、一生懸命にその人にとって霊的に有益なことも提案しました。少し具合の悪かったある仲間の一人にこう言いました。「このぼくたちの『骸骨』はいつまでももつようにできていないよね？　墓に行くまで少しずつ消耗していくしかない。つまりね、ぼくたちの魂は体の不自由から解放されたら、天国へ輝かしく飛んで行き、終わりのない健康と幸せを味わえるんだ」。

　別のある少年は、苦いのを嫌がって薬を飲もうとしませんでした。ドメニコは言いました。「ぼくたちはどんな薬でも飲まなければならない。そうすることでぼくたちは神様に従うんだよ。ぼくたちが健康を取り戻せるために必要だから、医者も薬も神様が造ってくださったんだ。嫌な味がするときは、それだけ魂のために功徳を積むことになる。それにこの君の飲み物が、罪のないイエス様が十字架上で飲まされた酢を混ぜた胆汁と同じくらい苦くて辛い物だと思うのかい？」　彼はすばらしい純粋さでこのような言葉をかけたので、だれもそれに逆らおうとはしませんでした。

　サヴィオの健康はかなり弱ってきましたが、家に帰ることは彼にとっては最も嫌なことでした。なぜなら勉強といつもの信心業の実践をやめることが残念だったからです。数か月前、私は彼を家に帰しましたが、数日だけしかそこにおらず、すぐにまたオラトリオに帰ってきました。本当のことを言えば、残念だったのはお互い様だったのです。私は彼をどうしてもこの家に残しておきたかったのです。私の彼に対する愛情は、最も愛する息子への父親のような気持ちでした。しかし、医者の勧めに従うべきだと感じていました。特にそ

第1部　ドメニコ・サヴィオ少年の生涯

のころ、しつこい咳が出るようになっていました。父親にそのこと
が知らされ、出発は1857年3月1日に決まりました。

　ドメニコはこの決定を受け入れましたが、ただ神への犠牲として
そうしたのです。

　「どうしてそんなに帰りたくないんだい？」　私は彼に尋ねました。
「愛するご両親のところへ帰れるのはうれしいだろう？」

　「ぼくは最後の日々をここオラトリオで過ごしたいからです」

　「それなら、家で少し元気になったらここへ帰ってきなさい」

　「ああ！　それはだめです。家に帰ったらもうこちらに戻らない
でしょう」

　出発の前の晩、彼は私の傍らを離れようとしませんでした。次々
と、質問が浮かんでくるのでした。中でも、こういうものがありました。

　「神のみ前で功徳を積むために、病人にできる最良のことは何で
すか？」

　「自分の苦しみをしばしば神様にささげなさい」

　「ほかにできることはありますか？」

　「自分のいのちをイエスにささげること」

　「私の罪が赦されたと確信していいでしょうか？」

　「神のみ名によって、君の罪がすべて赦されたと保証できるよ」

　「自分が救われると確信していいでしょうか？」

　「君にとって決して不足することはない神の憐れみによって、君
の魂が救われることは確かだよ」

　「もし悪魔がやってきて誘惑したら、なんと言えばいいですか？」

　「自分の魂はイエス・キリストに売った、イエスがご自分の尊い血

105

でその代価を払われたのだと言いなさい[135]。それでも悪魔が君を悩ませ続けたら、君の魂のために何をしてくれたのかと、悪魔に言いなさい。反対にイエスは、地獄から君を自由にして天国に導くために血を流されたのだと指摘しなさい」

「天国からオラトリオの仲間や、両親が見えるでしょうか」

「そうだよ、天国からすべてが見えるよ。オラトリオで何が起きているか、両親たちの姿、君に関係する事柄、そして何千倍も美しいそのほかのことが見えるよ」

「ぼくは彼らを訪れることができるでしょうか？」

「できるよ。神のより大いなる栄光のためになるなら」

このような言葉から、またほかの多くの質問から、彼はすでに天国の扉の前に立っている人のようでしたし、そこに入る前に中にあることについてしっかり情報を得たがっているかのようでした。

第23章
仲間たちに別れを告げる

出発の朝、彼は仲間たちと共に「よき死の練習」をしました。ゆるしの秘跡と聖体拝領の際に彼が示した信心の深さは、私はその証人ですが、どう言い表していいかわかりません。「この信心業をしっかりする必要がある。なぜなら、今回は本当に自分の死の準備になるだろうから。旅の途中で死ぬことがあれば、臨終の聖体拝領を済ませたことになる」と彼は言いました。残りの午前中、彼はもう触れることがないかのようにタンスの中のあらゆる持ち物を整理しま

---

[135]　新約聖書 ペトロの手紙一1章18-19節 参照。

した。それから、仲間を一人ずつ回って、ある人には助言を、ある人には欠点を直すように、ある人には忍耐して善を行うように励ましました。

　ある仲間に2ソルド＊136の借りがありましたが、彼を呼んでこう言いました。「さあ、勘定をしよう。さもないと、神様と決算をするときに問題になってしまうよ」。無原罪の聖母信心会の会員たちには、聖母に約束したことを堅忍して守るように、また、聖母に限りない信頼をもつようにと、真剣に勧めました。出発間際、彼は私のところへ来て、次のように言いました。「神父様はぼくのこの骸骨を欲しがりませんから、モンドニオへ持っていきます。ここにいても、神父様を煩わせるのは少しの間だけでしたが……すぐにすべてが終わるはずですから。でも、神の聖なるみ旨が行われますように。ローマに行かれたら、イギリスについての教皇様へのメッセージを忘れないでくださいね。ぼくがよき死を遂げられるように祈ってください。天国でまた会いましょう」。私たちはオラトリオの外に出る門のところまで来ましたが、彼は私の手をしっかりと握っていました。彼は周りにいた仲間たちのほうを向いて言いました＊137。「さよなら、みんな、さよなら！　みんな友達だ。ぼくのために祈ってくれ。永遠に神様と共にいるところでまた会おう」＊138。彼はもう運動場の門のところにいましたが、私のところへ戻ってきて言いました。

　「神父様を思い出す記念の物をくださいますか？」

　「どんな物がいいか言ってごらん。すぐにあげるよ。本はどうだい？」

───────────────

＊136　2ソルド：　10セント。

＊137　「私たちはオラトリオの外に～向いて言いました」：　1878年第5版で加筆。

＊138　新約聖書 テサロニケの信徒への手紙一4章17節 参照。

「いいえ、もっとよい物がいいです」

「それじゃあ、旅のためのお金はどうかな？」

「はい、それです、永遠への旅のためのお金がいいです。神父様は、臨終のときの全免償を教皇様からいただいたとおっしゃっていましたね。そのリストの中にぼくも加えてくれませんか？」

「そうしよう、わが子よ。君はまだその数の中に入ることができる。君を見送ったらすぐに名前をリストに入れておこう」

彼はオラトリオを出発しました。彼はここに3年間いました。それは彼にとって大きなよろこびのときであり、仲間と長上たちにとってすばらしい模範となりました。彼は二度と戻ることはありませんでした。

彼が特別な挨拶で皆に別れを告げたことに、私たちは皆驚いていました。彼がとても健康とは言えないことは知られていましたが、たいてい寝込むことなく起きていましたし、彼の病気がそれほど深刻とは思われていませんでした。そのうえ、彼はいつも明るく快活だったので、体も精神も大きな苦悩を味わっているとは、だれも気づきませんでした。そのため、彼のあの特別な挨拶で皆動揺はしていましたが、まもなく帰ってくるだろうという期待が皆の間にありました。しかし、そうではありませんでした。彼はよく成熟し、天国への準備が整っていました。短い人生の間に義人の受ける報いをすでに獲得したのです。彼はまるで長寿を生きたかのようでした。神は彼を青春の花の盛りに自分のところに呼ぶことを望まれたのでした。それは、最良の霊魂も座礁して難破することのある危険から、彼を解放することでもありました[139]。

＊139　旧約聖書 知恵の書4章10-14節 参照。

第1部　ドメニコ・サヴィオ少年の生涯

第24章
病気の状況 ─ 最後のゆるしの秘跡、臨終の聖体拝領
─ 教訓となる出来事

　ドメニコがトリノをあとにしたのは3月1日の午後2時でした。お父さんが一緒にいて、旅は順調にいきました。馬車やさまざまな町の様子、家族との再会によって元気になったようですらありました。家に帰ってからの最初の4日間、彼は日中にベッドで休むこともしませんでした。しかし、体力が落ちており、食欲がなく、咳がひどくなる一方だったので、医者に連れていくことがよいと判断しました。医者は外からはわからない重い病状を発見しました。家に帰ってすぐ横になるよう命じ、この病気は炎症であると診断し、瀉血が試みられました＊140。

　若いときにはこの治療は大きな不安を感じるものです。先生は始めるにあたって、忍耐して怖がらないで向こうを見ているようにとドメニコに言いました。少年は笑い始め、言いました。「まったく無実の救い主の手と足が釘で打ち抜かれたことに比べたら、小さな針など何だと言うんでしょうか」。そしてとても落ち着いた様子でまったく動揺したそぶりを見せず、冗談を言いながら、手術の間中ずっと血が流れ出るのを見ていました＊141。この治療は何回か行われ、病状は改善したように思われました。医者はそう言っていたし、両親もそう信じていました。しかし、ドメニコはそうは思っていま

＊140　瀉血：　病気の治療のため、血液の一定量を取り除くこと。血液中の有毒物質をのぞいたり、一時的に血圧を下げたりする目的で行われたが、最近では交換輸血の場合以外には行われない（『大辞泉』増補新装版）。

＊141　この話はミケーレ・ルアによって集められた回想録に基づいている。

109

せんでした。そして秘跡を受けるのが遅くなるよりは早くしたほう
がいいと確信し、父に言いました。「父さん！　天のお医者さんに
聞いてみるのがいいよ。ぼくはゆるしの秘跡を受けて聖体拝領をし
たいんだ」。

　両親は、病気が回復していると思っていたのでそのような申し出
を辛い思いで聞きましたが、彼をよろこばせるため、主任司祭に来
てもらいました[*142]。司祭はやってきてゆるしの秘跡を聞き、それか
ら彼を満足させるため、臨終の聖体も持ってきました。彼がその聖
体拝領にどれほどの信心と集中力を込めてあずかったか、想像に難
くありません。聖なる秘跡にあずかるときの彼はまるで聖アロイジ
オのようでした。彼はこれが自分の人生における最後の聖体拝領に
なると考えていました。あの無垢な心からあふれる、愛するイエス
への熱意と愛情をだれが表現できるでしょうか。

　そのとき、初聖体のときにした約束をそのまま口にしました。何
回か、こう言ったのです。「はい、そうです、イエス様、マリア様、
あなたがたは今もいつも、ぼくの魂の友達です。繰り返しますし、
何千回でも言います。罪よりも死を」。感謝の祈りを終えると、落
ち着いて言いました。「これで満足です。永遠への長い旅があるの
は本当だけれど、イエス様がそばにおられるから何も恐れない。あ
あ！　いつまでも、皆に言ってほしい。イエス様が友達でそばにい
てくれるなら、どんな悪でも恐れることはない。死そのものさえも」。

　彼の忍耐強さは辛い苦しみに対して常に模範的でしたが、この最
後の病気において本物の聖性のモデルとして現れました。通常の必

＊142　ドメニコ・グラッシ神父（Domenico Grassi 1804-1860）：　1834年から死ぬま
　　　でモンドニオの主任司祭を務めた。

第1部　ドメニコ・サヴィオ少年の生涯

要のためにほかの人の助けを求めることはありませんでした。彼は言っていました。「できるかぎり、大切な両親への負担を少なくしたい。彼らはもうすでにぼくのために多くの不便と苦労を耐え忍んでくれた。ぼくが何とかそれに対してお返しができたら！」どんな飲みにくい薬も、それらしいそぶりをまったく見せずに飲み、少しも嫌そうな様子もなく10回に及ぶ瀉血の治療を受けました。

　4日間の闘病のあと、医者は患者とよろこび合い、両親に言いました。「み摂理に感謝しましょう。いい調子です。病気の負けです。これからはただ慎重な回復が必要なだけです」。両親はこれを聞いて大よろこびしましたが、ドメニコはほほえんで言いました。「この世は打ち負かされた*143。あとはよく準備して神のみ前に出るだけです」。医者が出ていったあと、彼は言われたとおりに思い込むことはなく、終油の秘跡を授けてもらいたいと願いました。このときも両親は彼をよろこばせるために仕方なく応じました。二人も、主任司祭も、彼がいのちの危険にあるとは気づかなかったからです。外見の穏やかさと言葉の元気さで、彼らは本当に回復してきていると判断していたのです。しかし信仰心に動かされたのか、彼の心に語りかける神の声に促されたのか、彼はまるで算数の計算をするかのように人生の日数を数えていましたし、あらゆる瞬間が彼にとっては神のみ前に出るための準備のときであったのです。塗油の前に、次の祈りをしました。

　「おお主よ、ぼくの罪をお赦しください。あなたを愛しています、永遠にあなたを愛したいと思います！　あなたの無限の憐れみの中で受けることを赦していただけるこの秘跡が、ぼくの魂から耳、目、

＊143　新約聖書 ヨハネによる福音書16章33節 参照。

口、手、足で犯したすべての罪を消し去りますように。ぼくの体と魂が、あなたの受難の功徳によって、聖なるものとされますように。アーメン」。

それから彼はすべての応答をはっきりとした声と正確な言葉で唱えました。それはまるでまったく健康な人のようでした。

それは3月9日、床について4日目、地上での最後の日でした。すでに10回の瀉血とほかの治療が試みられ、彼の体力は衰弱していましたので、教皇の祝福が与えられました。"Confiteor"（回心の祈り）を自分で唱え、司祭への答唱も唱えました。この儀式によって全免償つきの教皇の祝福が与えられたと聞くと、彼は慰めに満たされました。"Deo gratias"（神に感謝）と繰り返しました。"semper Deo gratias"（永遠に神に感謝）。それから、十字架に目を注ぎながら、生前非常に親しんでいたこの祈りをつぶやきました。

「おお、イエス、私の自由をすべてあなたにささげます。

私の力、体をことごとくあなたにささげます。

神よ、すべてあなたのものだからです。

私自身をことごとくあなたのみ旨に明け渡します」[144]。

第25章
最後の瞬間と尊い死

臨終のときに、私たちは自分のわざの実りを集めることになります。これは信仰における真理です。"Quae seminaverit homo, haec et metet"（人は、自分の蒔いたものを、また刈り取ることになるので

---

[144]　新約聖書 ルカによる福音書23章46節 参照。

第1部　ドメニコ・サヴィオ少年の生涯

す）*145。生きている間、よいわざの種を蒔いたなら、その人は最期のときに豊かな慰めを受けるでしょう。悪いわざの種を蒔いたなら、悲嘆の上に悲嘆の実りを集めるでしょう。それでも、死が迫るとき、よい人が聖なる生涯を送ったにもかかわらず、恐れと不安に襲われるということは時々あります。それは、神の敬愛すべき思いによって起こるのであり、その人の生涯における小さな汚れから魂を清めようとされるのであり、そのことによって、より栄光に輝く冠がその人のために天国で用意されることになります。サヴィオの場合は、そうではありませんでした。神は、選ばれた魂が天の栄光に入る前に彼らのために取っておかれるあの百倍の褒賞を、彼に与えることを望まれたのだと私は思います。実際、人生の最後まで保たれた清さ、生き生きとした信仰、絶えざる祈りと長期にわたる苦行、苦しみに満ちた人生によって、臨終のときにこの慰めが与えられたのは当然のことです。

　こうして、彼は死が近づくのを、落ち着いた無垢な魂で見ていました。穏やかに、恐れなく死を見つめることができました。普通は霊魂が体から離れる際に当然起こる緊張に付随する苦しみと圧迫すら、彼の肉体は感じなかったようでした。要するに、サヴィオの死は、死というよりは休息だったと言えるでしょう。

　1857年3月9日の晩、彼は私たちの聖なるカトリック教会が差し出すあらゆる助けを受けました。彼が話すのを聞き、その顔に表れている穏やかさを見ただけの人は、彼がベッドで休んでいるとしか思わなかったでしょう。明るい雰囲気、まだ生き生きとした視線、はっきりとした意識は皆を驚かせ、彼以外は彼が臨終であるという

───────────────────
＊145　新約聖書 ガラテヤの信徒への手紙6章7節 参照。

113

ことを想像する者などだれもいませんでした。

　亡くなる1時間半ほど前、主任司祭が彼を訪ねました。司祭は、彼が落ち着いているのを見て、自分の魂を神にゆだねるのを聞き、驚きました。彼はずっと射祷*146を唱えており、それらは早く天国へ行きたいという大きな望みを表明するものでした。「このようなタイプの臨終の魂に対して何を勧めたらよいのだろうか」と主任司祭は言いました*147。彼と一緒にいくつかの祈りを一緒に唱え、主任司祭が帰ろうとすると、サヴィオは彼を呼びとめました。「神父様、行かれる前に、ぼくのために何か言葉を残してくださいますか」「本当にどんな言葉を残せばよいのか、わからないのだよ」「力づけ慰めてくれるような言葉をお願いします」「救い主のご受難を思い出すように、としか言いようがないよ」。*"Deo gratias"*（*神に感謝*）彼は答えました。「主イエス・キリストのご受難がいつもぼくの思いと口、心にありますように。イエス、ヨセフ、マリア、この臨終のとき、私と共にいてください。イエス、ヨセフ、マリア、私の魂があなたたちと共に息を引き取ることができますように」。そう言うと、半時間の間眠りました。目を覚ますと、両親のほうを見て、言いました。

　「父さん、いるの？」

　「ここにいるよ。何か欲しい？」

　「大好きな父さん、時が来ました。『青少年宝鑑』（*148）を持って

---

*146　射祷：　矢を射るような短い祈り。心の赴くままに短い言葉で神に祈りをささげること。

*147　「と主任司祭は言いました」：　1861年第3版で加筆。

（*148）「このタイトルは、務めの遂行、キリスト教的信心業の実践、聖母への聖務日課、1年間の晩課、死の聖務日課などのための、すべて若者のために書かれた本である、『青少年宝鑑』を指している」（1859年版に書かれた注）。

来て、よき死の祈りを読んでください」

この言葉に、母は泣きだしてしまい、急いで病人の部屋を出ました。父は心が痛みで張り裂けそうになり、目に涙をいっぱいに浮かべ、嗚咽を抑えていましたが、勇気を振り絞ってその祈りを唱え始めました。彼はすべての言葉を注意深くはっきりと繰り返していました。それぞれの部分の最後にこう付け加えていました。「いつくしみ深いイエス、私を憐れんでください」[149]。次の言葉にたどりつきました。「私の魂があなたの前に出で、初めてあなたのみ旨の不滅のすばらしさを仰ぎ見るとき、どうぞ追い返すことなく、永遠にあなたをたたえて歌うことができるよう、あなたの憐れみ深い愛のふところに私を迎え入れてください」[150]。彼は言いました。「本当にそう願います。ああお父さん、永遠にイエス様をたたえて歌いたい！」 そして何か重大なことを真剣に考えるかのようにして再び眠りに落ちました。まもなく彼は目を覚まし、よく通る明るい声で言いました。「さよなら、父さん、さよなら。主任神父様は何かほかに言いたそうだったけど、思い出せないよ……ああ、こんなきれいなものは見たことがない……」。このように言うと、天国のようなほほえみを浮かべ、胸の上で十字に手を合わせながら、まったく動くことなく息を引き取りました[151]。

＊149　この話はミケーレ・ルアによって集められた証言に基づいている。「死の前の晩、ほとんど力が尽きて、彼はお父さんから『青少年宝鑑』に収められたよき死の練習の祈りを読んでもらい、それを聞いていた」。

＊150　『青少年宝鑑』より。

＊151　ドメニコは1857年3月9日月曜日22時に死去。埋葬は11日水曜日に行われた。ドン・ボスコによる死の場面の物語は、ミケーレ・ルアによる証言集に手を加えたものである。「死の1時間半前、すべての秘跡を受けた後、主任司祭が出ていくのを見て、彼を呼びとめ、何かお言葉をくださいと願った。主任司祭は答えた。『君にどんな言葉を残せばよいというのだい？　私にはもう、主

忠実な魂よ、あなたの創り主のもとへ帰りなさい。天の国はあなたに開かれている。天使と聖人たちはあなたのためにすばらしい祝いを用意している。あなたがあれほど愛したイエスは、あなたを呼んでおられる。「来なさい、よい、忠実な僕（しもべ）よ。お前はよい戦いを終え、勝利を得た。決して消えることのないよろこびのうちに入りなさい。"*intra in gaudium Domini tui*"（イントライン ガウディウム ドミニ トゥイ）（主人と一緒によろこんでくれ）＊152」。

第26章
死の知らせ ── ピッコ神父から生徒たちへの言葉

ドメニコの父は、今見たような形でこの最後の言葉を聞き、まるで眠るかのように彼が頭を垂れるのを見たとき、また眠ってしまったのかと本当に思いました。少しの間待っていましたが、すぐに息子に呼びかけました。そして彼がすでに亡くなっていることに気づいたのです。両親がこの息子の死にどれほど深く悲嘆に暮れたか、容易に察することができるでしょう。この子は純真さと信心深さが、最も人好きのするやり方と愛される行動に結び付いていたのです！

オラトリオの私たちは、この尊敬されている友人であり仲間がどうしているか様子を伝える知らせを、首を長くして待っていたとこ

の受難を思い出して、としか言うことはできないよ。ほかには何も言えない』。主任司祭が出ていってから、彼は眠り込み、しばらくして目が覚めてほほえみ、こう言おうとした。『ああ。主任司祭様は私に何を言おうとしていたのかな。何て言おうとしていたのかな……。ああ！なんてきれいなんだ。もう神父様が何て言おうとしていたのか思い出せない』。こう言って、天国のようなすばらしいほほえみを浮かべ、まったく動かずに胸の前で十字の形に腕を組んで息を引き取った」（ミケーレ・ルアの手記『ドメニコ・サヴィオについての回想録』より）。

＊152　新約聖書 マタイによる福音書25章21節 参照。

ろ、次のように始まる手紙がお父さんから届きました。「悲しみに
満ちた心で、最も悲しい知らせをお送りします。私の愛する息子、
あなたの弟子、純白の百合、アロイジオ・ゴンザガのようなドメニ
コは、昨日3月9日の夜に、最も慰め深い形で臨終の秘跡と教皇の
祝福を受けたあと、霊魂を神にお返ししました」[153]。

　仲間たちはこの知らせに悲嘆に暮れました。友人であり忠実な助
言者を失い、涙を流す者、本物の信心のモデルを失って嘆き悲しむ
者もいました。彼の霊魂の安息のために集まって祈る者たちもいま
した。しかし、その大多数は言いました。「彼は聖人だった、もう
天国にいる」。ほかには神のもとにいる保護者のように彼にとりな
しを願い始める者もいました。そして皆は競って、彼が持っていた
物を手に入れようとしました。

　教授・ピッコ神父は、知らせを聞くと深く心を痛めました。そし
て生徒たちが集まってきたとき、次の言葉で生徒たちに訃報を伝え
ました。

　「愛する若者たちよ、人生の不確かさと、君たちのような若者に
さえ死は訪れうることについて、ついこの間君たちに話したばかり
でした。そのとき、例えとして、2年ほど前にこの学校に通い、こ

---

[153]　カルロ・サヴィオは3月10日にこう書いている。「敬愛する神父様。この手紙
　　　の中で涙と共に悲しいお知らせをお伝えします。私の愛する息子ドメニコが、
　　　あなたの弟子であり、純潔な百合のような、アロイジオ・ゴンザガのような
　　　ドメニコが、去る3月9日の晩に魂を主に返しました。ただし、教皇の祝福
　　　とともに秘跡をいただいてから、ということを強調しておきます。彼は3月4
　　　日水曜日に倒れ、カファッシ先生の治療の下、10回瀉血を受けました。そし
　　　てちょうど神父様に書くために何の病気かを理解しようとしていたところで
　　　上に書いたように亡くなりました。非常に深い咳もあったのです。ほかには
　　　もう私には神父様に深く敬意を表して挨拶するしかありません。神父様にあ
　　　らゆる祝福があることを願います。神父様の忠実な僕サヴィオ」。

117

こに座って私の話を聞いていた元気いっぱいの若者が、数日休んだ
あと、この世のいのち、家族、友達から去って亡くなってしまった
ことを伝えました[*154]。その辛い話をしたときは、まさか今年同
じような痛みを味わい、先の例が私の話を聞いていた者のうちから
もう一度新たにされるとは思ってもいませんでした。そう、辛い
ニュースを皆さんに伝えなくてはならないのです。死の鎌が、みん
なの仲間のうちで最も徳が高かった者の人生を昨日刈り取りました。
あの模範的な若者、ドメニコ・サヴィオ君です。学校での最後のころ、
彼が苦しそうな咳に悩まされていたのを思い出す人もいるでしょう。
私も何か深刻な病気であると感じていましたので、しばらく学校を
休まねばならなかったことに、私たちの誰一人として驚きませんで
した。よりよく病気を治療するため、次の展開はすでに予想してい
て、何人かには何度かそう言っていましたが、彼は医者と長上た
ちの勧めに従って家族のもとに行きました。ここで病の猛威が次の
段階に入り、たった4日間のあと、その純真な魂を創造主に返した
のです。

　私は昨日悲しむお父さんからの痛ましい知らせの手紙を読んだと
き、涙が止まりませんでした。この手紙の中で、お父さんはこの天
使の聖なる死を素朴ながらに非常によく描き出してくれたのです。
彼は自分の愛する息子をうまくほめたたえる表現が見つからず、ド
メニコは人生における聖性と死の甘受においてもう一人の聖アロイ
ジオ・ゴンザガであると言うしかありませんでした。彼が私たちの
学校に長く通わなかったこと、この短い時間の中で病弱なために彼

(＊154)「修辞学2年生レオーネ・コッキス、期待の星である若者は、1855年3月25日
　　　　に15歳で亡くなった」（1859年版に加筆された注）。

第1部　ドメニコ・サヴィオ少年の生涯

をよく知ることができず、生徒の数が多い学校であまり話せなかったのがとても残念です。彼の聖性とはどういうものであったのか、信仰と信心業における彼の熱意がどのようなものであったかを話すのは長上たちに任せましょう。彼の素行や振る舞いのつつましやかさ、話すときの簡素さについては、毎日彼と共にいて、彼と親しく会話していた仲間や友達に任せましょう。彼の従順、敬意、素直さについては両親に任せましょう。私は皆さんが知らないことについて何が言えるでしょうか。私は彼の振る舞い、学校での落ち着いた態度、自分の務めをすべて正確に果たすこと、私の教えを常に注意深く聞く姿勢が常に称賛されること、そして皆さんの一人ひとりが彼の聖なる模範に続いていくことを約束してくれるなら、私は幸せ者だということしか言えません。

　年齢と学業のためにまだ私たちの学校に通うようになる前、彼は聖フランシスコ・サレジオのオラトリオで家と教育を与えてもらった者の中の一人として3年間過ごしました。私は彼がオラトリオの中で最もよく勉強し、徳の高い若者の一人としてほめられているのを聞いていました。彼の勉強への熱意、ラテン語初級のクラスでの早い進歩がすばらしかったので、私は彼を自分の学校の生徒にしたく、その才能への期待は大きいものでした。彼が学校に入る前から、すでに私は何人かの生徒たちに、彼のことをよきライバルとして紹介していました。勉強だけではなく、徳においても彼と競うようになるとよいなという話をしました。オラトリオへの訪問が頻繁になると、私は皆さんがよく知っている彼のやさしい顔つきと無垢なまなざしを見分けられるようになり、彼を見るときは彼に愛情を感じ、ほれぼれとしていました。今年度、彼が私の学校に通い始めたとき、もちろん彼は期待に負けることはありませんでした。愛する若者た

119

ちよ、皆さんは彼の集中力とがんばりの証人ですね。それは彼が私の授業を受けなければならなかったときだけではなく、決して素直さや勤勉さに欠けていない若者たちでさえおろそかにしてしまうようなときでも同じでした。学校だけではなく、日々の生活も共にしていた皆さんに尋ねたい。彼が何か務めを忘れてしまうようなことを見たことがあるだろうか。

あの彼特有のつつましやかさで学校に来て、自分の場所に座り、授業が始まるまでの時間の間ずっと、あの年頃の若者たちの間によく見られる騒々しい声で話すこともなく、復習し、メモを取り、何か役立つ読書で時間を過ごしている姿がまだ目に浮かびます。授業が始まると、その天使のような顔でどれほど熱心に私の言葉を聞いてくれていたことでしょう！　ですから、彼がその幼い年齢と病弱さでも、どれだけ勉学において進歩したかということに驚きはありませんでした。最後には彼を死に至らしめた病に冒されており、そのためしばしば学校を休まなくてはならなかったのに、中程度以上の頭脳をもつかなり多くの学生の中で、常にクラスで2、3番目以内の成績を取っていたのがその証拠です。しかし、特別な意味で私の注意を引いており、感嘆していたことは、あの若さで彼が示していた神との一致、祈りにおける情愛のこもった、燃えるような精神でした。比較的落ち着きのある若者たちであっても、活発な年齢のときには、自然な元気のよさと注意力散漫で、唱える祈りの意味はあまり考えないものであり、ほとんどだれもそこに情愛を加えることなどしません。彼らのうちのほとんどは唇の動きと声を出しているだけなのです。若者の注意力散漫が、聖堂での沈黙や落ち着きの中で、もしくは自分の部屋の孤独の中で、日々の祈りの中でなされる主への祈りでも普通ならば、学校での授業の前後にしばしば唱え

第1部　ドメニコ・サヴィオ少年の生涯

られる非常に短い祈りにおいてはより簡単に起こるということを皆さんはよくご存じでしょう。まさにわれらがドメニコのこの信心業への熱意、神との魂の一致に私は感嘆していたのです。私は彼がすぐに自分の住処になる天に向けてのまなざしで気持ちを集中し、決められた祈りを唱えるときに必要な情愛を込めて、主とその御母に気持ちをささげていたのを何度見たことでしょう！　おお、愛する若者たちよ、この気持ちこそが自分の務めを果たすときに自分の思いを奮起させ、すべての行い、言葉を聖化させ、全人生を神の栄光に向けさせていたものなのです。こういう考え方にヒントを受けられる若者たちは幸せです！　その人たちはこの世でもあの世でも幸せになり、彼らを教育する両親、彼らに教える先生たち、彼らの善のために尽くすすべての人を幸福にするでしょう。

　愛する若者たちよ、人生は神様が私たちにくださったとてもすばらしい贈り物です。神は、天に入る功徳を得るようにといのちを与えられます。まさにわれらがドメニコがそうしていたように、私たちが自分のすることすべてをこの最高の与え主にささげることができたら、そうなります。神が与えてくれた人生の目的のことを生きている間すっかり忘れ、創造主に自分の情愛を向けることを考えるときを少しももたず、神に心を向ける気持ちのために少しも場所を設けない若者についてなんと言えばよいでしょう。そのような気持ちをもつことをできるだけ遠ざけ、もし心にそのような気持ちが入りそうになってもそれと戦ったり、押さえつけたりする若者についてどう言えばよいでしょうか。ああ！　君たちの愛する仲間の聖なる生き方、聖なる最後について、彼が味わっていると確信できるうらやむべき状態について考えてみてください。そして君たち自身のことを振り返って彼に似るためには何がまだ足りないか、神がどん

121

な小さな欠けた点も勘定を要求される裁きの場に彼のように行かなくてはならないとしたらどのようになりたいか、考えてみてください。そしてもしこの点に関して彼との違いが大きいと思うならば、キリスト教的徳を模倣するとか、自分の魂を彼のような神の目に清く汚れのないものにしていくとか決心してください。遅かれ早かれ、必ず私たち全員が聞かなくてはならない突然の呼びかけに対して、君たちの天使のような仲間がそうしたようによろこびに満ちた顔で、唇にはほほえみをもって答えることができるように。もう一度私の宣言を聞いてください。この言葉でこの話を終わります。もし生徒たちがその振る舞いにおいて明らかな進歩を遂げたり、務めを正確に果たすようになったり、本物の信心の大切さにもっと気づくようになったならば、私はそれをわれらがドメニコの聖なる模範のおかげだと思いますし、皆さんは彼の仲間として、私は彼の先生であったことの褒美として彼の祈りによって聞き届けられた恵みであると理解します」[155]。このように教授・ピッコ神父は生徒たちに、彼の愛する生徒ドメニコ・サヴィオの死の知らせに感じた、深く、辛い思いを伝えたのでした。

第27章
サヴィオの徳の模倣 ― 多くの者が天国の恵みのための取り次ぎを彼に願い、聞き届けられる ― 皆へのひと言

　私がドメニコ・サヴィオ少年について書いてきたことを読んだ人は、彼の徳を輝かせるため、神が多くの方法で特別な恵みをお与え

＊155　ピッコ神父の話の原文は保存されていない。

になったことに驚きはしないでしょう。すでに生前に、彼の助言や模範に従おうとする者や徳に倣おうとする者たちが多くいました。また多くの者は彼のすばらしい振る舞い、聖なる生き方、行動の純真さに動かされて彼の祈りに頼っていました。また、まだサヴィオ少年が死ぬべきいのちを生きていたとき、彼が神に向かってささげた祈りによって受けた少なからぬ恵みについて話されています。しかしその死後、彼への信頼と尊敬がかなり大きくなっています。

　彼の死の知らせが私たちのところに届いてすぐに、多くの仲間たちが彼を聖人だと言い始めました。彼らは故人のために連祷を唱えるため集まりましたが、“*ora pro eo*”、つまり「聖マリア、彼の魂の安息のために祈りたまえ」と唱える代わりに、少なくない者が次のように唱えていました。“*ora pro nobis*”、すなわち「聖マリア、私たちのために祈りたまえ」。彼らは言っていました。「なぜなら、今サヴィオは天国の栄光を味わっているし、ぼくたちの祈りは必要ではないから」。

　ほかにはこういう者もいました。「あれほど清く聖なる生き方をしたドメニコ・サヴィオがまっすぐ天国へ行かなかったなら、いったいこの世のだれが天国にたどりつけるだろう？」　そのときから、彼の徳を尊敬するさまざまな友達や仲間たちが、彼を善行の手本にしようとし、天の保護者として彼に取り次ぎを願い始めました。

　ほとんど毎日、あるときは体のため、あるときは魂のため、受けた恵みが話されました。私はある若者がひどい歯痛に悩んでいるのを見ました。仲間が彼のためサヴィオに短い祈りで取り次ぎを願うと、彼はすぐに落ち着いて、もうこの悲痛な痛みに悩んでいません。多くの者は熱が下がるように取り次ぎを願い、聞き入れられました。私は高熱に苦しんでいたのにすぐに治るという恵みを得た者の証人

オラトリオの少年たち

です（＊156）。私はサヴィオの取り次ぎによって得られた、神による
天からの恵みを証しする人びとの多くの報告を見てきました。しか
しこれらの出来事を証言する人びとの人間性や確かさは完全に信頼
できるものですが、まだ彼らは生きているので、今はそれを話すの
は避けたほうがいいでしょう。そこで、ここではドメニコの級友で、
哲学科の学生が受けた特別な恵みについてだけ話しましょう。1858
年、この若者は重い病気にかかりました。彼の健康は非常に悪化し
たため、哲学科の勉強を中断し、多くの治療を受けなければならず、
学年末の試験を受けることができませんでした。少なくとも「諸聖

（＊156）「サヴィオ少年へのこのような崇敬と信頼は少しずつ大きくなりましたが、こ
こにドメニコのお父さんからの興味深い話があります。彼はどんな場所でも、
どんな人の前でも自分の話す内容を保証する準備があります。彼はこのよう
にその話を紹介してくれました。『息子の死は、私に深い悲しみをもたらしま
した。死後、彼はどうなったのかと知りたいという望みがだんだんと大きくな
りました。神は私を慰めてくださいました。彼が死んでから1か月ほどたっ
たところでした。ある夜、眠れないままベッドの中で目を覚ましていると、突
然、寝ている部屋の天井が開いたかのようになりました。そして大きな光の
中にドメニコが現れました。その顔はよろこびに輝いていて、その姿全体は
見事な威厳にあふれていました。その光景に驚いて我を失い、私は口走りま
した。《ドメニコ！　私のドメニコ！　元気なのかい？　どこにいるんだい？
もう天国なのかい？》《はい、父さん》と彼は答えました。《ぼくはもう天国
にいるよ》。私は言いました。《そうか。神様がいつくしみ深くもうお前を天
国へお連れくださったなら、兄弟たち、姉妹たちのために祈っておくれ。い
つかお前のところに行けるように》。《はい、父さん、彼らがいつか私のとこ
ろに来て、天の無限のよろこびにあずかれるように祈ります》と彼は答えま
した。私は答えました。《私のためにも祈ってくれ。お前のお母さんのため
にも祈っておくれ。私たちが救われて、いつの日か天国で会えるように》。《は
い、祈ります》。こう言って、もう見えなくなりました。そして、部屋は元の
闇に戻りました』。お父さんは単純に真実を話していることを保証していま
す。そしてその前も後も、起きているときも、寝ているときも、同じような
出現で慰められたことはない、と言っています」（1859年版に加筆された注）。
ここでドン・ボスコはミケーレ・ルアが集めた証言に手を加えている。

124

人」の時期の試験を受ければ、1年を棒に振ることを避けられると彼は考えました。ところが、病状は悪化したので、希望はだんだんとなくなっていきました。秋の時期をふるさとで家族と過ごしたり、田舎で友達と過ごしたりして、健康を取り戻しつつあるようでした。しかしトリノに戻って少し勉強を始めると、また元に戻ってしまいました。彼は証言します。「試験が近かったのですが、ぼくの健康は悲嘆すべき状況でした。胃と頭の痛みが、受けたい試験を受けるあらゆる希望を奪っていました。試験を受けることは私にとって最も重要なことでした。愛する級友であったドメニコについて聞いた話に触発され、自分もこの級友の名においてノヴェナを神にささげつつ、彼に取り次ぎを願うことにしました。決めた祈りのうちの一つはこれでした。『愛する友よ、君が1年以上ぼくと級友だったことは、ぼくの慰めであり幸運でした。君はぼくとクラスでの首席を狙おうと互いに健全に競い合っていたね。君はぼくが試験を受けることがどれほど必要か知っていると思う。お願いだ、ぼくが試験を準備できるよう、主に健康を取り次いでほしい』。

　ノヴェナの5日目になる前に、病状が目覚しく改善し始め、勉強を再開することができました。そして、不思議なほど楽々と失った時間を取り戻し、必要な試験に合格することができました。その恵みは一時的なものではなく、1年以上味わっていなかったよい健康状態に今もあります。これはぼくの級友の取り次ぎによって神から受けた恵みであると認めます。彼は私の人生における家族であり、今は天国の栄光を味わう助け手であり励ましです。もうこの恵みを受けて2か月以上たっていますが、私の健康は変わらずよく、私の

大きな慰めになっています」[157]。

　この出来事をもって、サヴィオ少年の伝記を終えます。ほかのいくつかの出来事は附録の形で発表することにしようと思います[158]。それは神のより大いなる栄光と魂の善のためになるでしょう。友である読者よ、あなたはこの徳の高い少年についてここまで書かれたことを読んでくれましたので、私と、あなたと、この本を読むことになるすべての人に真に役立つ結論を導き出したいのです。それは、サヴィオ少年を、私たちの境遇に合っている徳において倣っていくという決意をしていきたいということです。彼は貧しかったが、最もよろこびに満ち、徳の高い清い人生を送り、聖なる死によって仕上げられました。私たちも彼の生き方を見習い、その尊い死において同じようになれることを確実にしましょう。

　サヴィオの徳の絶えざる実践における支えであり、栄光の最後まで彼の確かな導き手であった、頻繁なゆるしの秘跡を見習うことを忘れないようにしましょう。頻繁に、そしてしっかりとした準備をもってこの救いの源に近づきましょう。ゆるしの秘跡を受けるときは毎回これまでのゆるしの秘跡をよい心で行ったかどうか、振り返ってみましょう。必要があれば、問題を正すためにしなければならないことを、ためらうことなくしましょう。私にはこれがこの世の試練のただ中にあっても幸せに生き、最後のときに

＊157　フランチェスコ・ヴァスケッティ（Francesco Vaschetti）のドン・ボスコに宛てた手紙からの証言に手を加えて書き写したもの。ヴァスケッティは1855年にオラトリオに入り、無原罪の聖母信心会の創立者の一人となった。1859年サレジオ会に加入したが、誓願を立てなかった。教区司祭として人生を全うした。

＊158　1860年第2版に「ドメニコ・サヴィオの取り次ぎによって神から受けた恵み」というタイトルの7つの報告の補遺が加えられた。1861年第3版では10の報告に増え、その後の改訂版もそのまま残った。

は、私たちも落ち着いて死を迎えることができる最良の方法だと思います。そのとき私たちは、よろこびに満ちた顔で、心には平和を保ち、われらの主イエスに会うことになります。主は、その憐れみに従って私たちを裁かれ、彼を永遠にたたえ、感謝するためにこの世の苦難から永遠の幸せへと私たちと導いてくださいます。私は私と読者であるあなたのためにそう希望しているのです。アーメン。

第2部

聖フランシスコ・サレジオの
オラトリオの生徒、
ミケーレ・マゴーネ少年の小伝

ジョヴァンニ・ボスコ著

このミケーレ・マゴーネの生涯の訳に使用された版は、ドン・ボスコによって編集された最終版である増補第2版（『聖フランシスコ・サレジオのオラトリオの生徒、ミケーレ・マゴーネ少年の小伝　司祭ジョヴァンニ・ボスコ監修』1866年）[159]であり、第1版（『聖フランシスコ・サレジオのオラトリオの生徒、ミケーレ・マゴーネ少年の小伝　司祭ジョヴァンニ・ボスコ監修』1861年）[160]との対照を行いつつ編集された。加えて、アルベルト・カヴィリアによる注釈版（『ドン・ボスコ著作全集』Vol. V 第2部「ミケーレ・マゴーネ　典型的教育体験」1965年）[161]との対照も行っている。

本文注には、改訂版ごとに加えられた本文の加筆訂正について、より意味深いものを示している。役立つと思われる際には、注に文献的・歴史的性格の情報を載せている。

本文注への番号が（ ）内で示されている場合、それは原文にすでに注としてあったものを示している。

---

[159]　*Opere e scritti editi e inediti di Don Bosco,* vol. IV, parte I: *La Vita di Domenico Savio,* Torino, Societa Editrice Internazionale, 1942, pp. 1-72

[160]　*Cenno biografico sul giovanetto Magone Michele allievo dell'Oratorio di S. rancesco di Sales per cura del sacerdote Bosco Giovanni* Torino, Tip. G. B. Paravia e Comp., 1861, 96 p.

[161]　*Il "Magone Michele" una classica esperienza educativa,* Torino, Societa Editrice Internazionale, 1965, pp. 201-247

第 2 部　ミケーレ・マゴーネ少年の小伝

　愛する若者の皆さん、

　愛する若者の皆さん[162]の中でも、ドメニコ・サヴィオの生涯が印
刷物になる[163]のを特別に心待ちにしていたのが、ミケーレ・マゴー
ネ少年でした。彼はどんなときでも、このキリスト教的生き方のモ
デルとなる人物（ドメニコ）について語られてきたことを全部記録
していました。ミケーレは全身全霊で彼を見習おうとしていたので
すが、自分の人生の先生としたかったドメニコの徳を集めたものを
手に入れたいと強く望んでいました。ただ、彼にはその本の数ペー
ジを読む時間しかありませんでした。それは、彼の死すべきいのち
を主が召されたからですが、彼が自分のお手本にしようと決めた友
人ドメニコと一緒に、正しい者のための平和を享受するためであっ
たのだと私たちは心から信じています。

　この皆さんの仲間の、並外れたというよりは夢のような人生は、
彼の生涯を印刷物で読みたいという願望を皆さんの中に湧き上がら
せました。そして皆さんは、そうするよう私に何度もせがみました
ね。だから私は、皆さんのそうしたリクエストに背中を押され、こ
の私たち共通の友人に対する愛情のゆえに、そしてこの小さな作品
が皆さんの魂をよろこばせ、またその助けとなることを願って、彼
について私たちの目の前で起こったことを集めて本にしようと心を
決めました。

　ドメニコ・サヴィオの生涯においては、皆さんは彼の一生を通じて
英雄的行為にまで磨き上げられた生来の徳というものを見ましたね。

---

*162　繰り返しは原文のとおりである。
*163　『聖フランシスコ・サレジオのオラトリオの生徒、ドメニコ・サヴィオ少年の
　　　生涯　司祭ジョヴァンニ・ボスコ監修』1859年。

131

オラトリオの少年たち

　マゴーネの生涯においては、見放された若者が悲しき悪の道を辿る危険があった姿を目にします。けれども、私についてきなさいと主が彼を招いてくださった[164]のです。彼はこの愛情あふれる呼びかけに耳を傾け、神の恵みに絶えず応え、彼を知る者すべてが彼を尊敬するようになったのでした。このように、神の恵みに応える者の上にもたらされる恵みの効果がいかにすばらしいものであるかを、彼は示してくれているのです。

　皆さんはここで、感心し、真似してみたいと思える多くのことを発見することでしょう。また、とても14歳の少年とは思えない美徳の行為や表現に出会うことでしょう。それらがとても稀有なことであるので、私はそうした事柄を書き留めるに値すると感じたのでした。ともかく、読者の皆さんはだれもがこうした事柄が真実であることを知っています。私は、多くの生き証人の目の前で起きた事柄を歴史的につなげ、示したにすぎないのです。この生き証人たちはここに書かれたことについて、いつでも質問されても大丈夫だと思います。

　この第2版では、初版[165]のときには明らかになっていなかったいくつかの事実を付け加えました。また、あとになって特別な事情で信頼できる情報源から聞き出すことによって、よりよく説明できた事柄もいくつかあります[166]。

　神が、あるときは倒れそうな老人を、またあるときは経験の浅い若者をご自分のもとに呼ばれるとき、神のみ摂理は私たち人間に教訓をお与えになります。幸福な永遠か不幸な永遠かが決まる最後のときに私たちがしっかりと準備できているよう、神のみ摂理が大い

＊164　新約聖書 マルコによる福音書2章13-14節 参照。
＊165　初版（第1版）：　1861年発行。『カトリック講話集』の第7号に掲載。
＊166　この段落は1866年第2版で加筆。

第2部　ミケーレ・マゴーネ少年の小伝

なる恵みを与えてくださいますように。私たちの主イエス・キリストの恵みが、生けるときも死せるときも私たちの助けとなり、天国へと至る道のりにおいて私たちをお守りくださいますように。アーメン。

第1章
風変わりな出会い

　秋のある日の夕暮れ時*167、私はソンマリヴァ・デル・ボスコ*168からの帰途、カルマニョーラ*169でトリノ行きの汽車を1時間待つことになりました。時刻はすでに7時で、曇り空、濃い霧が一面にたちこめていました。やがてしとしとと雨が降りだしました。おかげであたりは真っ暗になり、ほんの数歩先にいる人さえも見分けがつかないほどでした。駅のぼんやりとした灯りが、ごく限られた場所を淡い光で照らし出しているだけで、あとはすべて闇に沈んでいました。そんな中、ある少年たちの一団が皆の注意を引きました。彼

---

*167　1857年10月上旬。

*168　ソンマリヴァ・デル・ボスコ（Sommariva del Bosco）：　トリノから40km、ブラに向かう道にある農業町。セッセル・デクス侯爵（Seyssel d'Aix）家の古くて荘厳な城の周りに集まった町であり、非常に肥沃な土地である。1862年には人口5,488人。クラウディオ・セッセル侯爵（Claudio Seyssel 1799-1862）の妻エリザベッタ・ブトワリン（Elisabetta Boutourline）はロシア出身で、ドン・ボスコの働きのおかげでカトリックに改宗し、『カトリック講話集』の普及に努めた。

*169　カルマニョーラ（Carmagnola）：　トリノとサヴィリアーノ間の鉄道路線にある町。トリノから30km。その頃は12,894人の人口を数えた。トリノ〜カルマニョーラ〜サヴィリアーノの路線は1853年3月13日に開業。ドン・ボスコはソンマリヴァ・デル・ボスコからカルマニョーラまで、一般車両か半個室車両で旅をした。

133

らはそこら中を跳ねまわり、見ていた人びとが耳を塞ぎたくなるぐらいの大騒ぎをしていました。「待て！　彼を捕まえろ！　走れ！これをつかめ！　あいつを止めろ！」というような言葉が旅行者たちには聞こえてきました。しかし、そうした叫び声の中でも際立ってはっきりと聞こえるある一つの声が、ほかのすべてを支配していました。それはリーダーの声で、仲間たちはその声を繰り返し、厳格な命令として皆が従っているようでした。私は、この大騒ぎの中で明らかに遊びを統制できている若者と知り合いになりたいと思い、少年たちが指示を出している彼の周りに集まるまで待つと、パッと彼らの中に飛び込みました。彼らは驚いたように一斉に逃げ出しましたが、ただ一人残って私の前にぬっと立ちはだかった者がいました。彼は腰に手を当て、横柄な態度で私に話しかけました。

「あんた、だれだよ。なんで俺たちの遊びの邪魔をするんだ？」

「私は君の友達だよ」

「何の用だよ」

「もしよければ、君と、それから君の友人たちと一緒に遊びたいんだ」

「だけど、一体全体あんたはだれなんだよ。俺はあんたを知らないぜ」

「もう一度言うが、私は君の友達だ。君や君の仲間たちと少しその遊びをしたいんだ。だけど、そういう君はいったいだれだい？」

「俺か？　俺はな……」彼は重くよく響く声音でこう言いました。「俺はミケーレ・マゴーネ[170]。この遊びの大将さ！」

───────────────

[170]　洗礼台帳から、彼の本名はMichele Giovanni Magoneで、故ジョヴァンニと、仕立屋のジョヴァンナ・マリア・ステッラの息子であり、1845年9月19日午前1時に生まれ、同日19時に洗礼を授けられたことがわかる。同台帳によると、

第2部　ミケーレ・マゴーネ少年の小伝

　彼が話をしている間に、散り散りになって逃げた少年たちが舞い戻り、再び彼の周りに集まってきました。彼らのうちの何人かと軽く言葉を交わしたあと、私はもう一度ミケーレ・マゴーネに話しかけ、こう続けました。

「マゴーネ君、君はいくつ？」

「13歳」

「初告解は済ませたのかな？」

「おう」彼は笑って答えました。

「じゃあ初聖体はもう許可された？」

「もちろん。許可されたし、受けに行ったよ」

「仕事は何か覚えたのかい？」

「ああ、何もしないって仕事をな！」

「今まで何をしてきたんだい？」

「学校に行ってた」

「どれくらい？」

「小学校3年生*171までやったよ」

「お父さんはいるの？」

「いない、父さんは死んだよ」

「お母さんは？」

「母さんはまだいるよ。働いてる。ろくでなしで頭痛のタネの俺たち兄弟を食わせるために、一生懸命稼いでいるのさ」

───────────────────────

　　　　父は息子が生まれる前に亡くなっていた。

＊171　ピエモンテの学校制度は1848年のボンコンパーニ法によって定められていた。同法は学校を3つの段階に分けている。小学校（下級2学年、上級2学年）、中学校（文法3学年、修辞法と古文2学年、哲学2年）、大学と上級職業学校。マゴーネの場合、小学校3年とは上級小学校1年目にあたる。

135

オラトリオの少年たち

「そうか。君は将来何になりたい？」

「何かをする必要はあるけど、それが何かはわからないな」

　ある種の知恵と論理を感じさせるこの若者の率直な語り口から、私はもし彼がこのまま捨て鉢な生活を続けていったら、いかに危険な状態に陥るかを悟りました。その一方で、もし彼の陽気な気質やその明らかなリーダーシップを磨いていけば、必ずや大きな仕事を成し遂げるであろうこともわかりました。そこで、私は次のように会話を再開しました。

「マゴーネ君、こんな不良の生活を抜けだして何か仕事を学んだり、あるいは勉強を続けたりする気はないかい？」

「あるよ、おおありだ」。彼は興奮して答えました。「正直、こんなひどい生活には嫌気が差しているんだ。俺の友達の何人かはもう刑務所にいて、俺は自分もそいつらの二の舞になるのが怖い。だけど、俺にいったい何ができる？　父さんは死んだ、母さんは貧しい、だれが俺を助けてくれるって言うんだ？」

「今晩、天におられる私たちのお父さんに熱心に祈りなさい。心を込めて神に祈り、神に希望しなさい。主は私を、君を、そしてみんなを気にかけてくださるのだよ」

　そのとき、発車のベルが鳴ったので、私はすぐに行かなければなりませんでした。「さあ、これを取りなさい」と私は彼に言いました。「このメダイを持って、明日、君の助任司祭のアリッチョ神父[172]のところへ行きなさい。そしてね、このメダイをくれた司祭が君のことを知りたがっている、と言うんだよ」。

＊172　アリッチョ神父（Francesco Alberto Ariccio 1819-1884）：　1844年からカルマニョーラのSanti Pietro e Paolo教会の助任司祭。

彼はメダイを大事そうに受け取りました。「でも、あんたの名前は？　どこの町から来たのさ？　アリッチョ神父はあんたのこと、知っているのかい？」　マゴーネは矢継ぎ早に聞いてきましたが、答えてやることはできませんでした。汽車はすでに入線しており、私はトリノに向けて発たなければならなかったからです。

第2章
それまでの彼の生活、
聖フランシスコ・サレジオのオラトリオに来る

自分と話をした司祭の名前を知ることができなかったマゴーネは、俄然好奇心を掻き立てられ、彼がだれだったのか何とかして知りたいと思いました。次の日になるのを待てず、彼はすぐにアリッチョ神父のところへと飛んでいき、自分の身に起きたことを大げさに話しました。助任司祭はすぐに状況をつかんで、翌日この大将閣下についての驚くべきことを私への手紙に詳しくしたためました。彼は以下のように書いてくれたのです。

「ミケーレ・マゴーネは父親のいない気の毒な少年です。母親は家族を食べさせるのに手一杯で、彼の面倒を見てやることができません。そのため彼は不良少年たちと一緒に路上や広場で過ごしているのです。頭はよいのですが、気持ちの変わりやすさと不注意な点が災いして、学校から一度ならず停学処分を受けています。それにもかかわらず、小学3年のときの成績はわりとよいものでした。

道徳面に関するかぎりでは、心はよいですし、単純・素朴な人間だと思いますが、いかんせん扱いが難しい子です。学校でも、またカテキズムのクラスでも、彼は常に頭痛のタネです。彼がいないと

すべてが平和であり、彼が立ち去るとみんなが安堵のため息を漏らすのです。

彼の年齢、貧しさ、性格、そして知性のどれを取っても、彼は愛をもってあらゆる面倒を見てあげる価値があります。彼の生年月日は、1845年9月19日です」

この情報に基づいて、私はこの家の少年たちの中に、学生として、あるいは職業訓練生として彼を迎え入れることに決めました。受け入れ通知書を受け取るや否や、この少年はもうトリノに来たくてたまりませんでした。彼は、地上の楽園のあらゆるよろこびを思い描き、首都で暮らすのはどんなにすばらしいことだろうかと夢見ていたのです。

数日後、彼は私の前に姿を現しました[173]。「俺です」。彼はそう言って、私のところへ走ってきました。

「俺です、神父様。カルマニョーラ駅で会った、あのミケーレ・マゴーネです」

「ああ、わかっているよ。ここにはやる気をもって来たのかな？」

「もちろんです。やる気ならいつもありますよ」

「そうか。やる気があるなら、この家をめちゃくちゃにしないようによろしく頼むよ」

「ご心配なく。迷惑はかけませんよ。これまではあまりうまくできなかったけれど、これからはそうはしたくない。俺の仲間の二人はもう刑務所にいて、俺は……[174]」

「落ち着きなさい。ところでこれだけは教えておくれ[175]。勉強を

＊173　ミケーレ・マゴーネは1857年10月17日にヴァルドッコのオラトリオに到着した。
＊174　「これまではあまり～刑務所にいて、俺は……」：　1866年第2版で加筆。
＊175　「落ち着きなさい。ところでこれだけは教えておくれ」：　1866年第2版で加筆。

第2部　ミケーレ・マゴーネ少年の小伝

したいかい？　それとも何か仕事を覚えたいのかな？[176]」

「神父様のお望みどおりにするつもりだけど、もし俺に選ばせて
もらえるのなら、勉強がしたいです」

「ふむ、君に勉強をさせるとして、勉強を終えた暁には何をする
つもりだい？」

「もしも悪ガキが……」そう言うと、彼は下を向いて笑いだして
しまいました。

「何だい、言ってごらん、もしも悪ガキが……」

「もし俺のような悪ガキでも司祭になるくらいいい子になれるな
ら、俺、司祭になりたいです」

「そうか。じゃあ、悪ガキに何ができるのかを確かめることにし
よう。君に勉強をさせてあげよう。君が司祭になれるかどうかは、
君の勉強の進み具合や日ごろの行い、そして聖職者への召命がある
かないかを示すしるし次第だよ」

「もし前向きな気持ちで努力すれば何とかやっていけると言うな
ら、神父様をがっかりさせるようなことは絶対にしませんよ」

まず手始めに、彼にはいわゆる「守護の天使」役の仲間が一人あ

---

* 176　「勉強をしたいかい？　それとも何か仕事を覚えたいのかな？」：　オラトリ
　　　オのその学年度（1857-58）、199人の生徒が受け入れられ、そのうち121人
　　　が学生、78人が職業訓練性として受け入れられた。マゴーネが入ってきた
　　　とき、オラトリオのラテン語クラスは3つあった。第1学年はジョヴァンニ・
　　　バッティスタ・フランチェジア（Francesco Battista Giovanni 1838-1930）に任
　　　され、第2学年はジョヴァンニ・トゥルキ神学生（Giovanni Turchi 1838-1909）
　　　に、第3学年はラメッロ神父という人に任された（MB5, pp. 753-754参照）。ヴァ
　　　ルドッコにおける中学校は1859-60年度に開始される。1857年1月からはオ
　　　ラトリオにはその地域の最も貧しい少年たちのための昼間の学校もあった。
　　　職業訓練生は製靴と裁縫のラボラトリオ（1853年終わりに開設）、製本のラ
　　　ボラトリオ（1854年開設）、大工のラボラトリオ（1856年開設）に通っていた。
　　　1862年に植字、印刷、鍛冶・鍛鉄のラボラトリオもできた。

139

てがわれました。行いに不安がある若者やあまりよく知られていない若者を受け入れるときには、家の中のより年長の若者で、品行方正な者にゆだねるのがこの家のならわしです。ほかの仲間たちの中に入れても危険性がなくなるまでその若者を助け、必要ならば間違いを正すのです[177]。彼はマゴーネに悟られないよう最も賢く慈愛に満ちたやり方で、決して目を離しませんでした。彼はマゴーネと学校でも自習中も休み時間も一緒に過ごしました。彼と遊んだり冗談を言い合ったりしていましたが、必要が生じたときにはこんなふうに言うのです。「そんなよくない話をしちゃだめだよ。そんな言葉を使っちゃだめだよ。軽々しく主のみ名を呼んではだめだよ」。そしてミケーレは、と言えば、しばしばイラついた様子を見せはするものの、いつもこう返事をするのでした。「わかった、よく注意してくれた。君は本当によい仲間だね。昔のぼくに君みたいな友人がいたなら、こんな悪い習慣を身につけることはなかったんだろうけど……もうこびりついちゃってなかなか取れないんだよ」。

　最初の数日間、ミケーレが心から楽しんでいたのは休み時間に外で遊ぶことだけでした。歌い、叫び、走って飛び跳ねて大騒ぎすることは、生来活発な気性である彼に最も合っていることでした。反面、仲間が、「マゴーネ、ベルが鳴ったよ。勉強に戻ろう。学校に戻ろう。祈りに戻ろう」などと言うとき、彼は遊びに名残惜しそうな目を向け、でもそれ以上異議を唱えることはせずに、務めの待ち受けている場所へ出かけて行くのでした。

　しかし務めの終業のベルが鳴り、休み時間が来たときの彼は実に

＊177　「行いに不安がある若者や〜間違いを正すのです」：　1866年第2版で加筆。このならわしはすでにドメニコ・サヴィオの伝記でも記録されている。第1部「ドメニコ・サヴィオの生涯」18章 参照。

見ものでした。まるで大砲の口から打ち出されたかのようでした。そして運動場の中をどこへでも飛んでいきます。体の俊敏性を必要とする遊びが特にお好みでした。「バッラロッタ」という遊び[178]が、彼は大好きで、名手でした。このように、休み時間とほかの学校の務めが両方あったので、彼は新しい人生のあり方をなかなか気に入っていたのです。

第3章
困難と行動の改善

ミケーレがオラトリオに来てから1か月がたちました。やることはたくさんあり、時間は瞬く間に過ぎていきました。そして彼は、ただそこら中を飛び跳ねて明るく過ごしていれば幸せでした。本当の幸せとは、心の平安と良心の平穏から来るものであるなどということは考えもせずに。ところがあるとき突然、彼は遊びに対する情熱を失い始めたのです！　彼は物思いに沈むようになり、誘われないかぎり遊びにも加わろうとしなくなりました。守護の天使役の仲間はこのことに気づき、ある日折を見て彼に言いました。

「マゴーネ君、ここ数日、君の幸せそうな笑顔を見ていないのだけれど、どこか具合でも悪いのかい？」

「いいや、ぼくはいたって健康だよ」

「じゃあ、どうしてそんなに悲しそうにしているんだい？」

「信心業に参加している仲間を見ていると、なんだか落ち込むん

＊178　バッラロッタ（Barrarotta）：　二つのチームに分かれて、相手の陣地を奪うか、相手チームのメンバーを多く捕まえるかで勝敗を決するゲーム。

だ。みんな、お祈りをしているときも、ゆるしの秘跡に行くときも、聖体拝領のときもとても幸せそうで、それを見ていると、ぼくはとても悲しくなるんだよ」[179]

「ほかの人たちの信心が、どうして君をそんなに落ち込ませるんだろうね。その理由がわからないんだけど？」

「理由は簡単だよ。仲間たちはみんなもう善良で、宗教を実践し、もっとよい人になっていく。なのに、ぼくのような悪党はそこに加わることができないんだ。だからぼくは不安になるし、悔やんでも悔やみきれないんだよ」

「なんてばかなことを！　友達の幸せをうらやましいと思うのなら、どうして彼らを見習おうとはしないんだい？　もし良心にやましいところがあるのなら、どうしてそれを取り除こうとしないんだい？」

「取り除く…取り除く……そりゃあ言うのは簡単だ！　だけど、ぼくの立場になってみたら、同じように言うと思うよ……」。彼はこう言って、頭を振りながら怒りと興奮を示し、聖具室へと逃げて行ってしまいました[180]。

友達は彼を追いかけ、そして追いついたときにこう言いました。「マゴーネ君、どうしてぼくから逃げるんだい？　いったい何が君をそんなに悩ませているのか教えてよ。もしかしたら、それを乗り越える方法を教えてあげられるかもしれないからさ」

「確かに君の言うとおりさ。だけど、ぼくは今とてもこんがらがっ

---

[179]　ドン・ボスコは信心業の実践をオラトリオの教育法の基本的要素として考えていた。

[180]　1853-60年にかけて、聖フランシスコ・サレジオ聖堂の香部屋はオラトリオの最初の聖堂（ピナルディ家）の中にあった。現在の聖フランシスコ・サレジオ聖堂は1860年になって建てられた。

第2部　ミケーレ・マゴーネ少年の小伝

ちゃってるんだよ」[181]

「どんなにこんがらがっていたって、そこから抜けだす道はあるよ」

「だけど、自分の中に何千もの悪魔がいるって思っているのに、いったいどうやって平安を見つけることができるんだい？」

「心配しなくていいよ[182]。聴罪司祭のところへ行って、自分の良心の状態を明らかにするんだ。そうすれば、君に必要な助言をすべてもらえる。ぼくたちはみんな、嫌な気持ちがあるときはいつもそうしているんだよ。だからぼくたちはいつもよろこんでいるんだ」

「オーケー、わかった。でも…でも……」彼は泣きだしてしまいました。数日が過ぎ、彼はますます落ち込んで、悲しい気持ちになってしまいました。遊びですら重荷になってしまいました。もはや笑いもしませんでした。仲間が休み時間を楽しそうに過ごしているときでも、彼は片隅に引っこんで物思いに沈むことが多くなりました。時には泣いていることもありました。私は彼を注意深く見ていましたが、ある日彼を呼んで次のような会話をしました。

「マゴーネ君、ちょっとお願いがあるんだけど、断らないでほしいな」

「何ですか？　神父様の命ずることなら、何でもしますよ」と彼は大胆に答えました。

「しばらくの間、私が君の心の主人となることを許してほしい。そして、このところ君を落ち込ませている原因は何なのか、私に話してほしいんだ」

「あ……はい。確かにおっしゃるとおりですが……、ぼくは絶望していて、どうしたらいいのかわからないのです」

＊181　「彼はこう言って～こんがらがっちゃってるんだよ」：　1866年第2版で加筆。
＊182　「だけど、自分の中に～心配しなくていいよ」：　1866年第2版で加筆。

こう言うと、彼は堰を切ったように泣きだしました。私は彼をしばらく泣かせておき、頃合いを見ておどけたように言いました。「おやおや！　これが、あのカルマニョーラ・ギャング団のボス、『ミケーレ将軍』かい？　なんて将軍様だ！　何が君の心の重荷になっているかさえ言えなくなっているのかい？」

「言いたいですよ。だけど、どう言い出せばいいのか……どうやって説明したらいいかわからないんです」

「ひと言でいいから言ってごらん。その後は私が続けてあげるから」

「良心が、混乱しています」

「それで十分だ。もう、わかったよ。それだけ言えば、あとは私が言ってあげるよ。差し当たって今は、君の良心の問題に立ち入ろうとは思わないけど、ただ、すべてのことを正しく戻す方法だけを言っておこう。よくお聞き。君の良心の事柄が過去に解決されているなら、最後にゆるしの秘跡を受けたときから今までにしてしまった間違った行いについて、きちんとしたゆるしの秘跡をしなさい。それだけでいい。もし恐れから、あるいは別の理由から告白しそびれたことや、自分のゆるしの秘跡に何か欠けていたものがあったと思うなら、もう一度最後にちゃんと取り組んだ秘跡に立ち返り、君の良心に重くのしかかっている事柄を告白しなさい」

「それが難しいところなんです。いったいどうやって、過去何年間に起こったこと全部を思い出すなんてことができるんですか？」

「とても簡単に解決できるよ。見直さなければならない何かが過去にある、と聴罪司祭に言えばいいんだ。そうすれば聴罪司祭がそこから何かを汲み取って、君にいろいろ質問をしてくるだろうから、それに対して君はただ、はい、とか、いいえ、とか返事をすればいい。あとはそれは何回、これは何回と言えばいい」。

第2部　ミケーレ・マゴーネ少年の小伝

第4章
ゆるしの秘跡を受け、秘跡を頻繁に受けるようになる

　ミケーレはその日、自分の良心を点検して過ごしました。彼は魂
のある部分を整えることを切に願っていたので、ゆるしの秘跡を受
けるまでは眠りにつきたくありませんでした。彼はこう言いました。
「主はとても長いことぼくを待っていてくださった。これは確かで
す。だけど、明日までぼくを待ってくれるか、それはわかりません。
だからもし今夜ゆるしの秘跡に行くことができるなら、それを先延
ばしにしなくてもいい。今こそ、悪魔ときっぱり手を切るときなん
です」。彼は大きな感動をもってゆるしの秘跡を受けました。途中、
何度も涙のために中断せざるをえませんでした。秘跡を終え、立ち
去る前に、彼は聴罪司祭[183]にこう尋ねました。「あの、ぼくの罪は
全部赦されたと思いますか？　もし今夜死ぬことになっても、ぼく
は救われるでしょうか？」

　「行きなさい、平和のうちに」それが答えでした。「主は、君がよ
くゆるしの秘跡を受けるのを、寛大な憐れみの心で今までずっと
待っていてくださった。だから、主は間違いなく君の罪をすべて赦
してくださった。そしてね、もし主がそのすばらしいご計画のうち
に今夜君をみもとに招いてくだるとしたら、君は救われるだろう」。

　彼は強く心を動かされて、思わずこう言いました。「ああ、ぼく
はなんて幸せなんだ！」　そして、もう一度すすり泣きながら彼は
寝に行きました。彼にとって、まさに興奮と感動の一夜でした。あ

＊183　この聴罪司祭はドン・ボスコ自身であったと推測できる。オラトリオの習慣
　　　では院長は若者たちの通常の聴罪司祭でもあった。

145

とになって、彼は友人たちに、その夜彼の頭の中を駆け巡ったあらゆる考えについて次のように語っています。「あの忘れられない夜にぼくが感じたことすべてを言葉にするのは難しい。ぼくはほとんど一晩中眠ることができなかった。ほんのちょっとだけうとうとしたけれど、すぐに目の前に地獄が大きく口を開けているのを想像してしまった。そこには悪魔の群れがうじゃうじゃいた*184。ぼくは、自分の罪がすべて赦されたことを思い出して、そんな考えを追っ払った。そうしたら、今度は天使の一団を見たような気がした。『あなたが決意をゆるがせにしないかぎり、あなたに約束されている幸せがどんなものかをご覧なさい！』 そう言って、ぼくに天国を見せてくれた。

　就寝時間の半ばを過ぎたころ、ぼくは満足感と感動とさまざまな感情であまりにもいっぱいになっていたので、とうとう我慢できずに起き上がってひざまずき、何度も何度も次の言葉を繰り返した。『ああ、罪に堕ちる人びととはなんと哀れなことだろう！　だけど、もっと不幸なのは罪のうちに生きる人びとだ。もしもこうした人びとがほんの一瞬でも、神の恵みにあるこの大きな慰めを経験することができさえしたら、神の怒りをなだめるために、良心の呵責を取り除くために、そして心の平安を得るために、みんなゆるしの秘跡を受けに行くだろうとぼくは信じる。おお、罪よ、罪よ！　罪が心に入り込むことを許してしまった者にとって、お前はなんと恐ろし

＊184　当時の説教によく見られるイメージであり、ミケーレ・マゴーネもオラトリオで使われていた信心業の本にあった地獄の描写を読んだことがあっただろう。「目に炎、口に炎、あらゆるところに炎があった。あらゆる感覚が苦痛を味わっている。目は炎と闇によってふさがれ、悪魔やほかの罪人たちによっておびえていた。耳は叫びと嘆きと冒瀆の言葉を昼夜聞いている〔後略〕」(『青少年宝鑑』)。

第 2 部　ミケーレ・マゴーネ少年の小伝

い罰だろうか！」*185　神様、これからはもう決してあなたを傷つけたくありません。それよりも、ぼくは自分の魂のすべてを尽くしてあなたを愛したい。もしも運悪く再び罪を犯してしまうようなことがあったら、たとえそれがいちばん小さな罪であっても、ぼくはすぐさまゆるしの秘跡に行く』」*186。

　このようにしてわれらのマゴーネは、神を傷つけたことについての良心の呵責について語り、神への聖なる奉仕に忠実であろうとする彼の固い決心を表明したのでした。実際彼はゆるしの秘跡をしょっちゅう受けるようになり、聖体拝領も頻繁にするようになりました。そして、以前は嫌悪感をもっていた信心業に、大きなよろこびを見いだすようになったのです。彼がゆるしの秘跡にあまりにも大きなよろこびを感じてしまい、非常に頻繁に受けに行っていたので、聴罪司祭は小心に支配されないように回数を減らさなければなりませんでした。若者たちが全身全霊を込めて主にお仕えしようと心を決めたとき、この病は彼らの精神に非常に簡単に入り込んでしまいます。その害は大きく、悪魔はこれを利用して若者たちの精神を悩ませ、心を動揺させ、信心の行いを重荷としてしまうのです。

---

*185　『青少年宝鑑』とドン・ボスコの日頃の話の反映である。「罪は大いなる悪であるということを真剣に考えて、痛みを覚えなくてはなりません。罪は皆さんの足元に地獄を開きます。何という大いなる悪、何と恐ろしい！……皆さんから天国を閉ざしてしまいます。何と大いなる損失でしょうか！……皆さんを神の敵とし、悪魔の奴隷とします」（『青少年宝鑑』）。

*186　「この不快な気持ちから皆さんは決心に至らなくてはなりません。つまりこれからは決して神を傷つけたくないという決心です。〔中略〕どんな悪に苦しむとしても、そのような罪をもう犯したくはないということを主に決心する必要があります」（『青少年宝鑑』）。マゴーネの言葉は、この若者の魂の状態をよく反映しているが、カヴィリアが指摘しているとおり、教育学的メッセージを伝えるために著者によって修正されている（A. CAVIGLIA, Il "Magone Michele". Un classica esperienza educativa, in <<Salesianum>> 11 (1949) 461 p.）。

すでに善行の道に大きく踏み出している者でさえも、これによって
しばしば後戻りしてしまうことがあります。

このような大きな不幸から自由になるための最も容易な方法は、
聴罪司祭に対して完全に従順になることです。もし聴罪司祭が、こ
れは悪いことだ、と言ったなら、どんなことをしてもそれを避ける
ようにします。もし聴罪司祭が、これとあれは悪いことではない、
と言ったならどうするか？　その助言に従ってよろこんで心を安ら
かにしていればいいのです。かいつまんで言うと、聴罪司祭に素直
に従うことこそが、小心から自由になり、神の栄光のうちに堅忍す
る最も効果的な方法なのです。

第5章
若者たちへの言葉

片や若きマゴーネが感じた不安と心配、そして、片や自分の魂を
整えるために彼が取った率直で毅然としたやり方は、あなたがた愛
する若者たちの魂に有益であろうと思われることを助言する機会を
私に与えてくれました。どうかあなたがたの永遠の救いを切に望ん
でいる友人からの愛情の印として、以下の言葉を受け取ってください。
まずは、罪に堕ちる[187]ことのないよう、できるかぎり努力するこ
とをあなたがたにお勧めします。もし不幸にして罪を犯してしまっ

---

[187]　「大罪を犯すとはどういうことかわかりますか。それは神の子であることを
　　　否定し、悪魔の子となるということです。神の目に天使のように美しいも
　　　のとする美しさを失い、神の前で悪魔のような姿に変わってしまうことです。
　　　永遠のいのちのために得たすべての宝を失うということです。地獄の口の上
　　　に非常に細い糸で吊されているということです。無限の慈愛を大変侮辱する
　　　ことであり、それは想像できる最も大きな悪です」（『青少年宝鑑』）。

第2部　ミケーレ・マゴーネ少年の小伝

たとき、ゆるしの秘跡の場でそのことを黙っていればよいという悪魔の誘惑に負けてはいけません*188。聴罪司祭はあらゆる種類の罪を際限なく取り除くための力を神から授かっているのだということを考えてください。告白された罪が重ければ重いほど、聴罪司祭は心の中でよろこびを味わうことができます。なぜなら、聴罪司祭を通してあなたがたの罪を赦す神の慈悲がかえってますますはっきりと示されるようになり、またあなたがたの魂からあらゆる汚れを洗い流してくださる、イエス・キリストの尊い御血の限りない功徳を与えることができるからです。

　親愛なる若者たちよ、聴罪司祭はあなたがたをできるかぎり助けたいと切に願い、あらゆる悪をあなたがたから遠ざけようと努めている父である、ということを覚えておいてください。あなたがたは、自分が犯してしまった重大な過ちをさらけ出すことによって聴罪司祭が自分の評価を下げるのではないかという恐れを抱いてはなりません。また、聴罪司祭が自分の過ちを他人に漏らすのではないかと危惧する必要もありません。聴罪司祭はどんなことがあっても、ゆるしの秘跡のときに得たいかなる情報も使うことはできないのです。聴罪司祭はおのれのいのちにかけても、聴罪司祭として耳にしたことは、たとえそれがどんな些細なことであっても決して言わないし、言えないのです。請け合ってもいい、あなたがたが聴罪司祭に対してより正直になり、彼を信頼すればするほど、あなたがたに対する聴罪司祭の信頼はいや増し、あなたがたの魂のためにより必要な助

---

*188　「罪に堕ちることのないよう～悪魔の誘惑に負けてはいけません」：　初版にはこう書かれている。「いつでもあらゆる罪を告白してください。悪魔によって、ある罪を黙っているように誘惑されてはいけません」。

149

オラトリオの少年たち

言を与えることができるようになります＊189。

　あなたがたがゆるしの秘跡において、恥ずかしさのために何かし
らの罪を隠したままにさせようと悪魔にだまされないよう、このこ
とを言いたかったのです＊190。親愛なる若者たちよ、ゆるしの秘跡
においてある種の罪を言わなかったり、正直に明かさなかったりし
たために永遠の滅びに向かってしまった数多くのキリスト者たちの
ことを思い、この部分を書きながら私の手はまさに震え始めていま
す！　もしあなたがたのうちのだれかが自分の人生を振り返ったと
きに、自分の罪を意図的に隠したことに思い当たったり、あるいは
過去に受けたゆるしの秘跡の有効性に疑いをもったりしたとしたら、
私はすぐにこう言うでしょう。「友よ、イエス・キリストの愛によっ
て、またあなたの魂の救いのために流されたキリストの御血によっ
て、私はあなたに心からお願いします。次にゆるしの秘跡に行った

＊189　ドン・ボスコは『青少年宝鑑』に表現された説明を取り上げ、展開させてい
　　　る。「ですから聴罪司祭側のことで何も心配はいりません。彼は皆さんがす
　　　ることを告白するのを聞いてよろこぶのです。もう一方では聴罪司祭が皆さ
　　　んの告白することを何も言うことができず、死を避けるためであってもそれ
　　　を使うことはできないということを信じてください。ですから、勇気を出し
　　　て、皆さんの心にのしかかる罪をまず告白してください」。
＊190　「恥ずかしさのために何かしらの罪を隠し」：　ドン・ボスコがより強く主張
　　　する、ゆるしの秘跡の側面。「ゆるしの秘跡においてどんな罪も隠さないよ
　　　うに警告しなければなりません。罪を犯す前には悪魔はその罪はあまりたい
　　　したことではないと皆さんに言います。その後にはそれを恥ずかしがらせる
　　　ためにあらゆることをし、それを皆さんが隠してしまうとき、ゆるしの秘跡
　　　において冒瀆を犯すことになります」（『青少年宝鑑』）。初聖体を準備すると
　　　きに両親の口に言わせる勧めになる。「ゆるしの秘跡においてどんな罪も隠
　　　してはいけません。すべてを告白し、すべてを痛悔し、神の恵みによってよ
　　　りよい生活を送る決心をする必要があります」（G. Bosco, *La forza della buona
　　　educazione: curioso episodio contemporaneo,* Torino, Tip. Paravia e Comp., 1855,
　　　20-21, in OE VI, pp. 294-295）。

第2部　ミケーレ・マゴーネ少年の小伝

ときに、あなたが死に直面するときにとがめを感じるようなことを正直に話して、あなたの良心を整えてください。もし、自分のことをうまく説明できないと思ったら、ともかく、過去の自分の人生に今の自分を悩ませている何かがあると聴罪司祭に言えばよいのです。聴罪司祭はすぐに理解してくれます。彼があなたに与えてくれる助言に従いなさい。そうすればすべてがうまくいったと確信できるでしょう」。

　聴罪司祭のもとへ定期的に通い、彼のために祈り、彼の指示に従いなさい。あなたがたの魂の必要のためにふさわしいと思われる聴罪司祭を決めたなら、必要がないかぎり、ほかの聴罪司祭のところへ行ってはいけません[191]。信頼できる決まった聴罪司祭をもたないということは、魂の友人をもたないのと同じことです。ミサの中で、あなたがたのために毎日祈っている聴罪司祭は、あなたがたがよいゆるしの秘跡をするため、そして善を行うのに忍耐強くあるために、神があなたがたに恩恵を与えてくれるよう祈ります。その祈りのうちに信頼し、そしてあなたがたも彼のために祈りなさい。

　聴罪司祭やあなたがたがどこかへ異動になり、彼のところに定期的に通うのが難しくなったり、あるいは彼が病気になったりした場合、あるいはその日が祝日で、多くの人びとが彼のところへ押し寄せた場合などは、遠慮なく聴罪司祭を替えることができます。同様に、もしあなたがたに何か良心のとがめることがあり、そのことをいつもの聴罪司祭に明かす勇気がないときは、何千回でも聴罪司祭を替え

---

[191]　ヴァルドッコの環境では、秘跡にあずかる頻度を次のように定めていた。「決まった聴罪司祭を選び、ローマのカテキズムが言っているように8日ごと、または15日ごと、もしくは少なくとも月に一度、皆さんの心の秘密を彼に打ち明けてください」（『サレジオ会学校の規則』1877年度版 参照）。

なさい。そのほうが、神聖なものを汚すより余程ましというものです。もし、今まで私が書いたことを読んだあなたが、主のみ摂理によって若者たちのゆるしの秘跡を聞くことを定められている立場の方でしたら*192、多くのほかのことは省いて、以下の助言をすることをへりくだってお許し願いたいと思います*193。

　ゆるしの秘跡に来るあらゆる人たちを、とりわけ若者たちを、愛をもって受け入れてください。彼らが良心の事柄を言うのを助け、定期的にゆるしの秘跡に来るよう何度も言ってください。これこそが彼らを罪から遠ざけておく最も確実な方法なのです。あらゆる手段を用いて、彼らが将来にわたって罪を避けるべく与えられた助言を実行に移すよう、取り計らってください。慈愛をもって彼らを正し、決して怒鳴ってはいけません。もし怒鳴り散らせば、彼らはもうゆるしの秘跡には来ないでしょう。たとえ来たとしても、あなたを怒らせるようなことは決して口にはしなくなってしまうでしょう。

　彼らの信頼を得たなら、彼らが過去に受けたゆるしの秘跡がきちんとしたものであったかどうかを慎重に見極めてください。というのも、道徳分野および修徳分野の高名かつ経験豊かな著作者たち、そして信仰を保証するとりわけ高名な著作者たちが、口を揃えて、若者たちが受けた最初のゆるしの秘跡は指導の欠落もしくは故意による罪の省略のために無効とは言わなくても少なくとも欠陥のあるものだ、と述べているからです。若者が7歳から10歳ないしは12歳までの自分の良心の状態をよく考えるようにさせてください。こ

＊192　この段落は修正を加えて、第3部「フランチェスコ・ベズッコ少年の生涯」第19章でもう一度使われる。

＊193　ここに続く勧めは部分的に聖アルフォンソ・リゴリの *"Avvertimenti a' confessor"*（『聴罪司祭への諸注意』）から着想を得ている。

第 2 部　ミケーレ・マゴーネ少年の小伝

のぐらいの年齢だと、重大な悪であるある種の事柄についてはすでにわかっているものの、あまり重きを置いていないか、それを告白することをしないものだからです。聴罪司祭は慎重で控えめでなければなりませんが、貞潔という神聖な美徳に関して質問を控えてはなりません。

　この件については最も語りたいのですが、私はこうした分野で貧しく身分の低い弟子にすぎませんから、偉そうなことを言えませんので、あえて語らずにおくことにします。私は、主がこの地上で私に与えてくださる人生のすべての瞬間を若者たちのためにささげるつもりですが、その若者たちの魂のために有益であろうと感じたこれらのことを、ただ主において書き連ねただけなのです。またマゴーネ少年のことに戻りましょう。

第6章
信心業に対する模範的な積極性

　頻繁なゆるしの秘跡および聖体拝領に、彼はあらゆる信心業における生き生きとした信仰の精神、模範的な積極性と態度とを合わせるようになりました。休み時間のときの彼は、自由に駆け回る馬のようでした。聖堂では逆に好きな場所ややり方を見つけるのが難しかったのですが、少しずつ熱心なキリスト者のお手本としたくなるような集中力を見せ始めました。ゆるしの秘跡に行くときはよく準備をし*194、順番待ちをしているときはほかの者を先に行かせてや

＊194　ドン・ボスコは若者たちに、正当な準備をして秘跡にあずかるために不可欠
　　　の道具としてゆるしの秘跡のための糾明を勧めていた。

り、自分は聴罪司祭の手が空くまで待っていました。彼は冷静かつ
辛抱強く、聴罪司祭のところに落ち着いて行けるように待っていま
した。時にはゆるしの秘跡を待ちながら、むき出しの床にひざまず
いて4時間でも5時間でもじっと瞑想しているのが見受けられまし
た。彼の友人の一人が真似てみようとしましたが、2時間たったら
気絶してしまい、それからはもう二度とこのような苦行について彼
を真似することはしまいと決めたのでした。このことは、筆者がこ
うした事実の実際の目撃者でなければ、このような若い年齢の者と
してはほとんど信じがたいことのように思われることでしょう[195]。
彼は、ドメニコ・サヴィオの秘跡に向けた模範的な方法について語
られるのを聞くことを非常に楽しみにしており、一生懸命彼を真似
しようと努めていたのです。

　最初にこの家にやってきたとき、聖堂にいることは彼にとって何
とか我慢できるようなことでしたが、数か月後には、宗教儀式がど
れほど長くかかろうと、大きな慰めを感じていたのです。「聖堂で
することは主のためにすること、そして主のためにすることで失わ
れることは何もない」と彼はよく言っていたものです。ある日、聖
堂の儀式を知らせるベルが鳴ったのに、一人の友人が遊びを終わら
せてからにしようと彼をせっついていたときのことでした。「いい
とも」と彼は答えました。「もし君が、主がぼくにくださるのと同
じだけの報酬をぼくに支払ってくれるならね」。こう言われて、そ
の友人は黙り、彼と祈りの務めを果たしに向かいました。

　またある日、別の友人が彼にこう言ったときのことです。

　「ねえ、聖堂の儀式が長いときってさ、うんざりしない？」

＊195　「時にはゆるしの秘跡を〜思われることでしょう」：　1866年第2版で加筆。

第2部 ミケーレ・マゴーネ少年の小伝

「ああ、かわいそうに。君はちょっと前までのぼくと同じだね」
と彼は答えました。「何が君のためにいいのか、知らないんだ。聖
堂は主の家だってこと、知らないのかな？ ぼくたちがこの世で彼
の家にいればいるだけ、天国の勝利の教会で主と一緒に永遠にいら
れる、より大きな希望があるんだよ。この世の物は使うことによっ
て権利が生まれると言うなら、それは霊的なことでもそうなんじゃ
ないかな？ この世にある主の目に見える家にとどまることで、ぼ
くたちはいつの日か天国で主と共にいられる権利を手に入れるんだ
よ」。

　通常の感謝の祈りのあと、ゆるしの秘跡のあと、あるいは聖体拝
領のあと、または聖なる儀式のあと、彼はご聖体の前や聖母マリア
の前に長いこととどまって、特別な祈りを唱えていました。彼があ
まりにも注意深く、冷静で、落ち着き払っていたため、周囲で何が
起きているのかまったく気づいていないように見えました。時々、
悪戯な仲間たちが聖堂の外へ出ようとして彼のそばを通り過ぎる際、
彼にぶつかったり、足につまずいたり、踏んでしまうようなことが
ありました。そんなときでも彼は何事もなかったかのように祈りや
瞑想を続けるのでした。

　彼はあらゆる種類の信心用具を大事にしていました。メダイ、小
さな十字架、ご絵などはすべて、彼にとって崇敬の対象でした。ど
んなときでも、ご聖体が配られたり、聖堂の中にしろ、外にしろ、
祈りが唱えられたり、賛美歌が歌われると、彼はいつでもすぐさま
遊びを中断して駆けつけ、その歌や祈りに加わるのでした。

　彼は歌うことが大好きで、そしてとてもきれいな声をしていまし
たので、音楽の勉強にも励んでいました。彼はすぐに、神聖な儀式
や一般の儀式に参加するのに十分なほどに熟達しました。ここに彼

155

が言ったことを書き留めておきましょう。彼は、主の偉大なる栄光のためでなければ、ひと言でも発したくはないと言ったのです。彼は私に言いました。「残念ながら……かつてぼくのこの舌は、するべきことをしてはいませんでした。でも、これからは少なくとも過去の償いができますように！」 彼は、自分の決意を紙に書き残しましたが、それはこんな具合でした。「神よ、あなたにとって不愉快な言葉を発するくらいなら、いっそ私のこの舌を歯の間で干からびさせてください」。

1858年、彼はトリノでの黙想会の間に行われたクリスマスのノヴェナの儀式に参加しました。ある夕方、彼の仲間たちが、彼がその日の儀式で歌ったパートをほめそやしたところ、彼は困惑して、落ち込んだまま途中で姿を消してしまいました。なぜあんなことをしたのかと聞くと、彼は泣きだし、そしてこう答えました。「ぼくは無駄に働いたからさ。なぜなら歌っているとき、自分に満足してしまったから、報いの半分は消えてしまった。そして今ほめられたことで残りの半分も消えてしまった。今ぼくに残っているのは、疲れたってことだけさ」。

第7章
務めを果たすときの正確さ

彼の性格の激しさ、豊かな想像力、そして愛情にあふれた心は、自然と彼を生き生きとした若者に仕立て上げるとともに、一見したところでは、注意力散漫にもさせていました。しかし、時間をかけて彼は自分をコントロールすることを学んだのです。前にも述べたように、彼は休み時間には本当に水を得た魚のようでした。われ

第 2 部　ミケーレ・マゴーネ少年の小伝

らがマゴーネはこの家の広い運動場のあらゆる場所を数分のうち
に走っていきました[196]。彼はどの遊びにも秀でていました。しか
し、いったん勉強、授業、休息、食事、祈りを知らせるベルが鳴る
と、彼はただちにやっていたことを止め、自分の務めを果たすため
に走っていくのでした。ほんの数分前までは機械に動かされている
かのように皆を動かし、休み時間の中心人物であった彼が、務めが
待つ場所へと一番に駆けつけるのを見るのは、驚くべきことでした。

　ところで、彼の学業成績についてですが、参考までに彼のラテン
語の教師であったジョヴァンニ・フランチェジア神父[197]の評価の
一部をここに引用しておきましょう。彼はこのように書いています。

　「私の愛する生徒ミケーレ・マゴーネの徳について、私はよろこん
で以下のとおり、公に証言いたします。彼は、1857年度を通して、
また1858 〜 59年の一期間に私のクラスに在籍しました。私が知る
かぎり、ラテン語の最初の年については何も特別なことは起こりま
せんでした。彼の振る舞いは一貫してよいものでした。一心不乱に
よく勉強したので、2年分のラテン語を1年でやってしまいました。

＊196　何年も後、ドン・ボスコはオラトリオの休み時間をなつかしく振り返ること
　　　になる。「昔のオラトリオで、ちょうど休み時間のようでした。とても生き
　　　生きとして、暴れまわっていて、よろこびに満ちていました。走ったり、飛
　　　んだり、跳びはねたりする子どもたち。こちらでカエル飛びをしている子ど
　　　もがいれば、あちらに陣取りやボールで遊んでいる子どもがいました。数人
　　　の若者たちが集まって、一人の神父が物語を話しているのを夢中で聞いてい
　　　ました。別の場所では、一人の神学生がほかの若者たちの間で一緒に遊んで
　　　いました。どこでも歌声と笑い声があふれ、どこを向いても、神学生や神父
　　　たちがおり、彼らの周りで若者たちがよろこびに満ちて、大声を出して楽し
　　　んでいました」（ジョヴァンニ・ボスコ著『ローマからの手紙』1884年）。
＊197　ジョヴァンニ・フランチェジア（Giovanni Battista Francesia 1838-1930）：
　　　1852年にオラトリオに入る。1855年からオラトリオの学校における最初のラ
　　　テン語教師。

そのため、ラテン語第3年に進むことができました。彼の才能が普通ではなかったことを示すのにはこれで十分でしょう。彼の行動が理由で彼を叱ったことは一度も記憶にありません。校庭で存分に発揮される彼の生来の活発さとは裏腹に、彼はクラスではとても静かにしていました。彼は最も優秀な者たちと友達になり、彼らをお手本に見習おうと試みていました。2年目になり（1858〜59年）、私はとてもすばらしいクラスをもちました。それは、よろこびにあふれた若者たちのグループで、1分でも時間を無駄にしたくないと決意した生徒たち、そして勉強を進めたいと考えている生徒たちのクラスでした。ミケーレ・マゴーネはその中で最もすぐれた者の一人でした。しかし何よりも、私は彼の身体的・精神的変化に驚かされました。顔つきとまなざしがとても真剣に見える雰囲気と、特別な厳粛な態度がありました。それは彼の心が何か重大なことを考えているということを示していました。私は、こうした外的変化が、もっと信仰に自分をささげたいという彼の決意からもたらされたのだと思います。実際、彼は美徳の手本として示されることができたと思います。今は亡き私の愛する生徒よ、教師である私の言うことに熱心に耳を傾ける君が目の前にいるような気がします。私は教師であると同時に、彼の美徳の控えめな弟子でした！　彼は完全に古いアダムを脱ぎ捨てたのだという印象がありました。彼のような年齢の少年としては異例なほど気晴らしには無関心で、自分の務めに熱心な彼を見ていると、思わず以下のダンテ[198]の詩句を当てはめたくなります。『この美しい巻き毛の下には、老獪な思考が隠されているのだ』。

＊198　ペトラルカというべきであろう。

第2部　ミケーレ・マゴーネ少年の小伝

　ある日、私は彼がどのくらい注意深く聞き、またどれくらい吸収しているのかをテストしようとして、私が口述したばかりの2行連句*199を暗唱してみなさいと彼に言いました。

　『ぼく、あまり得意ではないんです』とミケーレは謙虚に答えました。そこで私は、『その《あまり》というのを聞いてみよう』と言いました。

　結果はどうだったでしょうか？　彼はあまりにもよくできたので、私と、感嘆した級友たちから長い拍手によって迎えられました。このときから本校では、『ぼく、あまり得意ではないんです』という言葉は、勤勉で注意深いすぐれた学生を意味するキャッチフレーズとなりました」。以上、彼の教師によるコメントでした。

　自分のほかの務めを果たすという点において、彼は常にみんなのお手本でした。長上はいつも、時間はとても大事で、一瞬一瞬が宝物だよ*200と言っていました。そのため彼も、「一瞬でも失う者は、宝を失うことになる」とよく言っていました。

　こうした考えに突き動かされて、彼は自身の力が許すかぎりできることすべてを、一瞬も無駄にせずにしていました。今私の前には、彼が私たちとともにいた間に残した行動と勤勉さについての毎週の成績表があります。最初の数週は平均的でした。それがよいものになり、次にほぼ優秀になりました。3か月後には非常に優秀となり、この家にいた間ずっと、あらゆることにおいてそうでした。

──────────────────

＊199　2行で1組の韻文（詩）。通常押韻され、同じ韻律をもっている。

＊200　ベズッコの伝記に同じような言い方がある。そこには説明が付け加えられている。「一瞬一瞬、私たちは何かしら科学的な知識や宗教的な知識を学び、美徳の行為を実践し、神の愛のわざを行うことができる。土の前においてけ、こういったことが同じように宝物で、時間と永遠において私たちの役に立ってくれるんだよ」（第3部「フランチェスコ・ベズッコ少年の生涯」18章より）。

159

その年（1858年）の復活祭の準備の中で、彼は黙想会にあずかり、仲間たちの立派な模範となり、彼自身も心の慰めを得ました。彼は総告解を希望し、生涯において実行するための多くの決意をしたためました。その中には、時間を一瞬でも無駄にしないと誓うという決意も含まれていましたが、それを実行する許可は与えられませんでした。そこで彼は、「少なくとも常に最優秀の行動を目指すと主と約束することを許可してほしい」と言いました。院長は「誓いという拘束力をもたせないならば、やりなさい」と答えました。彼は早速ノートを手に入れ、予防的に週の各曜日を書き込みました。こんな具合です。「神の助けによって、また聖母マリアのご加護によって、私は以下のように毎日を過ごします。日曜日：最優秀に　月曜日：最優秀に　火曜日……」。

　毎朝、彼が最初にすることは、この小さなノートを見ることであり、日中も何度も読み返してはそのたびに最優秀に行動するという約束を新たにするのでした。もし彼が自分から見て小さな違反を犯してしまったときには、休み時間を少し削るとか、彼が特別に好きな物を控えるとか、何かお祈りを唱えるなどの自分なりの償いによって自らを罰するのでした。

　このノートは、彼の死後、彼の友人たちによって発見されました。徳を高めるために彼が行ってきた聖なる努力に、皆が大いに啓発されました。彼はすべてのことを最優秀にやりおおせることを望んでいました。そのため、何かの務めの合図があると、すぐに遊びを中断したり、あるいはおしゃべりを切り上げたり、言いかけの言葉を途中でやめたり、書きかけの文章を途中でやめて、自分を呼ぶ務めの場へとすぐさま駆けつけるのでした。「やりかけていることを終わらせてしまうのはよいことだけど、そうしたところでもう満足は

得られないし、逆に悩んでしまう。ぼくの心は、長上が指示する務めや鐘が知らせてくれる務めを果たすことに、より大きな満足を見いだすんだ」と彼は時々言っていたものです。

彼は務めを正確に果たしていましたが、それによって礼儀や慈愛が要求する丁重さを欠くことはありませんでした。必要とする人のために手紙を書くことを惜しみませんでした。他人の衣類を洗うことも、水運びを手伝うのも、ベッドメイクをするのも、掃除することも、テーブルで給仕をするのも、望む人に遊びを譲ることも、他人にカテキズムや歌を教えるのも、学科の難しいところを説明するのも、何でも機会があるときにはいつでも非常によろこんでやってくれたものでした[201]。

第8章
聖母マリアへの信心

聖母マリアへの信心は、すべての忠実なキリスト者にとって支えとなるものであることを言っておかなくてはなりません。これはとりわけ若者たちにとって真実なのです。聖霊は、聖母マリアの名においてこのように語っています。*"Si quis est parvulus, veniat ad me"*（小さな者は私のところに来なさい）[202]。われらのマゴーネはこの

---

[201] 仲間たちへの奉仕はドン・ボスコの教育モデルの重要な要素である。「靴を磨いたり、友達の衣服の汚れを落としたり、病人のために最も大変な奉仕をし、掃いたり磨いたりするといったことは、彼にとって最も楽しい気晴らしでした」（第1部「ドメニコ・サヴィオ少年の生涯」16章より）。

[202] 旧約聖書 箴言9章4節 参照。この節は神の知恵について言及している。ドン・ボスコはカトリックの伝統に従い、この言葉をマリアの唇にのぼらせている。「愛する子どもたちよ、皆さんのための大きな支えは聖母マリアへの信心で

オラトリオの少年たち

大事な真理に気がついており、摂理的なやり方によって皆さんにそのことを紹介したのです。ある日、彼は聖母マリアのご絵を受け取りました。その絵の下のほうには、次のような言葉が書かれていました。*"Venite, filii, audite me, timorem Domini docebo vos"*、すなわち「おいで、わが子らよ、そして聞きなさい。あなたがたに主への聖なる畏れを教えましょう」ということです[203]。彼はこの招きを真剣に考え始め、院長に手紙を書きました。その中で彼は、聖母マリアがどのように彼にその声を聞かせ、よい子になるようにと招き、そして彼女自身が神を畏れ、神を愛し、神に奉仕するやり方を教えてくれたかを語っています。

　彼は天国の母、神聖なる教師、そして慈悲深い羊飼いという称号の下に聖母に敬意を表して、いつも実践していたいくつかの霊的花束[204]を実行し始めました。以下のことが、より燃え上がる気持ち

　す。彼女が皆さんを招いている言葉を聞きなさい。*"Si quis est parvulus, veniat ad me"*。彼女は、もし皆さんが彼女に信頼するなら、この世で祝福で満たすばかりではなく、あの世においても天国を約束してくれるのです」（『青少年宝鑑』）。この節のドン・ボスコの引用する訳と、新共同訳（「浅はかな者はだれでも立ち寄るがよい」）ではニュアンスが異なる。

[203]　旧約聖書 詩編34編12節 参照。新共同訳では「子らよ、わたしに聞き従え。主を畏れることを教えよう」。ここではドン・ボスコのイタリア語訳からの日本語訳を示す。

[204]　「霊的花束」：　ドン・ボスコによって自由な形で勧められていた信心業の実践。信心が日々の徳の取り組みにおいて成長できるように向けられたものである。「彼は9つの霊的花束、すなわち聖母をたたえて果たすべき9つの徳を書き出し、それを日ごとにくじで引くようにしました」（第1部「ドメニコ・サヴィオ少年の生涯」8章より）。この「霊的花束」にどういうものがあるかを理解するためには、5月をどう祝うかについての小冊子に書かれているリストを見ること。「適当に選んで実践する、もしくは5月に毎日一つ実践する霊的花束」（G. Bosco, *Il mese di maggio consacrato a Maria SS. Immacolata ad uso del popolo,* Torino, Tip. G.B. Paravia e Comp., 1858, 9-11, in OE X, 303-305）。

第2部　ミケーレ・マゴーネ少年の小伝

で日々実践していた、マリアへの子としての信心の主要な特徴です。毎日曜日聖体拝領に行き、それを地上にある間は聖母マリアに対して信心深かったが、今は煉獄にいる魂のためにささげました。

　彼はまた聖母マリアに敬意を表し、自分を傷つける人を進んで赦していました。寒さ、暑さ、迷惑、疲労、渇き、汗、そのほか天候などによる同様の不便や不都合なども、彼が天国の慈悲深い聖母マリアの手を通してよろこんで神にささげた犠牲でした。

　勉強の前や、部屋や学校で書き物に取り組む前には、本から聖母マリアのご絵を取り出しました。そこにはこう書いてありました。*"Virgo parens studiis semper adesto meis"*（ヴィルゴ　パレンス　ストゥディース　センペル　アデスト　メイス）（*聖母マリア、勉強するときにはいつも私と共にいてください*）。

　学校でのどんな用事であっても、彼はいつもまずは聖母マリアに自身のことをお願いしました。「ぼくは勉強で難しいことがあるときはいつも、聖なる教師である聖母マリアにより頼む、そうすると彼女が全部説明してくれるんだ」と彼はよく言っていたものです。ある日のこと、ある少年が宿題でよい成績を収めた彼におめでとうと言いました。すると彼は、こう返事をしたのです。「ぼくじゃなくて聖母マリアにお祝いを言わなくてはいけないよ。聖母マリアはぼくを助けてくれ、そして自分では知らなかったような多くのことをぼくに教えてくれるんだ」。

　日常生活においても聖母マリアのご保護を思い出させるようなものをいつでも自分の前に置いておきたかった彼は、ありとあらゆるところにこう書きつけていました。*"Sedes sapientiae, ora pro me"*（セデス　サピエンティエ　オラ　プロ　メ）（*上智の座なる聖母マリア、ぼくのためにお祈りください*）。そして、彼のあらゆる本にも、練習帳のカバーにも、机の上にも、台の上にも、椅子の上にも、そのほかペンか鉛筆で書けるところならばどこにで

163

オラトリオの少年たち

もこの言葉を見ることができたのです、*"Sedes sapientiae, ora pro me"*。
セデス　　サピエンティエ　　オラ　プロ　メ

その年1858年の5月、彼は聖母マリアをたたえるためにできるだ
けのことをしようと決めました。その月はずっと、目や舌や、あら
ゆる感覚器官の犠牲を行いました。休み時間の一部を削ったり、断
食をしたり、夜のひと時を祈ったりしたいと願いましたが、彼の年
齢には合わないという理由でそれは許されませんでした。

5月も終わりに向かうころ、彼は院長のところに行ってこう言い
ました。「もしよろしければ、神の母聖マリアをたたえて、あるす
ばらしいことをしたいと思います。聖アロイジオ・ゴンザガは、小
さいころから貞潔の徳をささげて聖母マリアをとてもよろこばせた
と聞いています[205]。ぼくもその贈り物を聖母にささげたいので、司
祭になって永遠に貞潔でいる誓いを立てたいのですが」。

院長は彼に、そのような重大な誓いをするには君はまだ若すぎる、
と言いました。「でも……」と彼はなおも言いました。「ぼくはどう
しても自分を全部聖母マリアにおささげしたいんです。それにもし
ぼくが自分自身をマリア様におささげしたら、マリア様はきっと
その約束を守れるよう、ぼくを助けてくれるでしょう」「では、そ
うしなさい」と院長は言いました。「古典の勉強が終わった時点で、
そうするように君を招く明らかなしるしがあるようならばそうしな

＊205　ここでは聖アロイジオ・ゴンザガにささげられた *"Sei domeniche"*（6つの日曜
日）という本の一節に言及している。ミケーレ・マゴーネはそれを『青少年
宝鑑』で読むことができた。「彼がこの徳のすばらしさについて知ったのは
たった10歳のときであった。彼は女王である処女聖マリアにこの徳を誓いと
ともにささげた。マリアはこの誓いを非常によろこび、聖アロイジオはこの
徳に対する誘惑を一切感じなかった。こうして彼は洗礼のときの白いストラ
をまったく汚さずに次の世にもっていく栄光を得たのである」。同じような
言い方は、ドン・ボスコの書いた *"Il mese di Maggio"*（5月という月）にも見
られる。

164

第2部　ミケーレ・マゴーネ少年の小伝

さい。そのかわり、誓いを立てるのではなくて、聖職者になるという簡単な約束にしておきなさい。貞潔の誓いを立てるのではなく、将来において、この徳に反するようなことをしたり、またたとえ冗談でも言ったりしないよう最大限気をつけると主に約束をするんだよ。この約束が守れるようお助けくださいという特別な祈りをもって、毎日聖母マリアに願いなさい」。

　彼はこの提案をよろこび、これが実行できるようあらゆる機会に何でもする、と嬉々として約束をしたのでした。

第9章
純潔の徳を守ることへの心配と、
そのために彼がしたこと

　すでに述べたようなことの実践のほかにも彼が受け取ったいくつかのアドバイスがありました。彼はそれらを重要視しており、純潔の徳の父、あるいは守護の天使、果ては警察官とまで呼んでいたものでした。上記の聖母月の終わりに彼の仲間の一人が書いた手紙への返事の中に、そのアドバイスを見ることができます[206]。その手紙は、徳の女王である純潔を守る助けとなるために何を実践しているのか、ミケーレに助言を求めたものでした。

　その友人が私に彼からの返事を渡してくれたので、その中から以下を抜粋してみます。「君に完璧な答えをあげるためには、本当は手紙を書くよりも直接話をして、書くにはあまりふさわしくないこ

---

[206] *"Mese di Maggio"* の「第26番の日」の箇所で、マゴーネは「純潔の徳」についての黙想を読むことができたはずである。

165

とをいろいろ言いたいのだけれど」とミケーレは書きました。

「ぼくはただ、すべての徳の中で最も貴重なものを守るためにはどうしたらいいか、ということについて、院長がぼくにくれた主なアドバイスを君に伝えるだけだ。ある日、院長はぼくに、『これを読んで実行しなさい』と書かれた小さな紙切れをくれた。それを開いてみると、こんなことが書いてあった。純潔の徳を守る助けとなるよう、聖フィリッポ・ネリ[207]が若者たちに与えた5つの勧め、すなわち悪い仲間から逃げ出すこと。肉体を甘やかさないこと。怠惰を避けること。頻繁に祈ること。頻繁に秘跡を、特にゆるしの秘跡を受けること。ほかのときにもっと詳しく院長がぼくに話してくれたことがあって、ぼくが彼から聞いたことだから君に言うけれど、こんな感じだ。

子としての信頼をもって、聖母マリアの保護の下に自分を置きなさい。聖母を信頼し、彼女に希望しなさい。この世の中で聖母マリアにより頼み聞き入れられなかったケースなど聞いたことがありません。聖母は、あなたの魂を狙う悪魔の襲撃に対する守りです。

君が誘惑されていると気づいたときには、すぐに何かに取り組みなさい[208]。怠惰と純潔は共存することはできません。だから、怠惰を避けることによって、この徳に対する誘惑に勝つことができます。

メダイや十字架にしばしば口づけし、聖なる十字のしるしをしっかりとした信仰をもって切り、こう唱えなさい。『イエス、マリア、

---

[207] 聖フィリッポ・ネリ（Filippo Romolo Neri 1515-1595）： イタリア出身の司祭。オラトリオ会の創設者。よろこびの聖人と称され、ドン・ボスコに大きな影響を与えた。

[208] ここに続く勧めは、『青少年宝鑑』に収められた「誘惑における行動の仕方」についての教えから部分的に取られている。

第2部　ミケーレ・マゴーネ少年の小伝

ヨセフ、私の魂が救われるようお助けください』。この3つの名前こそが、悪魔にとって最も恐ろしく手ごわいものなのです。

　もし、誘惑が続くようならば、教会から示されている聖母マリアへの祈りをもって聖母により頼みなさい。『神の母聖マリア、私たち罪人のためにお祈りください』。

　肉体を甘やかさず、五感、とりわけ視覚を守るだけではなく、あらゆる種類の悪い本に気をつけなさい。読んでも何も危ないことはないと感じたとしても、そんな本を読むのはすぐにやめなさい。反対に、良書を読みなさい。中でも、聖母マリアの栄光とご聖体について書かれた本を選びなさい。

　悪い仲間を避けなさい。その代わりによい仲間を選びなさい。具体的には、すぐれた行いによって長上から称賛されているような者たちと交わりなさい。こうした仲間と積極的に話し、遊び、そして彼らの話し方、務めの果たし方、とりわけ信心業を見習いなさい。

　聴罪司祭が許す範囲で、できるだけ頻繁にゆるしの秘跡に行き、聖体拝領をしなさい。時間が許せば、聖体訪問も頻繁に行いなさい」

　この7つの助言は、ミケーレ・マゴーネが手紙の中で「聖なる純潔の徳の守り手として、聖母マリアがぼくたちのためにくださった7人の警察官」と呼んでいたものです。彼は、その日ごとに特別なインスピレーションを得るため、この7つのアドバイスの中の一つに聖母マリアを記念した何かを付け加えて実行していました。こうして、最初のアドバイスは聖母マリアの天における第1のよろこびを思うことに結び付けられており[209]、日曜日に行われていました。

──────────

[209]　「聖霊の花嫁よ、今天国で味わう満足のためによろこべ。あなたの清さと純潔のためにすべての天使よりもほめたたえられ、すべての聖人よりも高められるからである」（『青少年宝鑑』）。

そして聖母マリアの第2のよろこびは毎月曜日に……、とこんな具合でした。そしてこのように最初の週を終えると、次の週は聖母マリアの7つの悲しみ[210]について同じように順番でやっていました。つまり、1番目のアドバイスは、日曜日にマリアの第1の悲しみにささげて実行するという具合です。

　おそらく、このようなことは取るに足らない些細なことだと言う人もいるかもしれません。しかし私の経験から言えば、今話している美徳のすばらしさは、誘惑のごくわずかな一吹きで曇らされたり、果ては失われたりしてしまいます。だからどんなに小さなことであっても、美徳を保つ助けになることであれば、それは大切にすべきものなのです。こうした理由から、私は人びとを、とりわけ若者たちをぎょっとさせたりうんざりさせたりしないような簡単なことをいくつか、心からお勧めしたいと思います。まず、長いお祈りや似たような厳しい務めは、無視されるか、あるいはいやいやながらされるか、だらだらとされるかのいずれかになってしまいます。ですから簡単なことをするように心がけましょう。しかし、辛抱強く続けましょう。これこそが、ミケーレを卓越した聖性に導いたやり

＊210　悲しみの聖母のロザリオは「愛する息子の生と死において処女マリアが忍んだ非常に大きな痛み」の黙想における信心の実践である。聖母マリアの7つの悲しみは福音の7つのエピソードに呼応している。　1) シメオンの預言「この子はあなたの心も刺し貫く剣になります」　2) エジプトへの逃避行「敵意をもって愛する息子を殺そうとしていたヘロデの迫害」　3) イエスが神殿でいなくなる「3日にわたっていなくなったことを悲しむ」　4)「ゴルゴタの丘の上でその繊細な肩に重い十字架をのせて運ぶ」イエスとの出会い　5) イエス十字架につけられる「その聖なる体のあらゆる部分から血を流し、十字架の固い幹の上にいる自分の息子を見るとき」　6) 十字架からイエスが降ろされる「このように無慈悲に殺され、その聖なる腕の中に置かれる」　7) イエス葬られる（『青少年宝鑑』）。

第2部　ミケーレ・マゴーネ少年の小伝

方なのです。

第10章
他者に対する大きな思いやりの心

　マゴーネは聖母マリアに対する生き生きとした信仰と情熱、信心の精神に、仲間たちに対するさまざまな愛徳の実践を組み合わせていました。この徳を実践することが、私たちのうちに神の愛を増大させる最も有効な手段であることを知っていたのです。彼はこの徳を機会あるごとに、たとえそれがどんなに些細なものであってもしっかりと実践しました。休み時間を、それはもう天国にいるか地上にいるかわからないほど楽しんでいましたが、仲間のだれかが彼のやっている遊びをしたがっていると知るや、すぐに退いて別のことをするのでした。私は彼がほかの子に席を譲るために、小球遊び、すなわちボッチャ[211]から抜けるのを一度ならず見たことがあります。また自分の乗っていた竹馬から降りてほかの友達に貸してやり、そして遊びをもっと楽しくするために、またその子が転んだりしないようにそばにいて教えてあげる姿を何度か見ました。

　悩んでいる友達を見つけたときはどうするか？　彼に近づいていき手を取り、抱きしめます。そしていろいろな話を聞かせてやったりしていました。そして困っている原因がわかると、アドバイスをして慰めようとしたり、長上に引き合わせたり、あるいはだれか助けてくれる人を探すのでした。

---

*211　ボッチャ：　目標球に、それぞれのチームのボールを投げたり、転がしたり、ほかのボールに当てたりして、いかに近づけるかを競うゲーム。

169

オラトリオの少年たち

できるときはいつでも、仲間のために問題を解説してやり、何かのために助け、また水を取ってきてやり、あるいはベッドメイクをして、と、何でもしていました。そしてそのすべてに大きなよろこびを感じていたのです。ある冬、一人の後輩は霜焼けがひどく、遊ぶこともできず、日課も満足にできないほどでした。マゴーネは彼のために宿題を書いてあげ、服を着せ、ベッドメイクをし、果ては寒くないようにと自分の手袋まで与えました。彼の年齢でそれ以上のことができるでしょうか？ 気性の激しい彼は、よく癇癪を起こすこともありましたが、そんなときでもひと言こう言ってやれば十分でした。「おや、マゴーネ、君は何をしているんだい？ キリスト者はそんなふうに仕返しをするものなのかな？」 彼の頭を冷やし、あまつさえへこませるにはこれだけでよかったのです。彼はすぐに仲間のところへ行って謝り、赦しを願い、自分の粗野な振る舞いにつまずかないように願うのでした。

しかしオラトリオに来て最初の1か月間は、しょっちゅう癇癪玉を破裂させては直されてばかりでした。しかし元々善意の人であった彼は、すぐに自分に打ち勝つようになり、やがては仲間内での調停役さえ務めるようになりました。どこかで何かしらの争いが起きると、彼は身長が小さかったものの、すぐに当事者の間に割って入り、時には言葉で、時には無理にでも彼らを落ち着かせました。「ぼくたちは理性的な生き物だ。だから、理性を用いるべきだし、力ずくで論争を解決すべきじゃない」と彼はよく言ったものです。また、こんなことも言っていました。「もし主が、ぼくたちが逆らうたびに力をお使いになっていたら、ぼくたちはすぐに滅びてしまうだろうよ。だから全能の主は、逆らう者が出ても慈悲を垂れて彼らをお赦しになる。だったら、ぼくたち哀れな被造物だって、不愉快なこ

ととか侮辱を受けても、復讐せずに我慢して理性を使おうじゃない
か」。そして彼はほかの者にこう言ったのです。「ぼくたちはみんな
神様の子どもだ。だからぼくたちはみんな兄弟だ。自分の仲間に仕
返しをしようなんてやつは、もう神様の子どもじゃなくなる。そし
てその怒りによってサタンの兄弟になるんだ」。

　ミケーレはいつも進んでカテキズムを教えました。また彼は病人
にはよろこんで世話をしてやり、病気が重いときには一晩付き添わ
せてほしいと熱心に頼んできたりもしました。彼がしてくれた数多
くの親切に打たれて、ある友人が彼にこう言いました。「大好きな
マゴーネ、君にはすごく迷惑をかけてしまったけれど、どうすれば
君にお返しをすることができるかな？」「それなら一つだけ、ぼく
の罪の償いのために君の病気を一度ささげてくれるかい？」　それ
が彼の答えでした。

　彼の仲間の一人に、気が散っていて、しょっちゅう長上の悩みの
種になっている者がいました。そこで、よい方向に導いてもらう方
法を見つけるため、マゴーネに託されることになりました。ミケー
レは早速動きだしました。まず、彼と友達になるところから始めま
した。休み時間には彼と遊び、小さな贈り物をし、小さなメモの形
で注意書きを手渡したりしました。そうしてだんだんと彼と親しく
なっていきましたが、彼と宗教についての話はしませんでした。

　そして聖ミカエルの祝日の機会をとらえて、ある日マゴーネは彼
に次のように言いました。「3日後、ぼくたちは聖ミカエルの祝日
を祝うんだけど、ぼく、君からプレゼントが欲しいんだけどな」

　「もちろんさ。でも残念だな、そのことを言われなくても、サプ
ライズでプレゼントしようと思っていたのに」

　「あえて話すことにしたのは、贈り物を選びたかったからなんだ」

オラトリオの少年たち

「いいよ、言って。君をよろこばせるためにできることなら何だってするよ」

「本当？」

「もちろん」

「すごく高くつくことになってもいい？」

「うん、約束する。ぼくの気持ちは変わらない」

「じゃあね、聖ミカエルの祝日には、君のよきゆるしの秘跡と心を込めた聖体拝領への準備という贈り物をぼくにしてほしい」

　彼は状況を考え、自分が約束したこともあって、この友情からの頼みをあえて断ることはできませんでした。彼は降参し、聖ミカエルの祝日の前の3日間、信心業に励みました。マゴーネは、彼にこの霊的な祝いのための心構えをさせるのに最善の努力を尽くしました。そして当日、二人はゆるしの秘跡に行き、聖体拝領をしました。この結果に長上はいたく満足し、そして仲間たちにとっては大きな模範となったのです。

　マゴーネは友達と幸せな一日を過ごし、そして夕方になると彼にこう言いました。「とてもすばらしい祝日だったね。ぼくはとても幸せだし、本当にありがとう。ねえ、教えてくれないか。君も今日ぼくらがしたことをよろこんでいるかい？」

　「うん。ぼくはすごくうれしくて、そしてもっとうれしいのは、しっかり準備できたことだよ。ぼくに声をかけてくれてありがとう。もし君が今、ぼくに何かアドバイスをくれるなら、ぼくはよろこんで聞くよ」

　「そうだね。君にはまだいいアドバイスがあるよ。今日したことはまだ祝いの半分だけだ。だから贈り物のもう半分をしてほしい。友よ、このごろ、君の振る舞いはあまりよいものとは言えないね。君の生き方は長上が好むものではないし、ご両親を苦しめ、君自身

をもごまかし、君の心から平安を奪い取るようなものだった……でもね、いつか神様に無駄にしてきた時間の清算をしなければならない日が来る。だから君は、今からは怠惰を避け、務めを怠りさえしなければ、好きなだけよろこべるんだから*212」

彼がすでに半ば回心させていた仲間は、この瞬間完全に回心しました。彼はマゴーネの忠実な友人となり、彼を真似て務めを正確に果たそうとし始めました。そしてその道徳性と勤勉さをもって、今では彼の身近な人にとって大きな慰めとなっています。

私は、このエピソードを詳しく紹介したいと考えました。なぜなら、このエピソードはマゴーネの愛徳をより輝かせるものであり、またこの仲間自身が私に語ったことをすべて報告したいと思ったからです。

第11章
マゴーネの機知に富んだ言葉とエピソード

今まで詳しく述べてきたものは、だれもが容易に倣うことのできる比較的簡単で単純な事柄についてでしたが、ここで私は、模倣するというよりは、その楽しさと好ましさによってただただ称賛すべき、機知に富んだいくつかの事実と発言について話してみたいと思います。それが、この若者の心の善良さと宗教的な勇気を強調する

---

*212 「務めを怠りさえしなければ、好きなだけよろこべるんだから」：「ここでは聖人になるっていうことは、とってもよろこんでいるってことなんだ。ぼくたちはただ罪を犯さないようにする。罪はぼくたちから神様の恵みと心の平和を奪う大いなる敵なんだ。そしてぼくたちは自分の務めを忠実に果たし、信心業に積極的に参加する」（第1部「ドメニコ・サヴィオ少年の生涯」18章より）。

のにとても有益だからです。これから、私自身が見聞きしたものの中からいくつかを紹介することにします。

　ある日、彼は仲間と談笑していましたが、そのうちの何人かが、正しい教育を受けた若いキリスト者ならば避けるべき話題を持ち出しました。ミケーレはそれを耳にするや、自分の指を口に入れ、周りにいた者たちの脳みそを吹っ飛ばしそうなものすごい音で思いっきり指笛を吹いたのです。「何をするんだよ」と一人の若者が言いました。「気が変になったのか？」　マゴーネは何も言わずに、さっきよりももっと大きな音で指笛を吹きました。「いつものお行儀のよさはどこへ行っちゃったんだよ？」ともう一人が叫びました。「そんな振る舞いってあるかい？」　そこでマゴーネは答えました。「気が変なのは君たちのほうだ、そんなひどい話をするなんて。だったら、そんな話を止めさせるために、ぼくも気が変になったっていいだろう？　キリスト者にふさわしくないそんな話題を持ち出して礼儀のルールを破りたいと言うのなら、それを止めさせるために同じことをしちゃいけないってことはないだろう？」　彼のその言葉は、その場にいた全員にとってまさにすばらしい説教そのものだったと、そこにいた仲間の一人は私に請け合ったものです。「ぼくたちはお互いに顔を見合わせました。だれもあえてさっきの続きを話そうとはしませんでした。彼らは不平不満を語っていたのです。それ以来、マゴーネがぼくたちの中にいるときは、言葉を選ぶようになりました。だれだってあの恐ろしい指笛で脳みそを吹っ飛ばされるのは怖いですからね」。

　ある日、ミケーレは長上のお供でトリノに出かけ、カステッロ広

場*213に着きました。そこで一人の不良少年が神のみ名を使って冒涜の言葉を吐いているのを聞きました。それを聞いた途端、彼の理性が吹き飛んでしまいました。場所柄も危険性も顧みず、その不敬の輩に飛びかかりました。そして、こう言いながらよく音の響く平手打ちを2発お見舞いしたのです。「それが主のみ名に対する扱いかい？」しかし、もっと背が高かったその不良少年は、周りにいた仲間たちの叫び声と周りの侮辱、滴り落ちる自分の鼻血に逆上し、何も考えずに、怒り狂ってマゴーネに飛びかかりました。蹴り、パンチ、平手打ちの応酬がありどちらも息つく暇もないほどでした。幸いなことに長上がその場に駆けつけ、二人のけんかに割って入りました。そして苦労して、何とか両者が満足のいく形で丸く収めました。ミケーレは興奮が収まってわれに返ると、彼のような愚か者をいさめるための思慮分別が自分に欠けていたことに気がつきました。彼は自分の行動を悔い改め、これからは気をつけて単に友好的な忠告をするだけに自分を抑えようと心に決めたのでした。

　あるとき、何人かの若者たちが永遠に続く地獄の罰について議論していましたが、その中の一人が冗談っぽくこう言いました。「地獄になんて行かなくても済むようにがんばるけど、もし行くことになっちゃったら……まあ我慢するさ！」ミケーレは聞かないふりをしていましたが、そっとその場を抜けだすとマッチを見つけ出して戻ってきました。そしてマッチをこすると、冗談を言った若者の手の下に火のついたマッチを持っていったのです。「何をするんだ」。彼は驚いて叫び声を上げました。「頭、おかしいんじゃないか？」「おかしくなんかないさ」。彼は答えました。「ただ、君がどれくらい我

＊213　カステッロ広場：　トリノの主要な広場の一つ。

慢できるか試したのさ。君がさっき、地獄の苦しみも我慢できると思うって言っていたことを考えたら、こんなマッチの火ぐらいどうってことないよね？　だって1分も続きゃしないんだから」。そこでみんなは一斉に大笑いしました。そして熱い思いをした仲間は、大声で言いました。「地獄は本当に嫌な場所だな」。

　ある朝、数人の仲間がやってきて、さまざまな理由を並べたてたうえで、自分たちのことを知らない聴罪司祭のところへゆるしの秘跡に行くのに一緒に行ってほしいと頼みました。彼は、「長上の許可なしにはどこへも行きたくない」と答えました。「それに、自分は盗賊でもない。盗賊ならいつでも警察の目を恐れるものだけど。だから彼らは自分がだれだか知られてしまうのが嫌で、見知らぬ場所や見知らぬ人のところへ行くんだ。ぼくは自分の聴罪司祭がいる。そしてぼくはその人に恐れることなく自分の罪を、大小にかかわらず告白する。どうしてもほかのところへ行きたいなんて言うのは、自分の聴罪司祭を愛していないか、告白するべき重い罪を抱えているかのどちらかに違いない。いずれにせよ、許可なくオラトリオを離れるのは間違っている。もし聴罪司祭を替えたいという理由が本当にあるのなら、毎土曜日か祝祭日にオラトリオに来るすべての少年たちのゆるしの秘跡を聞くためにやってくる聴罪司祭を利用すればいいよ」。

　彼が私たちと共にいた間、休暇で家に帰ったのはたったの一度きりでした。私が勧めても、彼を非常に愛していた母親や親類が待っているのに、彼は二度と帰省しようとはしませんでした。理由を聞かれてもただほほえむだけでしたが、ある日ついに、自分が信頼している相手にその理由を打ち明けました。彼は言いました。「一度だけ家で休暇を過ごすために帰ったんだ。でも強制送還されないか

第2部　ミケーレ・マゴーネ少年の小伝

ぎり、もう二度と帰らないよ」。

「それはまたどうしてだい？」と友人は尋ねました。

「だって、家にはいまだに危険がいっぱいなんだ。いろいろな場所も、娯楽も、そしてまた前みたいに暮らそうと誘う友人たちも……もうごめんだよ」

「善意があればいいんじゃないかい。ぼくたちの長上が出発前にくださるあらゆるアドバイスを全部実践すればいいんだよ」

「善意なんて、オラトリオから離れて暮らしたら徐々に消えていってしまう霧のようなものだよ。アドバイスも最初の数日は効果があるだろうけど、仲間たちが全部忘れさせてしまうさ」

「でも、それじゃあだれも休暇に帰省したらだめだ、親類にも会うべきじゃないってことにならないかい？」

「違うよ、誘惑に打ち勝つだけの強さがあるって思える者だけが帰省するべきだって言いたいのさ。ぼくはそれほど強くないよ。もし仲間たちが自分の心の中をのぞくことができたら、彼らの多くは天使の羽をつけて出ていって、そして帰ってくるときは悪魔みたいに2本の角を額に生やして帰ってくるってことに気づくだろうと確かに思っているよ」

　時折、ミケーレを訪ねてくる昔の友達がいて、彼はその友人を何とか美徳の生活に引き入れようと試みていました。この友人はその言い訳の中で、ある日こう言って反論するのでした。彼は長いこと宗教的なことをしていなかったある人を知っていました。「だけど、彼は体が大きく、健康で、暮らし向きもよかったんだ」。ミケーレは彼の腕を取ると、中庭で建設資材の積み下ろしをしている荷馬車屋のところへと連れていき、そしてこう言いました。「ねえ、あの大きなラバをご覧よ。あいつ、大きくて、太っているけど、ゆるし

177

の秘跡に行ったこともないし、教会に行ったこともないんだ。君はこの、魂もなければ分別もない動物と同じようになりたいのかい？

あいつは、ただ主人のために働いて、死んだあとは大地の肥やしになるだけなんだよ」。友人は恥じ入り、黙ってしまいました。そして宗教的な務めを怠るために馬鹿げた言い訳はしないようになりました。

似たようなエピソードはここでは割愛します。これだけあれば、神への侮辱を阻止しようと熱心になるあまり、時に度を超してしまう彼の心の善良さと悪を憎む心とをよりよくわかってもらえると思います。

第12章
カステルヌオヴォ・ダスティでの休暇
── そのとき実践された美徳

ミケーレが家で休暇を過ごすのに気が進まないようなのを見て取って、勉強の重圧から彼を解放してしばし休息を取らせるために、カステルヌオヴォ・ダスティのモリアルド村へ彼を連れていくことに決めました。そこはオラトリオの少年たち、とりわけ身寄りがなく訪ねる先もない者たちが、田舎の秋を楽しむためによく行くところでした[214]。彼のよい行いを考慮し、ご褒美として遠足を早めるこ

＊214　この休暇の間、10月の最初の日曜日、ロザリオの聖母の祝日が荘厳に祝われていた。その出来事はトリノのカトリック新聞によって取り上げられる。「聖なるロザリオの祝日。今月3日、すばらしい指導者であるドン・ボスコに引率されて、聖フランシスコ・サレジオのオラトリオの若者たち60人弱がベッキという場所で聖なるロザリオの祝日を祝うためにカステルヌオヴォ・ダスティに向かった。この信心深い若者たちが周辺から集まってきたほかの多くの人び

第2部　ミケーレ・マゴーネ少年の小伝

とにし、ほかの数名の者と一緒に、旅についてくるように言いました。一緒に歩いていく途中で、私はこの若者と話す機会がありました。そして彼が、私が考えていたよりもはるかにすぐれた徳の高みにまで到達していることを見いだしたのです。この折に彼と交わした美しく啓発的な会話はさておき、ここでは彼の徳、とりわけ感謝の美徳について示すのに役立ついくつかの出来事を明らかにすることにとどめておきたいと思います。

　道行く途中で突然土砂降りの雨に遭い、キエリ*215に到着したときには全員濡れネズミでした。私たちはカバリエーレ（「騎士」称号保持者）マルコ・ゴネッラ*216の家に向かいました。彼は私たちの若者たちがカステルヌオヴォ・ダスティに行くときも、またそこから帰るときも、いつも快く迎えてくれるのです。

　彼は私たちの衣服に必要な物をあてがってくれ、ごちそうを用意してくれました。それは上品な物であると同時に、彼らの食欲に見合った物でもありました。

　数時間ほど休んだのち、私たちは再び出発することにしました。ミケーレはみんなの後ろを歩いていました。疲れているのかなと思った友人の一人が彼のところに近づいて来たとき、彼が独り言を言っているのに気がつきました。

とと一緒に聖なる食卓にあずかるのを見ることにより、祭日は非常に教訓的なものとなった。この若者たちが自ら演奏した、ミサと聖体礼拝のための音楽はすばらしく、また敬虔なものであった」（*"L'Armonia"*　1858年10月8日）。
＊215　キエリ：　トリノから東に16kmにある都市。
＊216　マルコ・ゴネッラ（Marco Gonella 1822-1886）：　銀行家でオラトリオの恩人。ドン・ボスコをさまざまな方法で助けた。1851年聖フランシスコ・サレジオ聖堂の建設のためかなりの金額を寄付した。1857年ドン・ボスコが事業のために企画した福引きの委員長を務めた。

179

オラトリオの少年たち

「マゴーネ、疲れたんじゃないのかい？」と友人が尋ねました。「長く歩いたから、足が棒のようになっているんじゃないのかい？」

「いいや、疲れてなんかいないさ。まだミラノにだって歩いて行けるくらいだよ」

「何か独り言を言っていたみたいだけど、何を言っていたの？」

「ぼくたちを迎えてくれたあの親切な人のために聖母マリアのロザリオを唱えていたんだよ。ほかにお返しをする方法がないから、彼とその家族にたくさんのお恵みをお与えください、ぼくたちにしてくれたことの100倍も与えてくださいって、主と聖母マリアにお願いしているんだよ」

ついでに言っておくと、彼はどんなに小さな親切に対しても同じような感謝の心を示していました。恩人に対しては非常に繊細な気持ちをもっていました。彼をこの家に迎え入れたことへの感謝の念を表すために、彼が私に送ってきた数多くの手紙やカードについて書き連ねたら、きっと読者の皆さんを退屈させてしまうことでしょう。だからここでは、自分に何かしてくれた人のために彼が毎日のようにご聖体のイエス・キリストを訪問し、毎朝主の祈りとアヴェ・マリアの祈りと栄唱を唱えていたとだけ書いておくことにします。

彼はしばしば愛情を込めて私の手を取り、瞳を潤ませて私を見つめて言いました。「神父様はぼくをこのオラトリオに受け入れてくださった。その大きな愛に対する感謝の気持ちをどう表せばいいのかわかりません。毎日神父様と神父様の苦労の上にお恵みがありますようにと祈ることと、ぼくのよい行いで恩返しをしたいと思っています」＊217。彼はまた、先生たちや、彼をここに送ってくれた人た

＊217　「だからここでは〜恩返しをしたいと思っています」：　1866年第2版で加筆。

ち、何かしらで彼を助けてくれた人たちについてもよく話していました。そして彼らについて尊敬を込めて語ったものでした。そして自らの貧しさについて触れる一方で、感謝の気持ちを表すことに恥じるところは微塵もありませんでした。「ぼくは残念でたまらないよ」と彼が口にするのを何度か耳にしたものです。「だって、自分が望むように感謝の念を表す手だてがないんだ。でも、皆がぼくにしてくれている善についてわかっているし、恩人のことは決して忘れないつもりだ。そして生きているかぎり、お世話になった人びとに大きな報いがありますようにって主に祈り続けるんだ」。

　彼は、カステルヌオヴォの主任司祭が少年たちを食事に招いてくれたときにも感謝の念を表しました[218]。その夕べ、彼は私にこう言いました。「もしよければ、今日ぼくたちをよろこばせてくれた主任神父様のために明日聖体拝領に行きたいと思うのですが……」。私はそれを承認しただけではなく、すべての少年たちに同じことを奨励することにしました。私たちの家の恩人たちには、同じようなときに同様にしているのですから。

　モリアルドにいる間、書き残すべきもう一つの美徳の行いを心にとどめました。ある日、少年たちは近くの森に散歩に出かけました。ある者はキノコを探し、またほかの者はクリやほかの木の実を探しました。落ち葉を積み上げている者もいました。つまり、みんなそれぞれに楽しんでいたわけです。皆が遊びに夢中になっている中、マゴーネはそっと抜けだして家に戻りました。仲間の一人がそれを見ていて、もしかしたら具合が悪いのではないかと心配して彼

---

[218]　アントニオ・ピエトロ・ミケーレ・チンザーノ神父（Antonio Pietro Michele Cinzano 1804-1870）だった。休暇の間、毎年ロザリオの聖母の祝日後の月曜日にドン・ボスコの少年たちを迎え入れ、ポレンタとおかずを提供していた。

オラトリオの少年たち

のあとを追いました。ミケーレはだれも見ていないと思っていたの
でしょう。家に入り、だれを探すわけでもなく、だれにも何も言わず、
まっすぐ聖堂へと向かいました[219]。そしてあとを追った少年は、ご
聖体の祭壇の前にひざまずいて、うらやむべき集中力で祈りをささ
げている彼を見たのでした。

　あとになって、なぜ急に抜けだしてご聖体を訪問したのかと皆に
尋ねられて、彼はあっさりとこう答えました。「うん、なんだかま
た罪に堕ちるかもしれないってとても怖くなっちゃってね。それで、
ご聖体の中におられる主に、どうか主の栄光のうちに堅忍する強さ
と助けをお与えくださいってお願いしていたんだよ」。

　同じときにもうひとつ、こんな印象的なことがありました。ある
夜、少年たちが皆眠りについたころだれかがすすり泣いているのを
聞いた私は、起きてそっと窓辺に行ってみました。するとマゴーネ
が脱穀場の床の隅で、月を見上げてはため息をつきながら泣いて
いたのです。「どうかしたのかい、マゴーネ?」と私は言いました。
「気分がよくないのかね?」　彼は、自分一人でだれも見ていないと
思っていたのでしょう。戸惑ってしまって、なんと言っていいかわ
からない様子でした。私はもう一度尋ねました。すると彼は、まさ
に一言一句、次のように答えたのです。「月はなんて偉いんだろうっ
て思ったら泣けてきてしまいました。だって月はもう何世紀もの間、

＊219　ドン・ボスコの兄、ジュゼッペ・ボスコの家の1階に、1848年10月8日に献堂
　　　されたロザリオの聖母の聖堂がある。「1869年までドン・ボスコは毎年ここ
　　　でロザリオの聖母を祝い、オラトリオの少年たちのブラスバンドとコーラス
　　　が鳴り響いた。ドン・ボスコが望んだ、聖母にささげられた最初の聖堂であ
　　　る。また、ここはサレジオ会の始まりの特別な証人でもある。ここで1852年
　　　10月3日、ミケーレ・ルアとジュゼッペ・ロッキエッティが着衣式を行った」
　　　（GIRAUDO, BIANCARDI, *Qui è vissuto Don Bosco,* pp. 30-31）。

182

創造主の命令に背くことなく、こうして規則正しく夜の闇を照らしている。それに引き換え、ぼくはまだ若くて、主の掟に忠実に従うべき理性的な被造物であるのに、何度も主に背き、いろいろな形で主を傷つけてきました」。こう言いながら、ミケーレは再び泣きだしました。私が言葉をかけて彼を慰め、落ち着かせてから、彼はまた寝に行きました。

　彼のような若干14歳の少年がすでにこのような高いレベルの考えをもっていることは、まさに感嘆すべきことです。しかしこれは事実であり、とりわけ、あらゆることに神のみ手を認めることと、すべての被造物は創造主に従う義務があるという認識において、若きマゴーネが、その年齢に比べてはるかに思慮深かったかを示すエピソードは、このほかにもいくらでも挙げることができるのです。

第13章
死への準備

　カステルヌオヴォでの休暇のあと、ミケーレはあと3か月生きました。彼はどちらかというと小柄でしたが、健康で、丈夫でした。彼は賢く、どんな職業に進んでも立派にやり遂げるだけの力がありました。彼は勉強が大好きで、大きな進歩を遂げていました。信心深さに関して言えば、彼の年齢として言えば、若者たちのお手本として紹介するのに、何かを足したり引いたりする必要はまったくないというところでした。彼は生米活発な性質で、それでいて敬虔であり、善良であり、献身的で、小さな宗教的行いをとても大切にしていました。彼はそれらを、よろこびをもって、自然に、ためらうことなく行いました。彼の信心深さ、勉強への愛、そしてその愛想のよさ

ゆえに、みんなが彼を愛し、尊敬しました。そしてその活発さと物腰の柔らかさゆえに、彼は休み時間でもみんなのアイドルでした。

この、徳のモデルである彼が、もっと年齢を重ねるまでこの世にとどまっていたらよかったのにということがもちろん私たちの願いでした。彼が心を寄せていた聖職者への召命を受けたにせよ、一般信徒であったにせよ、彼は母国と教会に大きな働きをしてくれたことでしょう。しかし神がお決めになったのはそうではありませんでした。この美しい花を、地上の戦う教会の庭からご自身の手元へとお取り上げになり、天上の勝利の教会へと植え替えられることをお望みになったのです。そしてマゴーネ自身も、自分ではそうとは気づかずに、日々より完成された生き方によって、近づきつつある死への準備を始めたのでした。

彼は、特別な熱心さで無原罪の御宿りの祭日に向けてノヴェナを行いました。彼がこの期間に実行しようと決めたことを自分で書き残したものがあります。それらは次のとおりでした。

「私、ミケーレ・マゴーネは、このノヴェナをよりよいものにするために、次のことをお約束します。

1. 自分の心をこの世のすべてのものから切り離し、すべてを聖母マリアにおささげします。

2. 死を迎えるときに良心が穏やかでいられるよう、総告白をします。

3. 自分の罪の償いのために毎朝朝食を抜き、人生最後のときに聖母マリアが助けてくださることを願って、聖母の7つのよろこびを唱えます。

4. 聴罪司祭の勧めを受けて、毎日聖体拝領に行きます。

5. 聖母マリアに敬意を表して、仲間たちに毎日教訓となる話をします。

第2部　ミケーレ・マゴーネ少年の小伝

6. この紙を聖母マリアのご像の足元に置き、そうすることによって、ぼく自身を聖母マリアにおささげします。そしてこれからは、人生最後の瞬間まで、聖母マリアのものでありたいと思います」

　この決意は、2番目の総告白を除き、すべて受け入れられました。総告白は、そう遠くない前にやったばかりでした。また朝食を抜く代わりに、煉獄にある魂のために毎日 *"De Profundis"*（深い淵から）を祈るようアドバイスを受けました[*220]。

　無原罪の御宿りの祝いに向けたノヴェナにおけるこの9日間の彼の行動は驚きをもたらしました。彼は特別に明るい様子でした。ちょっとしたよい話を仲間たちにしてやったり、あるいは彼らにも同じようにするよう誘ったりしていました。また、できるだけ多くの友達を集めてご聖体や聖母マリアのご像のところに行っては祈りをささげました。ノヴェナの間、彼は甘い物や果物、そのほかの菓子類などをとらず、また、あまりまじめではない少年たちに、小さな本やご絵、メダイ、十字架など、今まで彼がもらったさまざまな物を与えました。彼はこうしたものを、ノヴェナの間のよい行いに対するご褒美としてあげたり、また彼が勧める信心業に参加するよう誘ったりするときにあげたりしていました。

　同様の熱心さと集中力をもって、彼はクリスマスのお祝いやノヴェナを祝いました。「ぼくは、全力でこのノヴェナをよいものにしたいのです」と彼はそのノヴェナの最初に切り出しました。「そして神様がぼくに憐れみを注ぎ、幼子イエスが、その豊かな恵みをもってぼくの心のうちに来られ、そこにお生まれになりますよう

---

*220　*De Profundis* ：　ヴルガタ訳詩編129編の始まり。この詩編は死者の典礼に使われる。

オラトリオの少年たち

に」＊221。

　その年の大晦日の晩、オラトリオの長上はすべての少年たちに、終わろうとしているこの1年、主がくださったお恵みに感謝するよう促しました。彼は少年たちに、新年を神の恵みのうちに過ごせるように聖なる努力をしていくよう励ましました。なぜなら、私たちのうちのだれかにとって、これが人生の最後の1年になるかもしれないからだと言いました＊222。こう言っている間、長上の手は彼の最も近くにいた少年の頭の上に置かれていましたが、それはマゴーネだったのです。「わかりました」。彼はすっかり驚いて言いました。「それはつまり、永遠のための荷造りを始めなくてはいけないのは、ぼくだということなんですね。わかりました。しっかり準備しますよ」。彼の言葉に、みんなはどっと笑いました。しかし、彼の仲間たちはこうした言葉を覚えていたし、またマゴーネ自身もしょっちゅうこの幸運な出来事＊223を思い出していました。こうした考えにもかかわらず、彼は陽気さを失わず、幸せそうな様子もそのままに、自分

＊221　「無原罪の御宿りの祝いに向けた〜お生まれになりますように」：　1866年第2版で加筆。

＊222　神学生ジョヴァンニ・ボネッティ（Giovanni Bonetti 1838-1891）は1858年12月31日のクロナカにその晩の訓話をメモしている。「ドン・ボスコは聴衆にいくつかのメッセージを残した。『神学生に向けては、彼らが *"Lumen Christi"*（キリストの光）であることを思い出して、模範を。学生たちには可能な限り頻繁な聖体拝領を。職業訓練生には〔中略〕祝祭日に秘跡を受けることを。全員に向けて、よいゆるしの秘跡を、聴罪司祭に心を開くこと。なぜならもし悪魔がだれかにゆるしの秘跡において黙らせるように導くなら、その人は最も不幸な状態にあることになるから。だから、ゆるしの秘跡ごとに痛悔の念と、固い決意を。だが、私たちがそれがどれほど効果的かわかっていないことが一つある。それは聖母により頼むこと。天使が彼女に言ったあの美しい言葉を唱え、親しんでください。*"Ave Maria"*』」。

＊223　第1版では「偶然の出来事」と書かれている。

第2部　ミケーレ・マゴーネ少年の小伝

の務めを最も模範的に果たしていました。

　彼の人生最後の日は間近に迫っており、神はそれについてのよりはっきりとしたしるしをお示しになることを望まれました。1月16日の日曜日、マゴーネも所属していた「ご聖体の信心会＊224」の会員たちは、いつもの祝祭日の集会を開いていました（＊225）。いつもの祈りといつもの朗読、そして時宜に適ったと思われる事柄を話し合ったあと、一人の会員が小さな箱を持ち出しました。その中には、その1週間実践すべき格言を書いた小さな紙切れが入っており、少年たちは順番にそれを引いていきました。マゴーネも自分の分を引きました。そこには、次の特筆すべき言葉が書かれていまし

＊224　神学生ジュゼッペ・ボンジョヴァンニによって、聖体への信心と祭壇への奉仕のために1857年終わりにヴァルドッコで創立された。ボンジョヴァンニについては第1部「ドメニコ・サヴィオ少年の生涯」17章 参照。

（＊225）「この信心会の主な規則は以下のとおりである。　1. この信心会の主たる目的は、ご聖体への崇敬を育み、この最も威厳に満ちた秘跡において主イエス・キリストが不信心者、異端者、悪いキリスト者から受ける冒瀆を埋め合わせることにある。　2. このため会員は、だれかが必ず毎日ご聖体をいただけるよう調整する。それぞれの会員は聴罪司祭の許可の下、祝祭日と、平日に週1度聖体拝領するよう努める。　3. 会員は、ミサでの奉仕、聖体賛美式への参加、病人に行われる臨終の聖体拝領における付き添い、聖櫃の中のご聖体訪問、とりわけ40時間の礼拝におけるご聖体の顕示中など、ご聖体を礼拝するあらゆる行事において、いつでも特別な手助けができるよう準備しておく。4. 各会員は、ミサでのきちんとした奉仕の仕方、すなわち、あらゆる儀式を正確に行い、またこの神聖な神秘に必要な言葉をはっきりと敬虔に繰り返すことを学ぶよう努める。　5. 毎週、霊的な事柄について集会を行う。会員は万難を排してこれに参加し、またほかの者にもきちんとそうするよう誘う。6. 集会では、ご聖体への礼拝に関する事柄を行う。例えば、最大限心を集中して聖体拝領を行う勧めや、初聖体を迎える者への指導や支援、準備や感謝の祈りを行うのに助けを必要としている者への援助、この目的にかなった本やご絵、書き物などの配布等である。　7. 集会後、その週に実行に移すべき霊的花束を決める」（第1版に加筆された注）。

187

オラトリオの少年たち

た。「神の裁きの座に、私は一人で立つ」。彼はそれを読み、そして不意打ちを食わされたかのように大声で仲間に言いました。「これは主からぼくへの召集のメッセージだ。いつでも準備できているようにという主からの言葉なんだ」。このあと、彼は長上のところへ行き、非常に心配しながらその紙切れを見せ、これがまもなく彼をみ前に召喚するという主からの呼びかけだと考えていることを繰り返しました。長上は、紙切れに書かれていたからということではなく、主イエスが福音の中で「いつでも準備していなさい」と皆に繰り返し勧めているのだから、その助言に従って準備しておくようにと言いました[226]。

「教えてください」とマゴーネは答えました。「ぼくはあとどのくらい生きられるのでしょうか?」

「私たちは神様が望まれるかぎり生きるんだよ」

「でも、ぼくは今年の終わりまで生きられるんでしょうか?」 彼は興奮して、また同時に感極まって言いました。

「落ち着きなさい、そして心配しないように。私たちのいのちは、よき父であられる神のみ手の中にある。神は私たちをどれくらい生きながらえさせてくださるのかをご存じだが、天国に行くために、いつ死ぬかを知る必要はない。善行を重ねてそのときのために準備しておけば、それで十分なのだよ」

彼は悲しくなって言いました。「おっしゃりたくないということは、ぼくの終わりはもう近いということなんでしょうね」。

院長は言いました。「そうじゃない。だが、もしそうだとしても、私は君が天国の聖母マリアを訪問するのを恐れるなんてことは決し

---

[226] 新約聖書 マルコによる福音書13章33-37節 参照。

てないだろうと思っているがね」

「あっ、そうか！　ええ、そう、そうですとも！」

彼は途端に持ち前の明るさを取り戻し、みんなとの遊びに加わるために駆け出していったのです。

月曜日も、火曜日も、そして水曜日の朝も、彼はずっと明るく過ごしました。健康の変化を示すようなものは何もなく、すべての務めを規則どおりに果たしていました。

水曜日の昼ごはんのあとになって、彼がバルコニーに立ち、仲間に加わることなく遊びの様子を眺めているのを見ました。それは決して普通ではなく、それこそが彼の具合がよくないことの疑いのないしるしでした。

第14章
病気と看病

水曜日の夕方（1859年1月19日）、私は彼にどうしたのかと尋ねましたが、彼は何でもないと答えました。彼は寄生虫によってかなりの痛みを感じていましたが、それは彼にとってはよくあることだったのです。彼は必要な飲み物をもらってベッドに入り、その夜はよく眠りました。次の朝、仲間たちと共にいつもの時間に起床してから聖堂に行き、しばしば木曜日にしていたように、ほかの数人の仲間たちと共に臨終の人たちための聖体拝領をしました。そのあと、遊び場に行きましたが、ひどく疲れていて仲間に加わることができませんでした。寄生虫のせいで呼吸するのも苦しかったのです。そのような問題のための薬が与えられ、医者が呼ばれました。しかし取り立てて悪いところは見つからず、医者は彼に、同じ治療を続

けるようにと言っただけでした。同じころ、彼の母親がトリノにいて、息子の病気のことを聞かされました。彼女は息子に会いに来て、彼がまだ幼いとき、同じような病気に苦しんだことがあると私たちに告げ、そのときも今受けているのと同様の治療をしたと言いました[227]。

　金曜日の朝、彼は起きて、よき死のお恵みを得るために、キリストの受難をたたえる聖体拝領に行きたいと言い出しました。彼は金曜日にはよくそうしていたのです。しかし、それはできませんでした。容体がより悪化したように見えたからです。彼は多くの寄生虫を出していましたので、さらに呼吸が楽になるような処方と一緒に、同じような治療を続けるよう命じられました。しかし、このときまではまだ、それほど深刻な病気だという兆候はなかったのです。午後2時ごろ、容体は急変しました。私が見に行ってみると、呼吸困難に陥った彼は咳をし始め、血を吐きました。どんな具合かと聞かれた彼は、虫のせいで胃がまだ重いように感じるだけです、と答えました。しかし私には彼の容体がかなり悪いように思えたので、疑いを払拭して私たちが確かに正しいことをしていると確信するため

---

[227]　ミケーレの母は洋裁師である未亡人ジョヴァンナである。息子の死後しばらくしてからオラトリオに住むようになる。アンジェロ・アマデイが次のように書いている。「1872年、正確には1月20日、オラトリオにてジョヴァンナ・マリア・マゴーネが亡くなった。彼女について、ドン・ルアが『死者記録』のノートにこのような賛辞を書いている。『幸運にも最良の若者ミケーレ・マゴーネの母であり、彼の死に際し自らを主にささげた。息子が聖化された家で最後の日々を過ごすためにやってきて、そのことに感謝して疲れを知らず働き、毎朝オラトリオでささげられる最初のミサにいつもあずかっていた。よろこんで祈り、罪を蛇のように恐れていた。7日間の病の後、宗教上のすべての慰めを得、完全に自分を明け渡して、イエス、マリア、ヨゼフ、彼女のミケーレの名を呼んで祈り、亡くなった。彼女はミケーレと共に天国に行けるよう、彼らに祈っていた』」（MB10, 299 p.）。

に、もう一度医者を呼びにやりました。そのとき彼の母親は、真の
キリスト者としての精神をもって、「ミケーレ、医者を待つ間にゆ
るしの秘跡を受けるのがよいと思わないかい」と息子に言いました。
「はい、お母さん、よろこんで。昨日ゆるしの秘跡に行って、聖体
拝領も受けたけど、病気が重いようだから、もう一度ゆるしの秘跡
をしたいです」。

　彼は数分の間準備すると、ゆるしの秘跡を受けました。ゆるしの
秘跡を終えたあと、彼はとても穏やかに、そしてほほえみさえ浮か
べて、私と母親とに話しかけました。「このゆるしの秘跡は、よき
死の練習なのか、もしくは本当にぼくの死に備えるためなのか、ど
ちらでしょうね」

　「君はどう思うかね？　よくなりたい？　それとも、天国に行き
たい？」　私は答えました。

　「何がぼくにいちばんよいかは主がご存じです。ぼくは主をよろ
こばせることをしたいだけです」

　「もし主が君に選ばせてくれるとしたら？　よくなるか、それと
も天国に行くか、君はどちらを選ぶかな？」

　「天国を選ばないなんて馬鹿げた選択をする人がいるんでしょう
か？」

　「ということは、君は天国に行きたいんだね？」

　「はい、もちろんです。心から行きたいと思っています。しばら
くの間ずっと主にお願いしてきたことです」

　「いつ行きたいかね？」

　「もしそれが主のみ心に適うなら、今すぐにでも……」

　「よしよし、それじゃあ一緒に唱えようね。すべてにおいて、生
けるときも死すときも、神様の聖なる、愛すべきみ心のとおりにな

りますように！」

　ちょうどそのとき、医者が到着しました。彼はミケーレの容体が急変したことを見て取りました。彼は言いました。「極めて深刻です。胃の中で出血が起きていますが、止められるかどうかはわかりません」。

　彼はできるかぎりの手を尽くしてくれました。瀉血、発泡剤＊228、投薬……彼を呼吸困難に陥らせている内出血を止めるために、できることは何でもしました。でも、無駄でした。

　その夜の9時（1859年1月21日）、ミケーレは死ぬ前にもう一度聖体拝領をしたいと自ら言いました。「今朝できなかったんですから、なおさらです」。彼はこれまでもずっと模範的な頻度で拝領してきたイエスを、今拝領したいと切望していました。

　拝領の前、周囲にいた人びとの前で彼は私に言いました。「仲間たちの祈りに私をゆだねます。秘跡のイエスがぼくの臨終の聖体拝領、永遠に私の同伴者となりますように」。ご聖体を受け、そして介添えを受けながら同じような感謝の祈りをささげました。

　15分ほどして、彼は助言に従い、お祈りを繰り返すことをやめました。そのまま彼が何も言わないので、私たちは彼が突然力尽きてしまったのかと思いましたが、数分後、彼は目を開けて明るい様子で、ほとんど冗談っぽくこう言いました。「この間の日曜日に引いた紙切れには間違いがありましたよ！　『神の裁きの座に、私は一人で立つ』と書かれていたけど、それは正しくありません。だってぼくは一人じゃないもの。聖母マリアが一緒にいてくださるから、ちっとも怖くありません。もういつ行っても大丈夫です。神の裁き

＊228　皮膚に刺激を与えて水泡を生じさせる膏薬（『大辞泉』増補新装版）。

第2部　ミケーレ・マゴーネ少年の小伝

の座でもマリア様ご自身がぼくのそばにいたいと望んでくださって
いますから」。

第15章
最後の瞬間と美しい死

　夜10時、容体はさらに悪化しました。その晩に彼が亡くなって
しまうかもしれない恐れから、ザッティーニ神父[229]と、一人の神
学生と、若い看護係が夜半まで付き添い、その後はオラトリオの副
院長であるアラソナッティ神父[230]と、もう一人の神学生ともう
一人の看護係が残りの夜の間付き添うように手配されました。どう
やら急変の危険はなさそうだと判断した私は、彼に言いました。「ミ
ケーレ、少し休みなさい。私はちょっと部屋に行って、すぐまた戻っ
てくるからね」。

　「いいえ、どうかぼくを置いていかないでください」彼はすぐに
答えました。

＊229　ザッティーニ神父（Agostini Zattini）：　ブレシアの司祭、哲学の教授で雄弁家。
　　　ふるさとで政治的に迫害され、1857年ドン・ボスコによってオラトリオに迎
　　　えられた。ドン・ボスコはオラトリオの昼間小学校を任せた。1858-59年にオ
　　　ラトリオの学生たちに毎週講話をする係にもなっていた。

（＊230）「この徳の高い司祭は、最も模範的に聖務と愛徳のわざに励んだ後、長い闘
　　　病生活を経て、1865年10月8日にランツォで亡くなった。現在、彼の伝記を
　　　編纂しているところであるが、これが彼の友人たちとそれを読みたい者たち
　　　によろこばれることを願っている」（1866年第2版に加筆された注）。アラソ
　　　ナッティ神父（Vittorio Michele Alasonatti）は1812年11月15日アヴィリアー
　　　ナに生まれ、1835年司祭に叙階、アヴィリアーナの聖堂付司祭と地域の先生
　　　をしていた。1854年8月14日ヴァルドッコでの寄宿生を増やそうと考えこい
　　　たドン・ボスコの呼びかけに答え、すべてを置いてオラトリオに住み始めた。
　　　サレジオ会の創立にあたって、修道会の副総長に選ばれている。

193

「聖務日課の一部を唱えるだけだから、すぐに君のところに戻るよ」

「では、なるべく早く戻ってきてください」

私はこの愛すべき生徒をとても大切に思っていたので、彼の最後のときにはどうしてもそばにいてやりたいと思い、何か少しでも悪化の兆候があったらすぐに知らせるようにと言いおいて出ていきました。すると、自室に戻るや否や、ミケーレが臨終に陥ったようだという連絡が入って、病室に呼び戻されたのです。

そのとおりでした。彼が今すぐにでも亡くなりそうだったので、ザッティーニ・アゴスティーノ神父によって聖香油の塗油が行われました。そのときはまだ完全に意識がありました。

彼はこの厳粛な秘跡執行のための儀式におけるさまざまな祈りの応答をしました。塗油のたびに、彼は自分自身の射祷を付け加えました。唇への塗油のとき、彼がつぶやいた言葉を今でも思い出します。「神よ、もしぼくがこの舌で初めてあなたを侮辱する前にぼくの口を利けないようにしてくださっていたら、なんと幸運だったでしょう！　どれだけの侮辱を避けられたことでしょう。神よ、ぼくの舌が犯した罪をお赦しください。心から悔い改めます」。

手への塗油が行われたとき、彼はこう付け加えました。「この手でぼくは何度仲間たちを殴ったことだろう。神よ、お赦しください。そしてぼくの仲間たちがぼくよりよい人になるようお助けください」。

彼の母親もまた、彼の状態がまだそう悪くはないだろうと考えて近くの部屋でしばらく休んでいました。塗油が終わり、母親を呼んでほしいかと聞かれた彼は、こう返事をしました。

「いいえ、呼ばないほうがいいと思います。かわいそうなお母さん！　母はぼくをとても愛してくれましたから、ぼくが死ぬのを見たら苦しすぎるでしょう。かわいそうなお母さん！　主が彼女を祝

第2部　ミケーレ・マゴーネ少年の小伝

福してくださいますように！　天国に行ったら母のために神にたく
さん祈ります」

　彼は落ち着くようにといさめられ、また、全免償を伴う教皇の祝
福に備えて準備するよう促されました。彼はその生涯を通して、常
に聖なる免償を伴う信心業を大いに尊重し、またそれを役立たせよ
うとがんばっていました。そのようなわけで、彼は教皇の祝福を受
けることをとてもよろこびました。彼はすべての祈りに参加しまし
たが、“*Confiteor*”（回心の祈り）は自分で唱えることを望みました。
彼は一語一語をはっきりと、生き生きとした信仰心を込めて発し、
居合わせた人びとは皆心を打たれて涙しました。

　それから彼は少し眠りたいようだったので、私たちは彼をしばら
くそっとしておきましたが、すぐに目を覚ましました。それを見た
人は皆、非常にびっくりしてしまいました。脈を診るかぎりでは、
死は急速に迫ってきているように思えましたが、彼の表情は穏やか
でした。彼は陽気で、ほほえみ、完璧に健康な人のように理路整然
としていました。しかしそれは決して彼が痛みを感じていなかった
からというわけではありません。内臓破裂により、彼は呼吸困難に
陥り、あらゆる精神的・肉体的部分に苦しみを感じていました。そ
れでもわれらのミケーレは、死後にまっすぐ天国に行くことができ
るように、この地上で煉獄の苦行をすべてやり遂げさせてください
と何度も主に願っていました。この思いによってこそ、彼はよろこ
びのうちにこのすべての苦しみに耐え、また、通常ならば悲しみと
苦悩をもたらすばかりの激痛も、ただよろこびと歓喜のみを彼のう
ちに生じさせることとなったのです。

　私たちの主イエス・キリストの特別な恩寵を通して、ミケーレは
苦痛を感じないように見えたばかりでなく、この非常な苦しみに大

195

きな慰めを感じているようにさえ思えました。お祈りをするように
と勧める必要はまったくありませんでした。彼は自分から時々感
動的な射祷を唱えていたからです。10時45分、彼は私の名を呼び、
そして言いました。「いよいよです。どうか助けてください」「落ち
着きなさい」と私は答えました。「君が天におられる主のみもとに
行くまで、決して見捨てたりしないから。でも、本当にこの世に別
れを告げるときが来たと思うのなら、君のお母さんに最後のさよな
らを言いたいのではないかね？」

「いいえ、神父様。母を苦しめたくはありません」

「それなら、私にお母さんへのメッセージを預けてはくれないかな？」

「はい、お願いします。どうか、母にお伝えください。ぼくが原
因で母を苦しめたすべてのことを赦してください。反省しています。
あと、愛しているとお伝えください。あきらめずに善を続けてくだ
さい。ぼくはよろこんで死んでいきます。イエス様とマリア様に伴
われてこの世を去ります。お母さん、天国で待っています」

この言葉を聞いて、その場にいた者は皆すすり泣きを始めました。
私は必死にこらえ、この最後の瞬間をよい思いで満たそうと彼に問
いかけ続けました。

「君の仲間たちにはどんなメッセージを残したいかね？」

「いつもよいゆるしの秘跡をするようにと伝えてください」

「君が人生でしてきたことで、今この瞬間に最も大きな慰めを与
えてくれるものは何かな？」

「この瞬間に最も慰めとなるものは、ぼくが聖母マリアをたたえ
て行った少しばかりのことです。はい、それこそが最大の慰めです。
ああ、マリア様、マリア様、あなたにお仕えしてきた者たちは、死
を迎えるときにもなんと幸せなんでしょう！　ああ、でも……」と

第2部　ミケーレ・マゴーネ少年の小伝

彼は続けました。「でも、困ったことが一つあります。ぼくの魂が肉体を離れて天国に入るとき、ぼくは何を言えばいいんでしょう？だれのところに行けばいいのでしょうか？」

「もしマリア様が付き添ってくださるのなら、君のことはすべて聖母にゆだねなさい。でも天国に行く前に、君に一つ頼みたいことがあるんだが」

「何でしょうか、ぼくにできることなら何でもします」

「天国に行って聖母にお会いしたら、私と、それからオラトリオにいる全員の心からの敬意を込めた挨拶を伝えてくれるかな。そして、私たち全員に祝福をくださるよう、そして私たち全員を力強い保護の下に置いてくださるよう、聖母マリアに願ってほしい。そして、今オラトリオにいる全員と、将来神のみ摂理によって私たちのところに送られてくるだれもが決して地獄に行くことがないようにとお願いしてくれたまえ」

「よろこんでそうします。ほかには？」

「そうだね、今のところはそれだけだ。少し休みなさい」

彼はもう眠りたがっているようでした。彼はいつものようにとても静かで落ち着いているように見えましたが、彼の弱々しい脈は、死が目前に迫っていることを示していました。そこで私たちは*"Profisciscere"*（旅立ちなさい、キリスト者の魂よ）[231] を読み始めました。その途中で彼は目を覚ましました。深い眠りから目覚めたかのように、顔にはいつもの落ち着きと、唇にほほえみを浮かべて私にこう言いました。「もう少ししたら、先のお願いを果たしますね。

＊231　「魂がこの世から永遠の世界へと移るとき」に、司祭によって唱えられる祈りである*"Commendatio animae"*の最初の部分。

197

言われたとおりにします。仲間たちに伝えてください。みんなのことを天国で待っているって」。彼は十字架を手に取ると、3度口づけし、そして最後の言葉をつぶやきました。「イエス様、ヨセフ様、そしてマリア様、ぼくの魂をあなたがたのみ手にゆだねます」。ほほえもうとするかのように唇をほころばせて、彼は穏やかに息を引き取りました。

　1859年1月21日午後11時、この祝福された魂は、私たちが心から願っているように、神のみもとへと飛び立っていきました。弱冠14歳でした。彼は苦しまずに逝きました。心乱されることもなく、痛みもなく、通常ならば魂が肉体から離れていく恐ろしい瞬間に現れるいかなる兆候も示すことはありませんでした。ミケーレの死をなんと言えばいいのでしょう。その魂を人生の悲しみから永遠のよろこびへと運ぶよろこびの眠りとでも言うほかはないように思います。

　そのときそこにいた人びとは、悲しむというよりも、むしろ大きな感動を覚えて泣いていました。全員にとって友を失ったことは辛いことでしたが、皆が彼の最後をうらやんでいました。ザッティーニ神父はもはや自分の感情を抑えておくことができずに、こう叫びました。「おお、死よ。無垢な魂にとって、お前は決して懲罰などではない！　永遠に続くよろこびに向かう扉を開ける、大いなる恩人である。おお、ミケーレ、どうして君と代われないのだろう！今頃君の魂は審判を受け、聖母マリアのお導きで、天国の大いなる栄光のよろこびのうちに入るのだろう。愛するマゴーネ、永遠の幸福の中で生きてくれ。どうか私たちのために祈りたまえ。私たちも友人としての務めを果たし、君の魂の永遠の安息のために心から神に祈りをささげよう」。

第16章
葬儀 — 最後の思い — 結び

　夜明けとともに、ミケーレのよき母親が息子の様子を知るために部屋に行こうとしました。しかし、部屋に入る前に息子が亡くなったと知らされたときの彼女の悲しみは、非常に大きいものでした！

　キリスト者であるミケーレの母親は、何も言わず、ため息もつかずにしばしその場に立ち尽くし、それから次のような叫びを上げました。「偉大なる神よ、あなたは万物の支配者でいらっしゃいます……。愛するミケーレ、お前は死んでしまった……。亡くした息子のために、私は一生涙を流し続けるでしょう。でも、このような同伴をしてくれたこの場所でお前を死なせてくださった神様に、私は感謝しますよ。主の目にも尊い死に方をさせてくだったことを感謝します[232]。どうか神様のみもとで安らかに眠っておくれ。そして、お前の母親のために祈ってちょうだい。私はこの地上でお前を深く愛し、そしてお前が今は義人たちとともに天国にいると信じているからより深く愛しているのよ。生きているかぎり、お前の魂のために祈り続けます。そしていつの日か、聖人たちのふるさとでお前に会えることを願っていますよ」。これだけ言うと、彼女は泣き崩れ、そして祈りのうちに慰めを得ようと聖堂へ向かったのでした。

　ミケーレの死は、オラトリオの少年たちに、また彼を知っているすべての人びとに大きな悲しみをもたらしました。

　精神的にも行いにおいても模範的だった彼はよく知られており、また彼の心を飾った極めてまれな美徳のゆえに、大いに尊敬されて

＊232　旧約聖書 詩編116編15節 参照。

もいたのです。

　仲間たちは、彼の魂の平安のために、彼の死の翌日を祈りのうち
に過ごしました。ロザリオを唱え、死者のための祈りをし、またゆ
るしの秘跡に行き、聖体拝領を行うことで悲しみを和らげようとし
ました。すべての者が友である彼の死を悼み、またすべての者がこ
う言って自らを慰めました。「マゴーネは今、きっと天国でドメニコ・
サヴィオと一緒にいるさ」。

　仲間たちがどのように感じていたか、また彼を教えていたフラン
チェジア神父がどう思っていたかについては、彼自身が書いた以下
のような文章にまとめられています。「マゴーネが亡くなった翌日、
私は教室に行きました。その日は土曜日で、試験をするはずでした。
マゴーネの席はポツンと空いていて、一人の生徒がこの地上からい
なくなり、その代わりに天国に一人住人が増えたのだということを
私に知らせていました。私は深く心を揺さぶられました。若者たち
は皆色を失っていました。しんと静まり返る中、私はこの言葉を言
わざるを得ませんでした。『彼は亡くなりました』。クラス全員がわっ
と泣き始めました。みんな彼を愛していました。あれだけの美徳を
備えた仲間をだれが愛さずにいられるでしょうか？　亡くなって初
めて、彼の評判がいかに高かったかがよくわかりました。みんなが
彼の書いた物を欲しがりました。私の同僚の一人 ＊233 などは、小さ
なミケーレの物だったノートを手に入れ、また去年の試験の答案用
紙から彼の名前の部分を切り抜いてその上に貼ることができ、運が

＊233　1861年第1版には同僚の名前が明記されている。
　　　トゥルキ神父（Giovanni Rocco Turchi）：　1838年カステルヌオヴォ・ダスティ
　　　生まれ。1851年中学生としてヴァルドッコに受け入れられる。1861年司祭叙
　　　階。オラトリオの中学で教師を務める。

第2部　ミケーレ・マゴーネ少年の小伝

よいと思われていました。私自身はといえば、彼があまりにも完璧に実践していた徳のゆえに、必要なときにはいつでも遠慮なく彼を呼んで手伝ってもらっていましたが、一度もがっかりさせられたことなどありませんでした。小さな天使よ、どうか君に心からお礼を言わせてください。そしてイエスの王座において、君の先生のためにとりなしをしてくれるようお願いします。君の偉大なる謙遜のきらめきが、私の心の中で輝きますように！　ああミケーレ！　どうか、大勢いた君のよき仲間たちがいつの日か天国で君と会うことができるように、みんなのために祈ってください」（ここまでがフランチェジア神父の文章）。

　亡くなった私たちの友人に対する大きな愛を目に見える形で示すためにも、私たちのつつましい状況に見合う形での厳粛な埋葬式が行われました。

　ろうそくを灯し、葬儀のための賛美歌を歌い、器楽演奏と声楽入りの演奏をしながら、私たちは彼の遺体とともにお墓まで行きました。そしてそこで彼の魂の安息のために祈りをささげ、いつの日かまた今のいのちよりもよりよいいのちにおいて一緒になることを願って、最後の親しみを込めたさよならを告げたのでした。

　1か月後、私たちは30日目の追悼ミサを行いました。司式をしたザッティーニ神父は、感傷的だが上品な言葉で若きミケーレをたたえる説教をしました。その全文をこの小さな冊子に載せることは、紙面の都合上残念ながらできません。しかし、この伝記を締めくくる言葉として、この説教の最後の部分を引用したいと思います。

　彼の心を豊かに高めた主な徳について語ったあと、彼は、悲しみ、また心動かされている聴衆に対し、ミケーレのことを忘れないでほしいと言いました。また、ミケーレのことをしばしば思い出し、祈

オラトリオの少年たち

りによって彼を慰め、そして彼がこの死せるいのちにおいて与えて
くれたすばらしい前例に倣うよう、呼びかけました。最後に、彼は
こう締めくくりました。

「私たちの共通の友人であるカルマニョーラのミケーレ・マゴーネ
は、生きている間にこのような手本を示し、また死に臨んでこのよ
うな言葉を残しました。今日、彼はもうここにはいません。死が彼
を取り去ってしまいました。彼がよく来て祈りをささげていたこの
聖堂の彼の席は、空っぽのまま残されています。彼の祈りは彼に
とってとても甘美なものであり、平和は非常に深いものでした。彼
はもういません。そしていなくなることで、彼は私たちに、この地
上ではどんな星も沈み、どんな宝も消費され、そしてどんな魂も呼
ばれてしまうのだと教えてくれたのです。30日前、私たちは彼の
亡骸を大地にゆだねました。もし私がそこに列席していたなら、神
の人びとのいつもの習慣に従い、お墓のそばに生えている草花を手
にいっぱい摘んで、彼のお棺の上に投げかけ、悲しい調子でユダの
息子のようにささやいたことでしょう。そして彼らはやがて野の草
花のように花を咲かせることでしょう。＊234 つまり、君の骨からは
君を思わせるような新しい若者たちが生まれ出て、君の思い出を私
たちに思い起こさせ、君というお手本を繰り返し、徳を増やしてい
くことでしょう。

　だから、やさしく、親愛なる、忠実な仲間、勇敢で善なるミケー
レ！　最後のお別れをします。さようなら！　すばらしい母上の希
望であった君、母上は君のために自然や血の涙というよりは信心の
涙を流しています……。そして、神のみ名の下に君を受け入れた養

───────────────────────

＊234　旧約聖書 詩編72編16節 参照。

第 2 部　ミケーレ・マゴーネ少年の小伝

父にとって輝かしい希望であった君、彼は君をこの甘美で祝福され
た避難所に招き、そして君はここで、神の愛と美徳への尊重をとて
もよく、そしてとても早く学びました……。一緒にいた仲間たちに
とって、よき友であった君、長上を敬い、教師に対しては素直であ
り、そしてすべての者に対して親切であった君！　君はいつか司祭
になることを夢見ていましたね……。そうなったらきっと君は天国
の知恵の教師でありよきお手本となったことでしょう。君は私たち
の胸にぽっかりと開いた穴……傷を残していってしまった……！
君は消え去ってしまった、いや、というよりも死が、私たちの尊敬
と愛情から君を盗んで行ってしまったのです……。ああ、それでは
私たちは死からの教訓を必要としていたのでしょうか？　そうです、
熱心な者たち、それほど熱心ではない者たち、そして罪人たちはそ
れを必要としていました。怠惰な者、うとうとしている者、怠け
者、弱い者、生ぬるい者、冷酷な者はそれを必要としています。あ
あ！　ミケーレ、どうかお願いです。君は今よろこびの場所、生き
る者たちの祝された地にいるのでしょうか。教えてください。そし
て、どうか聞かせてください、恵みの源、いや恵みの海の中にいて、
天国の聖歌隊と共に混じり合う君の音楽的な声が力強く、神の耳に
よろこばれているということを聞かせてください！　熱意と、愛
と、慈悲の心をどうか私たちに与えてください……。私たちが善良
で、貞潔で、献身的で、徳に満ちた人生を送ることができるように
助けてください……。私たちが、神の憐れみに信頼し、幸福で、平
安に満ちた、穏やかな死を迎えられますように。君と同じように、
私たちに死が苦しみをもたらすことのないようにお祈りください。
"*Non tangat nos tormentum mortis!*"（死が私たちを恐れさせないよ

オラトリオの少年たち

うに！）＊235。カミッロ・ガヴィオ、ガブリエル・ファッシオ、ルイジ・
ルア、ドメニコ・サヴィオ、ジョヴァンニ・マッサーリア、オラトリ
オから君より一足先に神のみもとへと旅立った、天使のような若者
たちとともに、私たちのために祈ってください。また、彼らと共に、
私たちの愛するこのオラトリオの長のためにお祈りください。私た
ちも祈りのうちにいつも君を思い出します。君を忘れることはあり
ません。私たちが天に召されるときが来るまで。おお、君を造られ、
養い、育て、いのちを取られた神に祝福あれ。いのちを取り上げら
れる方に祝福あれ、そしていのちを与えられる方に祝福あれ！」＊236

＊235　旧約聖書 知恵の書3章1節 参照。
＊236　元の文章はサレジオ会アーカイブに保存されている。

第3部

アルプスの小さな羊飼い、
すなわちアルジェンテーラの
フランチェスコ・ベズッコ少年の生涯

ジョヴァンニ・ボスコ著

フランチェスコ・ベズッコ少年の生涯のこの版は、ドン・ボスコによって編集された最後の版である第2版（『アルプスの小さな羊飼い、すなわちアルジェンテーラのフランチェスコ・ベズッコ少年の生涯　司祭ジョヴァンニ・ボスコ監修』第2版　1878年）[237]に基づいている。その際、第1版（『アルプスの小さな羊飼い、すなわちアルジェンテーラのフランチェスコ・ベズッコ少年の生涯　司祭ジョヴァンニ・ボスコ監修』1864年）[238]とアルベルト・カヴィリアによる注釈版（『ドン・ボスコ著作全集』Vol. VI、『フランチェスコ・ベズッコ少年の生涯』1965年）[239]との対照も行っている。また、『祝された十字架についての附録』（1864年版182〜190ページに取り入れられ、同様に1878年第2版154〜161ページにも取り入れられた）も掲載している。

　本文注には、改訂版ごとに加えられた本文の加筆訂正について、より意味深いものを示している。役立つと思われる際には、注に文献的・歴史的性格の情報を載せている。
　本文注への番号が（　）内で示されている場合、それは原文にすでに注としてあったものを示している。

---

* 237　*Il pastorello delle Alpi ovvero Vita del giovane Besucco Francesco d'Argentera pel sacerdote Giovanni Bosco,* edizione seconda, Torino, Tipografia e Libreria Salesiana, 21878, 164 p.

* 238　*Il pastorello delle Alpi ovvero Vita del giovane Besucco Francesco d'Argentera pel sacerdote Bosco Giovanni,* Torino, Tip. dell'Orat. di S. Franc. di Sales, 1864, 192 p.

* 239　*Opere e scritti editi e inediti di Don Bosco,* vol. VI: *La Vita di Besucco Francesco,* Torino, Societa Editrice Internazionale, 1965, pp. 21-101

第 3 部　フランチェスコ・ベズッコ少年の生涯

　親愛なる少年たちへ

　ちょうど君たちの仲間の一人の人生について書こうとしていたと
き、フランチェスコ・ベズッコが急死しました。私はその仕事を中
止し、彼について書くことにしました。それは彼の仲間たちや友達
の強い願いをかなえてあげるためであり、皆さんの要求に応えるた
めでした。私はきっとこれが役に立ち、よろこばれることだと確信
して、この亡くなった皆さんの仲間についての最も興味深い事実を
集め、小さな本に整理して紹介しようと決心したのです。
　君たちの中には、書かれたことが本当に起こったかどうか確かめ
るために、これらの情報の出どころを聞く人もいることでしょう。
　私がどのようにしたかを簡単に言うと、こんな感じです。まず、
フランチェスコがふるさとで過ごしていたときのことは、主任司

207

オラトリオの少年たち

祭*240、学校の先生*241、彼の両親、そして彼の友人たちから提出された報告に頼りました。私はただ、彼らが送ってくれた回想録を整理し、書き写しただけなのだと言ってもいいでしょう。彼が私たちと共に過ごしていた時期については、多くの証人がいる中で起こった出来事を慎重に集めようとしました。これらの証言は、信頼に値する証言者自身によって書き記され、そして署名されたものです。

　ここに記載された事実の中には、読む人に驚きを引き起こすと思えるものも確かにあります。私がなぜこれを書くために特別な配慮

＊240　14章までの伝記的資料として主任司祭の証言記録が用いられている（F・ペピーノの手記『信心深いフランチェスコ・ベズッコ少年の生涯』1864年1月）。主任司祭はその記録を送るとき次のように書いた。「今朝、洗礼の際、私の名前を与えた私の愛する子の生涯について集められたすべてのことを書き終えたばかりです。私はあなたがどのようにこの文章を受け取られるかわかりません。真実を言うなら、この作業は完全に私の力を上回るものであり、もし受けた特別な助けがなければ、この重要な責務を断らなければいけなかったでしょう。私たちのフランチェスコの死の知らせを受け取った日から、ほとんど眠れない状態の中、普通ではない落ち着きとともに、彼がいつもそばにいるように感じていました。そして、真剣な黙想の後に私が思い出した彼に関する事柄について、あれやこれやの情報を書くようにと私の頭に働きかけているフランチェスコを感じるような気がしました。私は、ミサの奉仕、十字架の道行、カテキズム、ロザリオを唱える彼の姿を聖堂の中で見てきたのです。私の人生の改善のために、また私がすべてにおいて神の唯一のみ旨を果たすことができるよう（このことのためには、まだフランチェスコが生きているときに彼の熱心な祈りに自分をゆだねました）、継続することを望むこの明らかな協力をもって、あなたの敬虔な望みに応えることができたことを願っています。あなたを私の第一の恩人のように尊敬しています。なぜならあなたはフランチェスコを世話してくださったからです。彼は永遠にあなたに感謝するでしょう。そうです。フランチェスコの祈りによって、あなたが望まれるすべての霊的恩寵がイエス様、マリア様から受けられるということ、私のために前述の恵みを私のためにとりなしていただけるようあなたにあえて願うことを確信しています」（F・ペピーノからG・ボスコへの手紙、1864年2月1日）。

＊241　A・ヴァロルソの手記『学校の先生による報告』1864年1-2月 参照。

をしたのか、その理由の一つがこれです。もし情報があまり重要ではないなら、それらを書いて出版することの意味もありません。年齢の割に高い知識をもって語ったこの少年を観察するとき、彼が学ぶことにおいて非常に勤勉であり、聞いたこと読んだことに対して抜群の記憶力に恵まれており、そして神が特別にその光によって彼に恵みを与えていたことによって、自分の年齢よりも明らかに高い認識力に富むことになったということに気づくでしょう。

　それから皆さん、もう一つのことに注意してほしいのですが、私自身のことについてです。私と彼との間に起きたことを書くに当たって、おそらくよろこびが感じられすぎてしまうかもしれません。確かにそうですし、そのことについてはやさしく見守ってほしいと思うのです。私のことは、愛してやまない息子のことを語る父親、そして愛する息子たちに語りかけるときに親としての愛情を注ぐ父親というふうに見ていただければと思います。そしてこの父親は、息子たちを満足させ、そしてベズッコを模範とする徳の実践について教えようと、息子たちに対して心をすべて開いているのです。それでは愛する若者たちよ、読んでください。そして読み進むうちに心動かされ、悪しき徳から背を向けようと思い立ち、あるいは何かしらの徳を実践しようと心に決めたのであれば、どうか本物の善の唯一の与え主である神に栄光をささげてください。

　いつの日か天国で彼を永遠に祝福することができるよう、主が私たちを祝福し、この地上にあっては聖なる恵みのうちに私たちを保ってくださいますように。

オラトリオの少年たち

第1章
ふるさと ― 両親 ― 若きベズッコの最初の教育

　クーネオからアルプスの高い山並みへと向かって歩いてみれば、それがなんと長く、急で、疲れる道のりであるかがわかるでしょう。やがて頂上の高原のようなところに出ると、最も心地よく風光明媚な眺めを見ることができます。夜になれば、地元でマッダレーナ（マグダラ）の丘 *242 と呼ばれているアルプス山脈の最高峰を見ることができるでしょう。地元の人びとは、この聖女がマルセイユからやってきて、人の住めないこうした山々の頂上に住み、暮らしたと伝統的に信じているのです *243。丘のてっぺんには、ストゥーラ川 *244 の源となる大きな湖を擁した大きな台地があります。そこからは夕方になると、フランス領に属するバッセ・アルピ渓谷 *245 と呼ばれる長

＊242　マッダレーナの丘：　フランス語で*Col de Larche*。海面から1,996mに位置し、マリティーメ・アルプス山脈とコッツィエ・アルプス山脈とを分けており、イタリア（ヴァッレ・ストゥーラ）とフランス（ヴァル・ドゥバーヴェ）の国境線である。古代から通行の要所であった。紀元前80年、エミリア街道が通っており、いくつかの跡が残されている。この丘は「アルプス山脈の最高峰」ではないが、山の側面はイタリアに向かって、エンカストゥラヴェ山（2,955m）を最頂点とする連峰が右側に連なり、左側にはシニョーラ山（2,776m）とヴァンクラーヴァ山（2,874m）がそびえている。

＊243　ヨーロッパでは、聖マグダラのマリアがほかの弟子たちと共に船に乗ってパレスチナからフランスに来たという説が普及している。

＊244　ストゥーラ川：　マッダレーナの丘のイタリアの斜面から生じている川で、そこを通る深い谷に名前を与えている（ストゥーラ谷）。111km後、タナロ川に合流している。谷でいちばん重要な集落の中心の名前からストゥーラ・ディ・デモンテと呼ばれている。

＊245　バッセ・アルピ渓谷：　ヴァロン・ドゥ・ラルシュのこと。フランス側の斜面上にあり、アルプ＝ド＝オート＝プロヴァンス県（1970年までバッセス・アルペス県と呼ばれていた）にあるウバイユ谷の分脈である。

210

第 3 部　フランチェスコ・ベズッコ少年の生涯

大で広大な深い谷間を、見渡すかぎり眺めることができます。そして朝になれば、クーネオやサルッツォ[246]の方角に向かって半円形を描きながら下降していく、らせん階段を思わせるような大小の丘の連なりに目を奪われることでしょう。今、私がその伝記を書こうとしている若き羊飼い、フランチェスコ・ベズッコの生まれ故郷であるアルプス山脈のアルジェンテーラの山村[247]は、この台地の上、フランスとの国境からわずか80メートル[248]のところにあります。

---

[246]　クーネオ：　司教のいる市であり、州や県の行政庁がある。海面から544mに位置し、ストゥーラ川とジェッソ渓流の合流上にある。国勢調査によると、1862年には23,012人の住民がおり、トリノからの距離は92kmであった。
サルッツォ：　司教のいる市であり、同名の侯爵領の首都である。海抜287m、1862年には16,208人の住民がおり、クーネオから33km離れている。

[247]　アルジェンテーラとフランス国境（マッダレーナ山）との距離は約6kmである。ドン・ボスコは主任司祭から提供された次の要約を間違って解釈した。「アルジェンテーラはアルプスの頂点に位置します。村からイタリアの国境に向かって高度差80m、5kmの距離です。その国境の終点からフランスからイタリアを分けるマッダレーナ山を横切りながらフランスのバッセ・アルピの谷に向けて降りていきます。そこの最初の村はメロンヌと呼ばれます。湖の近くにあるマッダレーナと呼ばれる丘の上に、1850年に私が建てさせた小さな教会があります。この下に水が絶え間なく流れる泉が出ており、そのためマッダレーナの涙と呼ばれています。ここの人びとの間の不変の言い伝えとして、痛悔する聖マリア・マッダレーナ（マグダラ）はマルセイユからしばらくの間この丘に隠遁していた、と信じられており、そのため彼女の名前をもつ丘となったのです」（F・ペピーノからG・ボスコへの手紙、1864年6月6日）。

[248]　アルジェンテーラ（1,684m）：　クーネオ県の同名の自治体の一つの集落の名前。クーネオから62kmに位置する。古代から発見されていた銀の鉱山から由来する名前である。自治体の領域は76km²でアルジェンテーラ、グランジエ、ベルセジオそしてフェッリエーレに分割されている。家々の近くには野菜、牧草が栽培されており、谷をなす斜面に沿って牧草から岩石のふもとへ、そして高い頂上、オセロート（2,860m）、エンクストウラーピ（2,995m）そしてロッカ・デイ・トゥレ・ヴェスコビ（2,876m）へと針葉樹の森林が覆っている。アルジェンテーラの集落の小教区の教会は1580年に建てられ、聖ペト

オラトリオの少年たち

　1850年3月1日、フランチェスコはこの村のつつましい家で、貧しいけれど正直で信仰心の厚い両親のもとに生まれました。父親はマテオ、母親はローザと言いました[249]。とても貧しかったので、両親は司祭長[250]の肩書きをもつこの村の主任司祭に、わが子に洗礼を授け、代子[251]として息子の面倒を見てくれるよう頼んだのでした。現在司祭長であるフランチェスコ・ペピーノ神父[252]は当時からアルジェンテーラの小教区を熱心に司牧していましたが、よろこんでこの慈善のわざを担ってくれました。代母となったのは主任司祭の母親のアンナ[253]で、模範的人物であり、慈善行為を決して断らない人でした。両親は、この代父にちなんで息子をフランチェスコ

ロとパウロにささげられている。主任司祭の手紙から、1860年に299人の信徒がいたことがわかる。彼らは「財産がとても不足している。〔中略〕冬の間、村ではいわゆる仕事が不足のときであり、男性たち、若者たちはほかの仕事を求めて移住し、彼らの仕事への配慮により物乞いはいなかった」（F・ペピーノから司法大臣への手紙、1860年8月14日）。

[249] 母であるローザ・ロベルトはアルジェンテーラから12.5km離れた、フランス側にあるラルシュのマルボワネット村の出身である。フランチェスコは7人の子どもの中で最後の息子である。3人が男子（ジョヴァンニ・ジュゼッペ、マテオとフランチェスコ）と4人が女の子（アンナ、ヴァレンティーナ、マリアとフィロメナ）。フィロメナは「8歳でこの家族に大きな悲しみを残しながら」1849年に亡くなっている（F・ペピーノの手記『信心深いフランチェスコ・ベズッコ少年の生涯』1864年1月 参照）。

[250] 司祭長：　その地域の最も重要な小教区の主任司祭。近辺の司祭をまとめる役割をもつ。

[251] 代子：　洗礼を受ける際、受洗者が神のみ前でする約束の保証人になり、受洗後もその約束を守らせる務めをもち、信仰生活を導く人を代父（女性の場合は代母）と呼ぶ。代父・代母からみて受洗者を代子と呼ぶ。

[252] フランチェスコ・ペピーノ（Francesco Pepino 1817-1899）：　1848-76年にかけてアルジェンテーラの主任司祭であった。1876年にリモーネ・ピエモンテ（クーネオ）に引退し、元カプチン会に隣接した教会の聖堂付司祭となる。

[253] アンナ・ビアジア・グロッソ（Anna Biagia Grosso 1853年死去）：　エントラクエ（クーネオ）の出身でジョヴァンニ・ペピーノの未亡人。

と名付けることを強く望み、司祭長は誕生日にちなんだ聖人、聖ア
ルビノの名前を付け加えることを望みました。フランチェスコは初
聖体が許される年齢になってからは、毎年この3月1日には聖体拝
領を欠かしませんでした。そしてその日は一日中、できるかぎりキ
リスト教的な信心のわざを行うようにしていました。

　彼の母親は、子どもたちに早いうちからよい教育を授けることの
必要性をよく理解しており、息子の幼い心にしっかりとした信心の
基本を教えることに細かく気を配っていました。彼女が息子に最
初に教えようとした言葉は、イエスとマリアの名前でした。母親は、
若者がしばしばさらされるようなさまざまな危険におびやかされる
フランチェスコのこれからの人生について思いをはせながら、彼の
顔を覗き込んでよく言ったものでした。「私のかわいい小さなフラ
ンチェスコ、お前をとても愛しているわ。でも母さんはお前の体よ
りもお前の魂のほうをもっともっと愛しているの。お前が神様を傷
つけるような真似をするのをこの目で見るくらいなら、いっそおま
えが死ぬのを見るほうがよいとさえ思えるわ。ああ、お前がいつも
神様のお恵みのうちにいるという慰めだけが与えられればいいのに
ねぇ！」　こうした言葉が毎日のように語りかけられ、この子の精
神が育てられていきました。そしてあらゆる予想に反して彼は年齢
的にも、また同時に恵みにおいてもたくましく育っていったのです。
このような生い立ちを見れば、フランチェスコが彼の家族全員にとっ
て大きな慰めであったことに疑問の余地はないでしょう。フラン
チェスコは言葉が話せるようになると、イエスとマリアの聖なるみ
名を言うのをとてもよろこんでいたと彼の父親も母親も、そして彼
の兄弟たちもうれしそうに言っていました。この二つの名前は彼の
無垢な舌によって発音された最初の名前でした。幼いころから、彼

はよろこんでお祈りや聖歌を習い覚え、それらを家族の前で歌うのが大好きでした。また祝祭日の夕べの祈りの前に、ほかの信徒に混じってイエスとマリアへの賛美を彼が歌うのを見るよろこびもありました。そのとき彼は最高の慰めを受けているかのようでした。祈りへの愛は生まれつきのようでした。彼の両親と兄弟姉妹が言うには、彼は3歳のころから言われるまでもなく祈りを唱え、むしろお祈りを教えてちょうだいとせがんでいたそうです。毎朝、そして毎夕、決まった時間に、彼はひざまずいてすでに習った祈りを唱え、そして新しい祈りを習うまでは立ち上がろうとはしませんでした。

第2章
代母の死 ─ 教会ですべきことへのよろこび
─ 祈りへの愛

　ベズッコ少年は、自分の代母を深く愛していました。彼女は彼にちょっとしたプレゼントを贈ったり、特別な愛情のしるしを示したりしていたので、彼は彼女を第2の母と思っていました。その代母であるアンナ・ペピーノが重い病に倒れたのは、彼がわずか4歳のときでした。愛する代子はできるかぎり彼女をお見舞いしたいと願い、彼女のために祈り、彼女にやさしくしていました。彼女が亡くなったのは1853年5月9日でした。そのとき、彼はその場にいませんでしたが、彼女の死について何か特別なしるしをいただいたようでした。

　まだ幼いにもかかわらず、彼は亡くなった代母のために朝な夕なに「主の祈り」を唱えるようになりました。そしてこの習慣は、彼の一生を通じて続けられたのです。彼はよく、こう言っていました。「ぼくは毎日代母のことを思い出しますし、彼女のために毎日お祈

りをするんです。彼女がすでに天の栄光を享受していることを強く
希望していますが」。主任司祭がフランチェスコを特別に大切にし、
できるかぎり目をかけたのは、彼が自分の母親に示してくれた深い
愛情への感謝があったのでしょう。

　フランチェスコは家族のだれかが祈っているのを見ると、すぐに祈
りの姿勢を取り、憐れみ深い神が心に注いでくれる大きな恵みを予感
するかのように目を上げ、かわいらしい腕を天に差し伸べるのでした。

　朝は祈りを済ませるまでは何も口にしようとはしませんでした。
これは、彼のような年齢の男の子には珍しいことでした。3歳のと
きから教会に連れていってもらっていましたが、決して周りの人の
邪魔になることはしませんでしたし、信心業の動きを見てそれを真
似しようとさえしていました。彼の驚くべきやる気を目の当たりに
した人びとは、しばしばこう言いました。「この年頃の男の子がこ
んなにお行儀がいいなんて、信じられないねぇ」。

　彼は教会での務めを、それがどんなものであろうと進んで引き受
けました。たとえ自分にとってどんなに不都合なことであっても、
みんなをよろこばせることならするというふうに生まれついたよう
でした。冬になるとよく大雪が降り、人びとは難渋して主任司祭が
ささげる唯一のミサへの奉仕にもなかなか行くことができませんで
したが、そんなときでも唯一、勇敢なフランチェスコだけは苦難に
立ち向かい、自分の足と手だけで雪の中に道を切り開いて、たった
一人で教会にたどりつくのでした。そんなときのフランチェスコは、
歩いてくる、というよりは雪の中を転げまわる動物のように見えま
した。雪はフランチェスコの背丈よりもずっと高く積もっていたの
です。マテオ・ヴァロルソは、そんな彼を見た生き証人です。1863
年1月半ばのある日、ミサでの奉仕を頼まれていた彼はろうそくに

火をつけていましたが、そのとき、かろうじて人間だと思える格好をした者が教会に入ってくるのを見ました。それが勇敢な小さな男の子であるとわかったとき、彼は大変驚きました。「とうとう着いたぞ！」 ようやく教会に到着したよろこびでいっぱいの男の子は、そう叫びました。そして自らもミサでの奉仕を務め、そのあと、満面の笑みを浮かべて主任司祭に言いました。「今日はいつもの倍も注意して聞いていましたから、ミサに2回あずかったくらいの価値がありました。おかげでとっても幸せな気分です。これからも何があっても来ようと思います」。こんなに気持ちのよい少年を、どうして好きにならずにいられるでしょうか。

彼は、神と人の前にたくましく、恵みに満ちて育ちました＊254。5歳になるまでに朝の祈りと夕べの祈りを完璧にそらんじていました。彼は家族とととともに、毎日これらの祈りを唱えたものでした。そして、彼が家で暮らしていた間はこれが習慣となっていました＊255。祈ることに熱心である一方、彼は祈りや射祷を習うことにも熱心でした。フランチェスコにとっては、自分の知らない祈りをだれかが唱えているのを聞くだけで十分でした。彼はその祈りを覚えてしまうまで休もうとはしませんでした。そして覚えてしまうと、まるで宝物を見つけたかのようによろこび、その祈りを家族みんなに教えるのでした。彼は、新しい祈りが家族の祈りの習慣の一部になったり、友達が唱えたりするのを見てよろこんでいました。次の二つが彼の朝の祈りと寝る前の祈りでした。

彼は朝起きるとすぐに聖なる十字架のしるしをし、こんなふうに

＊254　新約聖書 ルカによる福音書2章52節 参照。
＊255　「ベズッコの家は小教区の教会から西方へ30km範囲内の村の中心部に位置していた」（F・ペピーノからG・ボスコへの手紙、1864年6月6日）。

大きな声で唱えながら、あるいは歌いながらベッドから飛び出すので
した。「わが魂よ、起きよ、天国を見上げ、イエスを愛せよ。汝
を愛する者を愛せよ。汝を惑わす世に背を向けよ。汝死すべき身に
てその肉体は朽ち果てることを忘るるなかれ。マリアに向かいてア
ヴェ・マリアを3度唱えよ、汝が声は聞き届けられん」[256]。

　幼いころ、この祈りの意味が理解できなかったフランチェスコは、
説明を求めて父親や母親、あるいはほかの大人たちを大層困らせま
した。やっとその意味がわかったとき、彼はこう言いました。「こ
れでよりいっそう心を込めてお祈りができるよ」。やがて、この祈
りは彼の行動の規範となりました。

　夕方、ベッドに入る時間になると、彼は朝のようにはきはきした
声で次のような祈りを唱えました。「私は横になりますが、明日の
朝再び目覚めるかどうかわかりません。私は4つのことを願ってい
ます。ゆるしの秘跡、聖体拝領、聖香油、教皇様の祝福。父と子と
聖霊のみ名において」。

　宗教に関することを考えること、そしてほかの人の徳の高い行い
について考えることを彼はとりわけよろこび、そして自分もそれら
を真似しようと試みていました。彼が悲しそうに見えるとき、そし
て何か元気づけてやる必要があるときには、霊的な話をしてあげた
り、あるいは学校へ行くことのすばらしさについて話してあげたり
すれば十分でした。

＊256　古プロヴァンス語方言の、リズムに乗って韻が踏まれた祈り。アルジェンテー
　　　ラは古プロヴァンス語方言の地域の一部だった。

第3章
従順 — よきアドバイス — 畑仕事

　彼が両親に対してとても従順であり、常に彼らの望みを先回りして行い、どんなことでも断らず、そして彼らが望むことをするときには決して、いやいやながらといったそぶりは見せなかったと主任司祭は語ります。彼の姉妹たちは、「自分たちがうっかりしていて、あるいはほかのことをしていて、親の言いつけに従わなかったこともよくありましたが、そんなときには弟から戒められていたものです」と話してくれました。彼は姉妹たちに懇願するような形でこう言ったそうです。

　「いったいどういうこと？　母さんはこれをやっておくようにって30分も前に言ったのに、まだやってないじゃない。ぼくたちをこんなに愛してくれる人の機嫌を損ねるなんて、よくないよ」

　彼は兄弟姉妹にも常にやさしく、親切で、たとえ文句を言われようとも決して腹を立てたりしませんでした。彼は兄弟姉妹たちと一緒に遊ぶのが大好きでしたが、それは彼らからよいことだけを学べると信じていたからです。フランチェスコは彼らを信じ、自分の欠点について常に目を光らせていてくれるよう頼んでいました。「残念ながら……」と主任司祭は言います。「私には、この一家に存在したすばらしいハーモニーを表現するだけの能力がないのです。8人家族でしたが、すべてにおいて模範的な一家でした。家庭での静かな生活においても、聖なる儀式への出席と忠実においても」。

　一番上の兄、ジョヴァンニは5年前に軍隊に入りましたが、フランチェスコは兄が家にいたときと同じようによき人であるよう、どのように振る舞えばよいかについて、何かにつけてアドバイスをし、

こう結論づけていました。「聖母マリアに対して献身的であるよう努めてください。マリア様は必ず助けてくださいます。ぼくも兄さんのために祈ります。近いうちに手紙も書きます」。これは彼が9歳のころのことでした。次は、畑仕事でいちばん頼りにしていた長男を失った両親に向かって彼はこう言いました。「とても悲しんでいるのでしょうね。でも、神様はまた別のやり方でぼくたちを慰めてくださいます。健康でいられるようにしてくださったり、仕事を助けてくださったり。そしてぼくも、助けになることは何でもします」。なんと立派な働き手でしょうか！　みんなが驚いたことに、彼は自分に割り当てられた仕事をすばらしくやり遂げ、両親が彼の体力には合っていないと思えたほかの多くの仕事もやろうとしました。野良仕事の最中、どんなに疲れていても、彼は持ち前の明るさを失いませんでした。父親が冗談めかして、「フランチェスコ、もう仕事にはうんざりしているんじゃないのかい」とからかうと、彼は笑いながらこう答えました。「ああ！　この手の仕事はぼくに向いていないみたいですね。代父の神父様はいつもぼくに勉強しなさいと言っています。たぶん彼が助けてくれるんじゃないですかね」。彼は、学校に行きたいと毎日のように家族に言っていました。冬の間は彼も学校に通っていましたが、ほかの男の子たちのように自由時間に遊べるよう、家での仕事を怠けたりすることは決してしませんでした。アルジェンテーラの学校に通っている間の彼の生活については、次の章で書くことにします。

オラトリオの少年たち

第4章
学校での振る舞いと出来事

　両親にとって、フランチェスコは家での働き手として必要でしたが、規則正しい指導が宗教を学ぶ手段としてとても重要であるということもわかっていましたので、彼を早く学校へやることにしました*257。さて、彼の学校での振る舞いはどのようなものだったでしょうか。フランチェスコは朝早く目覚めると、勧められた祈りである「私の魂よ、目覚めよ」などを唱えるのですが、その意味を黙想するためによく途中で止まっていました。起きるとすぐに一人でもしくは家族と一緒に長い祈りを唱えていました。学校に行く時間になるまで勉強し、学校が終わるとまっすぐ家に帰ってきて、家での仕事をしました。教室での彼の進歩は、彼の勤勉さを映し出すものでした。決して飛び抜けて頭のよい生徒ではありませんでしたが、一生懸命であり、課題をしたり授業の勉強をしたりするのに時間を有効に使いましたので、大きな進歩を遂げました。

　教師は、冬の間生徒たちが家畜小屋から家畜小屋へうろうろしないように一般的な指導を与えていました*258が、ベズッコはそのす

＊257　一人の教師が2-3クラスの生徒を同じ教室に集め、同時に教えていた田舎の唯一の学校であった。より貧しく遠いところにある村の小学校教育を支援するため法律によって備えられていた。公立学校の再編成についてのカザーティ法（1859年11月13日）は、地方自治体に小学校教育をゆだねており、二つのレベルに分けていた。「下級、上級の課程は、それぞれ2年間で修了し、それぞれ二つのクラスに分けられている」（同法316条）。小学校上級課程は次の地方自治体のみで義務とされていた。「集落や村落を含まない、集積住民4,000人以上」（同法321条）。アルジェンテーラの自治体では小学校下級課程の生徒たちと何人かの小学校上級課程生を一つのクラスに集めていた。

＊258　冬の期間中農民たちは家畜部屋に集まる習慣があった。そこは家の中でいち

第3部　フランチェスコ・ベズッコ少年の生涯

ばらしいお手本でした。彼自身がきちんと従ったばかりでなく、多くの仲間たちが彼に引き付けられて彼の真似をしようとしたので、みんなの学習や徳を高めるのにとても役に立ちました。このことは、教師であったアントニオ・ヴァロルソや彼の両親、そして少年たちをもよろこばせるものでした[259]。

　昼食のあと、外に遊びに出ることはめったにありませんでしたし、オラトリオに来る前の数か月間はまったく止めていました。

　短い間子どもらしく楽しむと、学校に行く合図の鐘が鳴るまで真剣に勉強に取り組みました。上記の彼の教師によれば、彼は教えられたこと[260]には何でも最大の注意を払い、そして常に敬意を払っていました。彼は教師が小さい生徒たちに読み方を教えるのを手伝いましたが、とても自然に、そして模範的にこなしていました[261]。彼が村の学校に出席している間、仲間たちは彼を品行方正と勤勉の鏡として見ていました。彼らはフランチェスコをとても尊敬していたので、彼がいるときは下品な言葉がうっかり口をついて出ないよう気をつけていました。彼がそれを受け入れないだろうということ

ばん暖かい場所だった。

[259]　「小学校教師アントニオ・ヴァロルソは一般市民で既婚男性であった」（F・ペピーノからG・ボスコへの手紙、1864年6月6日）。

[260]　下級課程の教育は法律で定められており、次のような内容であった。「宗教学、読み方、書き方、基本算数、イタリア語、基本メートル法」、上級課程に関しては「下級クラスの内容の進展に加え、作文法、書法、記帳法、基本的地理、国の歴史のより顕著な出来事の解説、人生の基本的用途に応用可能な物理・自然科学。上記の科目に加え、上級課程の男子には、幾何学の初歩と線画が加えられ、女子には女性らしい仕事が加えられた」（政府議事録、1859年）。

[261]　ほかの生徒の指導を実践している生徒を評価することは、ピエモンテの複式学級では一般的なことだった。それはランカスター教育法の相互教育というやり方に近づいたものだった。

オラトリオの少年たち

も、そしてそのことをわからせるようにするだろうということも、みんな承知していたからです。実際、そうしたことは何度かありました。学校の外でも、自分より小さい子たちが助けを必要としているとき、彼はこの上なくよろこんで助けてやりましたし、またそうしてほしいと強く言っていました。と同時に、彼は何らかの有益なアドバイスを与えたり、信心業を勧める機会を見逃したりすることは決してありませんでした。

　彼の熱心な教師が、学校でのフランチェスコについて、いくつかの事柄を報告してくれましたので、そのままお伝えしましょう[262]。

　学友の間で時々争いが起こりましたが、そうしたときは彼がすぐ間に入ってその場を落ち着かせました。「ぼくたちは友達じゃないか。だからお互いにけんかしてはいけないんだ。とりわけ、こんな他愛もないことでね。神様が命じられているとおり、互いを大切にし、互いを赦し合うようにしよう」。彼はいつもこうした言葉でけんかしている仲間たちの間に平和を取り戻しました。自分の言葉が聞き入れられず、なだめられなかったときは、すぐにその場を立ち去るのでした。

　学校や教会の合図の鐘が鳴るやいなや、彼は遊びをやめるよう仲間たちに呼びかけました。ある日ボッチャをしているときに、彼はカテキズムのクラスを知らせる合図の鐘を聞きました。フランチェスコはすぐに言いました。「みんな、カテキズムのクラスに行こう。遊びは教会の儀式のあとでも終わらせることができるよ」。そう言い残して、彼はその場をあとにしました。儀式が終わって仲間たちのところに戻ってくると、カテキズムの勉強と信心業をさぼったこ

---

[262] 『学校の教師アントニオ・ヴァロルソの報告』（1864年2月）参照。

第3部　フランチェスコ・ベズッコ少年の生涯

とをやんわりとたしなめました。そのうえで、まだ友達だよ、ということを示すために、彼らにサクランボをごちそうしてやったのでした。このような寛大さと礼儀正しさの表れを目にした仲間たちは、これからは遊びにかまけて宗教上の務めをさぼったりしないと約束したのです。

　だれかが下品な言葉を言うのを聞くとすぐに残念な表情をしました。そんなときはその場を離れるか、あるいは厳しく叱責したものでした。彼がこう言っているのをよく耳にしました。「ねえ、君たち。どうかそんな言葉を口にしないでくれ！　それは神様を傷つけるものだし、ほかの人たちのつまずきになるんだよ」。そして、そう言われた仲間たちが言うには、フランチェスコはしょっちゅう彼らを聖体や聖母マリアのところへと誘い、学校の課題などもいつも手伝ってくれたということでした。

　またあるとき、お告げの鐘が鳴るのを聞いた彼はこう言いました。「みんな、おいでよ。お告げの祈りを唱えよう。それから遊びの続きをやろう」。そして休日には、ミサの手伝いにその同じ仲間を誘うのでした。

　村の学校の教師として、主のより大いなる栄光のために、私はこの敬虔なベズッコ少年がこの学校で過ごした5年間で[263]、通学における勤勉さでは一番であったと言わなければなりません。彼は怠惰な生徒を見ると、相手が望もうが望むまいが、もっと勤勉になるようにとうまく忠告していました。学校での彼の行動は、静かにしているにしろ、授業に集中しているにしろ、申し分のないものでした。そのうえ、彼は小さい子たちに読み方を教える手伝いをすることに

＊263　アルプスの村々に住む多くの子どもたちは、冬の間だけ学校へ通っていた。そのため、学校のプログラムを完了するために数年を要した。

よろこびを感じていました。彼はとてもていねいに、しかも親切にやったので、小さい子たちはみんな彼をとても愛していました（以上、先生の報告）。

第5章
家族との生活 — 夕べの省察

　学校から帰るや否や、彼は両親のもとへと飛んでいき、両親を抱きしめました。そして食事の時間になる前に何かやることはないかと待ち構えているのでした。食事は質素なものでしたが、その量についても質についても、彼は一切不平を言ったことはありませんでした。彼は決して自分の思い通りにしたいとは思いませんでしたし、もし家族のだれかが不満をもっているようなときは、こう言いました。「自分が一家の主人になるなら自分の思い通りにすることもできるけど、今は父さんや母さんが望むことをするべきだよ。ぼくたちは貧しい、だからお金持ちのように暮らすことはできない。でも、友達が着飾っているのに自分の身なりは貧しいなんて、そんなのはぼくにはたいしたことじゃない。だって、ぼくたちが身につけられるいちばんのものは、神様のお恵みだからね」。彼は自分の両親をとても尊敬していました。彼は両親をこよなく愛し、親孝行で盲目的に従い、そして両親が自分にしてくれたことへの称賛を止めることはありませんでした。そしてそれゆえに、両親も彼を愛し、彼が一緒にいないときは、それだけで重苦しいような気分を味わうのでした。時に兄弟姉妹が、からかって、もしくはほかの理由で彼にこう言っていました。「フランチェスコ、お前はみんなから愛されているから、当然幸せだよね」。彼はこう答えていました。「うん、そ

うだね。でも、ぼくはみんなの愛を得られるように、いつもいい子でいられるよう努力しているんだよ」。まったくそのとおりでした。例えば何かプレゼントをもらったり、何かしてあげたお礼にお小遣いをもらったりしたときは、必ず家に持って帰って両親に渡したり、また兄弟姉妹と分け合ったりしていました。そしてこう言うのです。「ねえ、ぼくがどんなにみんなを愛しているかわかるでしょう？」

夕方には友達と遊びまわったりすることはほとんどせず、家にいました。そしてその時間を家族と一緒に過ごしたり、復習をしたり、何かほかの学校のやるべきことを片付けたりしていました。そしてある時間になると、彼は家族全員を誘っていつもの祈りとロザリオ一環を唱えました。でも、主の祈りをたくさん唱えて神様と共に過ごしたいという強い願いがあったため、長くなるのが常でした。フランチェスコは、冬の間、家族を支えるための仕事を求めて家から離れたところに暮らす父親と兄弟の健康を神様に願って、特別な祈りをささげるのを忘れませんでした。彼は目に涙をいっぱいためてよくこう言っていました。「私たち家族のために、父さんがいったいどれほど寒い思いをしていることだろう。ぼくたちがこうしてぬくぬくしながら父さんの労働の実りをごちそうになっている一方で、父さんはいつも疲れています。ああ！　せめて父さんのために祈りましょう」。

　彼は不在にしている父親のことを毎日口にしていました。そして、心の中ではいつでもどこでも父親と一緒にいたのでした。

　夕べには、代父や教師からもらった、信心に関する本を進んで読みました。代父も教師も、彼のためにはよろこんで次々と本を手に入れてくるのでした。日中、または夜に、家畜小屋に人がいっぱいいるときには、彼はよくこう言いました。「この本に、こんなすば

らしいお話があったので聞いてください」。そして大きな声で本を
読むのでした。よく響く声で朗読をする様子は、まるで説教をして
いるかのようでした。敬虔な若者の伝記に出会うと、おお！　それ
は彼にとっての愛読書になり、彼のお手本となり、また対話の対象
ともなりました。「ねえ、母さん。彼みたいによい人になれたらす
ごく幸運じゃない？」　主任司祭はこう語ります。「2年前のことで
す。彼は聖アロイジオ・ゴンザガの伝記を読み、すぐに彼に倣おう
と決めました。とりわけ、よいことをしてもそれを秘密にする、と
いう点をお手本にしました。その数か月後、ドメニコ・サヴィオと
ミケーレ・マゴーネの伝記[264]が彼に贈られました。特にミケーレ・
マゴーネの伝記を読んだあと、うれしそうにこう言いました。『ぼ
くは自分の不注意な姿を映し出してくれているものを見つけた。で
も、神様は少なくともぼくに自分の欠点を直し、ぼくの大好きなマ
ゴーネのよい振る舞いと聖なる目的を模倣することを許してくれ
た』。彼はマゴーネのことをこう呼んでいたのです。そしてこのと
きに」と主任司祭は続けます。「あの若者を模倣するための方法を
説明してもらいたいという特別な興味がわいたのです。そして自分
が彼と同じ施設に入ることは可能だろうかと私に聞いてきたのです。
そこでなら徳において大きな進歩を遂げることができるだろうと
思ったのです。これこそが、フランチェスコがよい読書から得た最
大の恩恵であっただろうと私は思います。どうか神がこの教区の若
者たちに良書を読むお恵みをお与えくださいますように。両親たち
にとっても、それは大きな慰めとなることでしょう」。
　フランチェスコは、朝にはその無垢な魂を天国に向けて上げ、そ

---

[264]　アルジェンテーラの主任司祭は『カトリック講話集』を購読していた。

して夕べには「墓の闇」の中で信仰にまつわる何かしらを考えて過ごしていました。ベッドの上で何をするのか、と何回か聞かれて、彼はこう答えました。「ぼくはお墓に入っていくことを想像します。すると、まずこんな考えが浮かんできます。地獄行きの墓穴に真っ逆さまに落ちるとしたら、どうなるんだろうかって。そんなふうに考えると、ぼくはとても怖くなります。だからできるかぎり祈るのです。イエス様に、マリア様に、ヨセフ様に、そして守護の天使に、祈って、寝てしまうまで祈ります。ああ！　地獄に行くことを恐れるあまり、寝床の中ではどんなにたくさんのすばらしい決心をすることでしょう！　夜中に目が覚めると、ぼくはまたお祈りを始めます。そして眠気が再び襲ってくるのをとても残念に思うのです」。

第6章
ベズッコと主任司祭 ― 彼の発言
― ゆるしの秘跡の実践

　ベズッコは幼いときから主に特別に愛された少年でしたが、ここで忘れてはならないのが、道徳教育の大きな助けとなった両親の監督と彼自身の気立てのよさ、そして主任司祭の愛に満ちた心配りです。彼がまだ小さかったころ、両親は彼を教会に連れていきました。彼の手を取り、彼が上手に十字を切れるように手を貸し、そしてどこでどのようにひざまずかねばならないかを事細かく教え、最大限の愛情をもって彼のそばにいました。彼の準備が整うとすぐに、両親は彼をゆるしの秘跡へと連れていきました。両親が模範を示し、助言を与え、そして励ましてくれたおかげで、彼はこの秘跡が好きになりました。そして、権威ある人の前に出なければならなく

なったときに、通常少年たちが示す不安や嫌悪の代わりに、彼はよろこびを覚えたのでした。この少年の成長の大部分は、主任司祭であったフランチェスコ・ペピーノ神父のおかげでした。この立派な司祭は、教区の人びとのために熱心に働きました。そして、若者たちをよく教育しなければよい小教区の信徒は得られないという確信を抱いていました。そのため、若い人びとを助けるためならば、彼は何事をも惜しみませんでした。彼は少年たちに、一年のどんな季節、どんなときでも彼らにカテキズムを教えていました。ミサでどのように奉仕するかを教え、学校でも教え、そして家庭や畑、牧場にまでも彼らを訪ねて回りました。勉強への適性を示す少年や、信仰の道に向いた少年には特別に目をかけ、世話をしました。そんなわけで、われらがベズッコ少年の上に主が豊かに注がれた祝福に気づいたとき、司祭は特別に彼の面倒を見、カテキズムの手ほどきをし、初めてのゆるしの秘跡の準備もしたのでした。彼の親切なやり方と父性的な配慮はフランチェスコの心をしっかりと捕らえました。そして、主任司祭と話をしたり、あるいは彼から慰めの言葉や敬虔な言葉を聞いたりするたびに、とても幸せな気持ちになったのです。

　彼は主任司祭を自分の聴罪司祭に選び、アルジェンテーラにいる間は欠かさず彼のもとにゆるしの秘跡に通っていました。主任司祭は、時々は聴罪司祭を替えてみてはどうかと言い、実際にそうした機会も与えてくれようとしましたが、フランチェスコは彼に、ずっと自分の聴罪司祭でいてほしいと頼みました。「神父様、ぼくはあなたに全幅の信頼を置いています」と彼は言ったものです。「神父様はぼくの心をご存じです。ぼくの秘密は全部神父様に打ち明けています。神父様はぼくの魂を愛してくださいます。だからぼくも神

父様を愛しているのです」[265]。

若者のために最も大きな幸運とは、真に心を開くことができ、魂の
ケアをしてくれ、そして愛情と愛徳をもってゆるしの秘跡に頻繁に
あずかるように常に励ましてくれる聴罪司祭を選ぶことができるこ
とだと思います。

　フランチェスコが主任司祭を頼りにしたのは、何もゆるしの秘跡
のためばかりではありませんでした。精神的・物質的な善行に寄与
しうるすべてのことにおいて、彼は主任司祭を頼りにしました。主
任司祭から与えられたアドバイスはもちろんのこと、単純な願いで
さえも、彼にとっては命令も同じであり、よろこんで、そして注意
深くそれに従うのでした。彼がこの秘跡に通うときのやり方もすば
らしく愛らしく、模範的でした。数日前になると、彼は次のゆるし
の秘跡について話し、自分の兄弟姉妹に、今度のゆるしの秘跡から
何かよいものを得たいと思っていると言います。とりわけ幼いころ
は、兄弟姉妹のところに行っては、よいゆるしの秘跡の仕方を教え
てくれとせがみ、また、どうすれば犯した罪がわかるのかとか、1
か月もの長い間、どうやって罪を覚えていられるのかなどと質問し
たりしました。神に対して誠実になりますとゆるしの秘跡のあとで
約束したはずの人が再び神に背くこともあるということにも、大き

---

[265]　主任司祭は次のように証言している。「もし私がフランチェスコのゆるしの
　　　秘跡について内的な判断を下すことができるならば、彼はアルジェンテーラ
　　　で最初から最後まで私からゆるしの秘跡を受けており、ほかの人のところに
　　　秘跡を受けに行くように誘われたときも、『彼らは私の欠点を知りませんか
　　　ら』と言って決して行こうとしなかったのです。それで言いますが、彼のゆ
　　　るしの秘跡から、また、私が彼の全行動をよく知っていることから、彼に
　　　は死に値する不正を見つけることができなかったと認めることができますし、
　　　そして意図的な小罪を犯したことすらないということも認めることができま
　　　す」（F・ペピーノからG・ボスコへの手紙、1864年2月1日）。

な驚きを覚えました。「神様はなんとよいお方なのだろう」と彼は
よく言っていたものです。「神様への誓いにぼくたちが不誠実であって
も、ぼくたちの罪をお赦しくださる。そんなにもお恵みをいただ
いているのに、ぼくたちはなんと恩知らずなのだろう。ああ！　ぼ
くたちはこうした不誠実について考えるだけでも恐れなくてはいけ
ない。ぼくは再び神様に背くよりは、自分にできることを何でも
やれるよう、そしてどんなことでも我慢するよう準備しておこう」。
ゆるしの秘跡の前夜、フランチェスコは父親に、明日自分に何か急
ぎの用があるかと尋ねます。どうしてそんなことを聞くのかとその
理由を尋ねられると、彼は明日ゆるしの秘跡に行きたいのだと答え
ます。すると父親はいつでもよろこんで承諾を与え、フランチェス
コはよりよい準備のために、その晩を祈りと良心の糾明に費やしま
す。もっとも、彼の人生そのものが、連綿と続く準備期間と呼べる
ようなものであったのですが。さて翌朝、彼はだれとも言葉を交わ
さずに教会に行き、最大限の集中力でこの大いなる行為への準備を
します。彼はいつも、教会にとどまる時間があまりないと思われる
人びとが先に秘跡を受けるのを待っていました。「彼の他者への思
いやりを見るにつけ、とりわけ冬の厳しい寒さの中では、私は彼に、
告解室に入りなさいと声をかけずにはいられませんでした。なにし
ろ寒さで凍えているんですから」。主任司祭はそう語りました。ゆ
るしの秘跡をする前にどうしてそんなに長く待っているのかと聞
かれると、彼はこう答えました。「ぼくは待つことができます。た
ぶんほかの人は退屈してしまったり、特に子どものいるお母さんた
ちは、家で嫌味を言われたりするでしょうけど、両親はぼくが教会
で過ごしているかぎりは文句を言いませんから」。彼の兄弟姉妹は、
時々冗談めかしてこんなことを言いました。「よくゆるしの秘跡に

第3部　フランチェスコ・ベズッコ少年の生涯

行くけど、それって仕事から逃げるためじゃないの？」　すると彼
はこう答えたものです。「もし君たちがゆるしの秘跡に行くと言う
のなら、ぼくはよろこんで君たちの仕事を肩代わりしてできるだけ
のことをするよ。ああ！　君たちがもっと頻繁に行けば行くほど、
ぼくはもっともっとうれしくなるんだ」。そして、この霊的にすぐ
れていた若者は、彼らによくこう言いました。「時々感じる怠け心や、
ゆるしの秘跡へのためらいや先延ばしは、みんな悪魔の誘惑なん
だ。頻繁なゆるしの秘跡がぼくたちの欠点を正すのに最も強力で
効果的な治療法ってことを悪魔はよく知っている。だから悪魔
はぼくたちをゆるしの秘跡から遠ざけるためには何でもするんだよ。
ああ！　ぼくたちは何かよいことをしようという段になると、いつ
も世間を恐れる。だけど、ぼくたちの死後に審判をくだされるのは
世間ではなくて神様だ。ぼくたちはほかのだれでもなく、人の世で
もなく、ただ神様だけに自分たちのやっていることを報告しなくて
はならない。ぼくたちが永遠の報酬を期待すべき相手は、ただ神様
お一人だけなのだから」* 266。彼は時折、家族に向かって言いました。
「ゆるしの秘跡に行くと、ぼくは神様を再び傷つける危険を避ける
ためならば、そのときその場で死んでもいいくらいの大きな満足を
覚えるんだ」。秘跡を受けに行った日には、あらゆる楽しみを遠ざ
けました。主任司祭がどうしてそうするのかと尋ねたところ、彼は
こう答えました。「今日は自分の肉体をよろこばせる必要はないか
らです。私のイエス様がこんなにもすばらしく甘美な慰めをぼくの
魂に与えてくださいましたから。ぼくの最大の悲しみは、ご聖体の
中におられるイエス様が与えてくださる絶え間ない助けに感謝する

＊266　新約聖書 コリントの信徒への手紙二5章10節 参照。

ことができないことです」。こうして彼はその日を聖なる瞑想のうちに過ごし、また可能なかぎり教会で過ごしました。

確かな筋から聞いた話では、フランチェスコは秘跡をより立派に受けるためによくこう言っていたそうです。「このゆるしの秘跡がぼくの人生の最後になるかもしれません。だから、これが本当に最後のものであるかのように、このゆるしの秘跡をしたいのです」。

第7章
聖なるミサ ― 彼の情熱 ― 山での羊飼い

ここでお伝えしておいたほうがよいと思われるのは、フランチェスコの両親が、彼に毎日ミサに行く自由を与えていたということです。時々、何かやるべきことを心配して行くのをためらうようなときも、両親は彼をミサに行かせていました。彼はこのことを大変よろこび、よく両親にこう言いました。「ああ！　時間を割いてミサにあずかると、その日一日、豊かに報われるんです。報いてくださるのは神様ですから。そしてぼくはもっとやる気を出して働くことができます」。ミサに行けない朝は、その地方で広く流布していた、だれでも知っている祈りを唱えてその代わりとしました。彼はその祈りを4歳のときに覚えたのでした。「ミサが始まり、聖マルコが歌いだし、天使が歌い、幼子イエスが水とワインを運ぶ。おお、イエスよ、今朝のミサの一部に私をあずからせてください」。

父親が冗談交じりに、「ミサなしでその日をどうやって過ごすのかい」と聞くと、彼はいたって単純にこう答えました。「神様はいつもどおり助けてくださいます。だって、お祈りを唱えたし、それに今晩もっと祈る予定ですから」。

第3部　フランチェスコ・ベズッコ少年の生涯

　フランチェスコがあまりにも他人の言ったことを信じやすい性質
だったので、彼の仲間たちは時々彼に向かって大ぼらを吹くことが
ありました。しかし彼は、たとえ自分が悪ふざけの的にされたと悟っ
ても、楽しそうにしていました。両親や主任司祭、そして彼を知る
人びとは、彼を高く評価していましたが、それゆえに彼が思い上がっ
たりすることは決してありませんでした。あるときこう言っていま
した。「彼らがぼくのことをよく知らないのは幸運です。さもなけ
れば、ぼくのことをあまり愛してくれないと思いますよ」。彼は一
生懸命勉強したので、学校での成績は仲間たちよりもすぐれていま
したが、だからといって仲間たちを見下したりすることはなく、そ
れどころか、彼らが暗唱をしたりするときにはとても親切にしまし
た。子どもっぽい悪戯をして叱られたときなどは、自分の責任があ
ろうとなかろうと深く反省して、こう言うのでした。「もうしません、
よい子になります。今は皆さん私を叱っていますが、きっと大目に
見てくださるとわかっています」。そして、目にいっぱい涙をため
て両親のもとへと走って行き、しっかりと抱擁するのでした。両親
が息子を罰することは決してありませんでした。夏の間、フランチェ
スコは家族と一緒に畑仕事をしました。彼はよろこんで兄弟姉妹の
手助けをし、できるかぎり一生懸命働きました。

　彼は怠けることなく、休憩時間には宗教についての議論を始めた
り、霊的な問題でよくわからないことを父親に尋ねたりしていました。

　畑仕事に行くとき、そして帰るとき、彼はよく祈っていました。
主任司祭はこう言っています。「彼は祈りに没頭するあまり、私た
ちとすれ違っても気づかないこともしばしばでした。時折、彼が聞
きたくないと思っている冒瀆の言葉や悪態、よくない話を耳にする
と、彼はすぐに十字を切り、こう唱えました。『神は賛美されます

オラトリオの少年たち

ように、神の聖なる名は賛美されますように』。そしてできること
ならばすぐに話題を変えるのでした。彼の両親が、そんな悪い輩の
真似をしてはいけないよと戒めますと、彼はこう答えていました。
『私の神様に嫌な思いをさせるような真似をするくらいなら、この
舌を切り取ったほうがましです』」。

　羊たちを牧場に連れていくとき＊267、彼は常に信心の本か勉強の
本を携えていました。そして、仲間たちが聞く気になっているとき
はいつもそれを読んでやっていました。そうでないときは、一人で
本を読んだり、私たちの救い主が「いつも祈っていなさい」＊268 とお
命じになったとおりに、お祈りをしたりしていました。

　フランチェスコの父親は、家計を助けるために村で共有している
羊の群れの世話を引き受けていましたが＊269、とりわけ祝日には、彼
の兄弟たちが少なくともそのときだけは小教区での儀式に参加でき
るよう、その仕事をよく彼に任せていました。従順なフランチェス
コはその仕事をよろこんで受け入れ、こう言っていました。「今日
教会の儀式に行けなくても、別のやり方で祝日を聖別するようにし

＊267　ストゥーラの谷には、その地の羊の変種、中型（体重70-75kg、肩の高さ
　　　78cm）のサンブカーナの羊が生息している。冬の間、羊たちは家畜小屋の中
　　　に置かれ、小羊の誕生や毛の刈り込みなどを待っていた。春から晩秋まで高
　　　原に連れていかれる。

＊268　新約聖書 ルカによる福音書18章1節 参照。

＊269　「実際、さまざまな家庭の羊や山羊を一人、もしくは複数の担当者に任せて、
　　　主に標高が高く、不便なところにある共同の牧草地に連れていってもらうの
　　　がその時代の一つの習慣であった。それに、少数の羊を用意することのでき
　　　る家族は多くあった。共通の協定で、信頼できる家庭にわずかな報酬と共に
　　　その係を任せて、朝にさまざまな群れを集めて、放牧した後、夜にそれぞれ
　　　のところに返すということをしていた」（A. Martini, *Vita del giovane Francesco
　　　Besucco, pastorello di Argentera, allievo di Don Bosco,* Cuneo, Tipografia Subalpina
　　　1977, 34 p.）。

第 3 部　フランチェスコ・ベズッコ少年の生涯

よう。そのかわり、教会でぼくのことを思い出してね」と兄弟に
言っていました。そして儀式の時間になると、動物たちを安全な場
所に移し、自分は急ごしらえの十字架の前にひざまずいて祈るか、
霊的な朗読を行うのでした。時々は丘陵地帯の洞窟に隠れ、信心書
に挟んで持ってきた絵の前にひざまずき、まるで教会にいるかのよ
うに儀式と同じ祈りをささげました。そしてそのあと、十字架の
道行＊270 をするのでした。夕方になると、自分で夕べの祈りを歌い、
ロザリオを一環唱えました。一緒に神を賛美する仲間がいれば、そ
れは彼にとってすばらしい祝日になるのでした。こういう彼の態度
は、しばしば仲間たちを驚かせました。祈りや黙想において彼がと
ても情熱的で、彼の顔は天使のように見えたのです。もし親切な仲
間が見つかる場合には、彼は自分はやることがあるので羊たちを見
張ってくれるようにお願いして、しばらく遠ざかるのでした。仲間
たちは彼の習慣を知っていたので、よろこんでそうしてあげました。
あとになって、彼はよく羊を連れていった山間部のロブレントやド
レックの牧草地を懐かしく、またよろこばしく思い出したもので
す＊271。彼はよくこんなふうに言っていました。「ロブレントで一人
孤独の中にいたとき、ぼくはいつだってとても幸福でした。深い渓

＊270　十字架の道行：　キリストの受難を黙想する信心業。14の留に分けられてお
　　　り、その一つひとつの留をたどりながら祈る。
＊271　ロブレント：　共同の牧草地は、アルジェンテーラの北東部にあった。高さ
　　　2,178mに位置する水源から湧き出ているストゥーラの支流、リオ・ロブレン
　　　トの狭谷、ロブレントの丘（2,496m）の下に位置するアルプスの3つの小さ
　　　い湖によって生み出され、オロナーベ山（3,100m）の壮大な城壁から見下ろ
　　　される驚くべき風景の中にあった。
　　　ドレック（Drec）：　ロブレント山の南側の斜面に存在していた、もう一つの
　　　共同の牧草地（日当たりのよい、太陽に向かって「真っ直ぐ（diritto）」な山
　　　の斜面を意味する方言、drech もしくは dreit の表現が名前の由来）。

235

谷を見下ろすとき、ぼくはそこにある種の暗い淵を見ます。これは
ぼくに地獄での永遠の暗黒と暗黒の淵を思い出させました。そして
深い谷底から鳥たちが舞い上がり、ぼくの頭上を越えていくのを見
ると、地上に暮らすぼくたちはみんな神様に向けて心を飛び立たせ
なくてはならないということを考えさせてくれました。朝には昇
る朝日を見つめながら、ぼくは自分の心に語りかけました。『ぼく
たちもこんなふうにこの世に来たんだなぁ』。そして夕方になると、
沈む夕日がぼくに人生の短さと、ぼくたちが気づかないうちにやっ
てくる人生の終わりとを教えてくれました。雪をかぶったマッダ
レーナの山の頂やほかの山々の頂を眺めていると、人生における汚
れなき純潔ということに思い至ります。それはぼくたちを神様のみ
もとまで引き上げてくれ、また主のお恵みや主の祝福、そして天国
という大きな報酬にふさわしい存在にしてくれるものなのです。そ
んなことを考えてから、ぼくは山々に目を向け、聖母マリアへの賛
美歌を歌ったものでしたが、これはぼくの大好きな瞬間の一つでし
た。だって、歌っていると、ぼくの歌声が山にこだまして、まるで
天国の天使たちが一緒になって、偉大なる神の母の栄光を歌うのを
助けてくれているような気分になれたからです」。

　教会での神聖な儀式に加われないとき、この敬虔な小さな羊飼い
は、羊たちを山へ連れていきながら、こんなことを考えていたのでした。

　そして夕方家に帰って何か食べるや否や、彼は教会へと飛んでい
き、（彼自身の言葉で言えば）日中できなかった信心業の埋め合わ
せをするのでした。おお！　このとき、ご聖体の中のイエス様に対
して、彼はどれほど謝罪の言葉を口にしたのでしょうか！

　どこかの教会の前を通るとき、彼は必ず十字を切り、何かしらの祈
りを唱えました。そこにご聖体が収められているときはなおさらでした。

第3部　フランチェスコ・ベズッコ少年の生涯

春や秋、家族の群れの番だけをしているときは、両親に許しをもらって羊を家に連れ帰るか、あるいはだれかに預けるかして、朝晩の小教区の儀式に参加しました。ああ！　どうしてすべての少年たちがフランチェスコに倣い、宗教行事や家での仕事をおろそかにしないようにすることができないのでしょうか？　残念なことに、多くの者が取るに足らぬ理由で祝祭日における小教区の儀式に顔を出さずに済ませています。願わくは、祝祭日を神聖なものにすることを説き、また奨励している司祭たちの勧めに、このよき少年の手本がいっそうの重みを加えてくれますように。

第8章
会話 ― 教会での態度 ― 聖体訪問

仲間たちと話すときや遊ぶとき、彼はほかの仲間たちと同じくらいとても陽気でした。彼はもっぱら体に負荷をかけるような遊びを好み、両親や仲間たちによくこんなふうに言っていました。「ぼくは将来軍隊に行くときのために備えて鍛えているんだ。きっといい狙撃兵になれると思うよ」[272]。彼は争いを避け、そしてそのためには侮辱やひどい仕打ちさえも我慢しました。争いを避けるために、よくふらちな仲間を残して家路を急ぎました。同じように、他人を傷つけるようなすべての会話を慎重に避け、その代わりに他人のよいところをしょっちゅうほめるようにしていました。子どもっぽい

---

[272]　1836年、歩兵隊武器のスペシャリストであったアレッサンドロ・ラ・マルモーラによって創立された狙撃兵たちの部隊は、機敏さ、肉体的強靭さによって慎重に選ばれた男子によってなっており、射撃や素早い妨害行動を訓練されていた。

過ちをたしなめられたときは決して逆らわず、口答えもせず、ただ首を垂れて遺憾の意を示すのでした。彼はよく言ったものです。「これはぼくを愛してくれていることのしるしなんだ」。遊んでいるときに学校の始業のベルや、あるいはミサや聖なる儀式を知らせる鐘が鳴ると、または両親が帰っておいでと呼ぶ声を聞くと、彼は決して遅れることはなく、こう言うのでした。「これは全部、速やかに従えとぼくを呼ぶ神様の声なんだ」。

　先に述べたように、彼は幼いころから、神の聖なる家に対して並外れた崇敬と尊敬の念を表していました。教会の敷居を跨いだ途端、彼の顔つきはその聖なる場所にふさわしい真剣なものになります。彼はミサで奉仕するため、いの一番に香部屋に入ろうとし、時には教会の中を走ることもありましたが、主任司祭やほかのだれかがそんな彼を一瞥すると、彼はいち早く悟って悔い改め、償いをするのでした。それは例えば、聖体訪問であったり、あるいは教会に一人残って、十字の形に腕を組んだりひざの下に手を入れたりと、わざと不自由な体勢を取って長い間祈りをささげたりするといった具合でした。主任司祭はこう証言しています。「香部屋で、祭壇での奉仕を願う少年たちとフランチェスコの間でどれくらい競争があったことでしょう！　私はよく、彼がほかの少年たちと同時に教会に来たとき、わざとほかの子を選ぶことで彼の徳を試しましたが、これは、私が自分の代子をえこひいきしているといううわさを避けるためでもありました。彼は少なからず動揺を示し、時には涙を見せることもありましたが、決して腹を立てたりはせず、ミサでは同様に熱心にあずかっているのを見ました。『今日は悔しい思いをしたから、明日は一番でここに来るぞ』。彼は仲間にそう言って、ほとんどいつもそうしていました。彼と仲間たちとの間の争いとは、せい

ぜいこんなものでした。そのときから、少年たちはフランチェスコに倣い、ミサで奉仕する彼の情熱を真似るようになりました」。普段、彼は手を合わせて、チボリウム（聖体容器）か司式する司祭にじっと目を向けているか、もしくは信心の本を読んでいました。奉献のときに、彼が（ワインと水の入った）小さな容器を祭壇に向かって運んでいく様子を見るだけで、とても感動的でした。彼の手が祭壇で奉仕しているとき、その唇はずっと祈りを唱えていました。侍者の奉仕をするとき、彼はあたかも自分がすでに教会の式典に精通した神学生であるかのように、眉を下げ、集中した顔で、そして厳粛に動きました。フランチェスコは、自分がご聖体の中のイエス様にできるかぎりの敬意を表することに満足せず、彼の仲間も同じように敬意を表すことができるように努力していました。そのため、祝祭日には必ず香部屋に行き、仲間たちが心を込めてミサに参加できるよう、そして夕べの祈りの間気を散らさないよう、祈りの本を取って彼らに渡していました。

　「ねえ君、どうしてそんなに泣いているのだね？」　主任司祭は何度も彼に尋ねたことがあります。「だって、泣く理由があるからです」と彼は答えました。「本なんかいらないって言った子が何人かいるんです。本を持たず、そしてお祈りもしないであっちこっち見回してばかりいるのを、ぼくは知っているんです」。そんな少年たちが彼のところに本をもらいに来たときに初めて、彼は元気になるのでした。彼は教会のあらゆる奉仕を進んで引き受けていました。聖体賛美式のための炭に火をつけ、ミサのためのワインと水の準備をし、儀式に必要な物がすべて揃っているかどうかのチェックを最初にしました。まさに、彼は主の家に植え替えられたのだと言ってもよかったでしょう。

オラトリオの少年たち

　小教区の儀式のためだけでなく、聖体訪問するためにも毎日教会に行くのが彼の習慣でした。彼はよく長い間、聖母マリアの祭壇の前にひざまずいていました。主任司祭ばかりでなく多くの住民が、彼がそうした献身的な姿勢で半ば恍惚とした状態でいるのを目撃しています。彼は毎日、聖母マリアに取り次ぎを願う祈りである「思い出してください、おお敬虔な処女マリア」など＊273を唱え、それから「アヴェ・マリアの祈り」を唱え、そして「キリスト信者の助けなる聖マリア、われらのために祈りたまえ」＊274を唱えました。彼は仲間たちにもこの祈りを教え、そしてこれをよく唱えるようにさせました。祝祭日には、そして平日にさえ、彼は普段の訪問以外にも夜の祈りをするために、そして、忘れてしまったりあるいは時間がなくてその週にできなかったほかの自分のお気に入りの祈りをしたりするために、教会に行きました。彼を見た者はだれでも、まだこんなにも若い少年のうちにあるすばらしい徳を称賛しました。

＊273　「思い出してください、おお敬虔な処女マリア」：　ラテン語の*“Memorare”*の翻訳された祈り。聖ベルナルドに起因すると誤って考えられ、聖フランシスコ・サレジオによって用いられ、クロード・ベルナルドによって広められた。祈りは次のとおりである。「聖母マリアよ、思い出してください。あなたに助けを求める人、懇願する人、救いを願う人で見捨てられたということをこの世で聞いたことがありません。乙女の中の乙女よ、私はその信頼に励まされ、あなたにより頼みます。後悔した罪人である私はあなたの前に走り寄り、ひれ伏します。み言葉の母であるマリア、私の祈りを退けず、聞き入れ、かなえてください」。

＊274　ペピーノ神父の原稿では次のように書かれている。*“Sancta Maria refugium peccatorum ora pro nobis”*（罪人の助け手である聖マリア、我らのために祈りたまえ）。ベズッコがオラトリオに入ったとき、ドン・ボスコは扶助者聖マリア大聖堂建設を開始したときであった。そのため、『カトリック講話集』を通して広まるように、ベズッコの口にのぼらせることを選んだ。

第3部　フランチェスコ・ベズッコ少年の生涯

第9章
聖なる十字架像 ― ロザリオ ― 神の現存

　ここで、ずっと前からアルジェンテーラ、サンブーコ、ピエトラ・ポルツィオ、ポンテベルナルドおよびベルセツィオにおける信心会によって崇拝されてきた奇跡の十字架像に対するフランチェスコの信心についても述べておきたいと思います。干ばつのとき、また長すぎる雨のとき、畑の肥沃を願って多くの人びとがこの十字架像の前で祈ります[* 275]。お恵みを求めて列をなしてやってきた人びとの願いが聞き届けられないことはほとんどありません。この十字架像の前で「主の祈り」を唱えてくるようにと両親に頼まれてやってきたこの敬虔な少年は、「祝されたキリスト（この奇跡の十字架像につけられた名前）」という言葉を発音するのがまだやっとでした。それは彼の初めての信心でした。頻繁な訪問に加え、彼は3年の間（1861年、1862年、1863年）、夏になるとその名を冠せられた信心会と共に、毎夕ロザリオの祈りを唱えました。ロザリオを唱え、毎日ミサにあずかるという敬虔な望みを満足させるため、彼は時折昼食や夕食をとることを忘れてしまうほどでしたが、彼は自分の肉体よりも魂のことをまず考えたいと言っていました。信心業への参加における彼のこうした犠牲はもはや習慣化しており、両親はその原因を与えないように最大限の注意を払っていました。ロザリオが終わると、フランチェスコはみんなと一緒には帰らず、そのまま長いこと教会にとどまっていました。聖母マリアと主をたたえたいという

（* 275)「巻末の附録にある祝された十字架の物語を見よ」（1878年第2版で加筆された注）。

241

彼の熱い願いを満たすためでした。そして彼はそうしなければなら
ないと固く信じていました。なぜなら、それが神から特別によろこ
ばれることだと考えたからです。彼はよく主任司祭に語っていたの
ですが、自分が本当に神の現存の中にいると感じていました。

　神の現存という考えは、彼の人生の最後の数年において当たり前
のものになっていましたので、彼は神との途切れることのない一
致の中にいたと言ってもいいでしょう。「フランチェスコはもう私
たちと一緒にはいませんが」と主任司祭は書いています。「しかし、
私たちは祭壇のそばのいつもの場所に彼を見ているような気がしま
す。祈りの先唱をする彼の声が聞こえるような気がします。私た
ちは信心業を行う彼をあまりにも見慣れてしまっていたからです」。
1860年5月、彼は「聖母マリアへの敬虔なる信心業」を手助けする
よう頼まれ、よろこんで実行しました。その月は、毎夕ロザリオ1
環を皆の前で唱え、いつもの祈り、そしていくつかの特別な祈りを
彼がはっきりと先唱し、そして信徒たちがこれに従いました。多く
の人びとが参加し、そしてわれらがフランチェスコの際立ってすぐ
れた信心をだれもがほめそやしました。主任司祭は、病人にゆるし
の秘跡に行くよう勧めたり、あるいは病人に臨終の聖体拝領にあず
かる準備をさせたりする自分の務めを遂行するのに助けが必要な場
合には、そのすべてをフランチェスコの祈りに託しました。そうす
ればよい結果が得られると確信していたからです。一つ、例を挙げ
てみましょう。自分の魂をないがしろにしていることでよく知られ
ている男がいました。彼は死にかけていましたが、神と和解するこ
とを固く拒んでいました。そこで主任司祭は彼のことをフランチェ
スコの祈りに託しました。すると、みんなが驚嘆したことに、その
男はすぐに折れて受け入れたのでした。

第10章
カテキズムを教える ― 若きヴァロルソ

　子どもたちのためのいつものカテキスタが祝祭日にいなかったので、フランチェスコはその仕事を4年間も務めました。彼は熱心に、さまざまな配慮をして教えました。少年たちはよろこび、彼を大いに尊敬していました。そこで主任司祭は、四旬節の間もっと大きいクラスでカテキズムを教えてもらうために3年前から彼を任命しました。彼のクラスの生徒たちは満足し、仲間たちと遊びに行くようなことはなかったので、彼は彼らを誘って大人のクラスのカテキズムを聞きに行きました。このカテキズムの間、そしてすべての説教の間、彼は司祭の言うことに大きな注意を払っていました。彼は説教のあと、司祭をよく別のところに連れていき、説教の間に聞いたことを実践するにはどうしたらよいかを尋ねていました。

　家に帰り着くと、教会で聞いてきたことを両親や家族に話すのが常でしたが、こんな小さな少年がどうしてこんなによく覚えているのかしらとみんな驚いたものでした。

　このことや、ほかのすべての宗教的実践において、彼はアルジェンテーラに住む仲間であり、従兄であった、ステファノ・ヴァロルソを見習っていました。彼は1861年に亡くなりましたが、信心の務めをこよなく愛していた若者だったので、彼の死はまさにその地域全体に大きな喪失感をもたらしました。「私は若者たちを一堂に集めました」と主任司祭は語りました。「そして、勤勉さにおいて、また信心業の実践において、この亡くなった若者の代わりになろうとするものがだれかいないか」と尋ねたのです。彼らは少しの間、互いに顔を見合わせていましたが、一斉に振り返ってフランチェ

スコのほうを見ました。彼は恥ずかしくなって赤面しつつも決意を
もって私のところに来て、こう言いました。「神父様のご指導の下で、
信心の務めについて従兄の代わりをする準備はできています。教会
での務めにおいて、できるかぎり亡くなった従兄の勤勉さに倣うこ
とをお約束し、望むだけではありません。神様が恵みをくださるな
ら、彼を超えるように努めます。今着ているこの服は従兄の形見に
もらった物ですが、彼の徳もこの身にまといたいと願っています」。

　フランチェスコの最初の仕事は、仲間たちを誘って、亡きステファ
ノ・ヴァロルソのためのノヴェナを聖母マリアの祭壇でささげ、毎
日ミサにあずかることでした。この同じ祭壇で、すぐに次のノヴェ
ナが、よりによって模範を与えてくれたその本人のために行われる
とは、いったいだれが想像したことでしょう。この出来事はわれら
のフランチェスコの非常な素直さを知らせるために書きます。すべ
ては神の栄光に役立つことと、故人たちの魂のためになることのた
めにです。

第11章
聖なる幼年期 ― 十字架の道行 ― 悪い仲間を避ける

　1857年、フランチェスコは「聖なる幼年期の慈善事業会」[276] に
入会しました。彼は入会をとてもよろこんでいましたが、困ったこ

＊276　聖なる幼年期の慈善事業会（Pia opera della santa infanzia）：　1843年ナンシー
　　　とトゥールの司教、シャルル・ド・フォルビン＝ジャンソン神父（Charles de
　　　Forbin-Janson 1785-1844）により、子どもたちにも宣教師としての意識（「子
　　　どもたちが子どもたちを助ける」）を育てるため創立された。ピエモンテの
　　　信心会、小教区の中で広まった。

とが一つありました。毎月の寄付金を払うだけのお金がなかったの
です。主任司祭はそのことに気づき、必要な分を彼に与え、心配を
すぐに取り払ってくれました。司祭は彼の日ごろの善行に報いるこ
とができてよろこんでいました。彼は会の記録を好んで読んでいま
した。そして、このような仕事を助けている多くの少年たちの熱心
さと勤勉さに感心しました。フランチェスコは自分が助けたいと
思っている、信仰をもたない貧しい子どもたちを助けに行けないこ
とを悲しんで、よく泣いていました。物質的手段のない彼は、その
代わりとして神に熱心に祈りをささげ、そしてほかの人びとも会に
加わるように努めました。また、特に仲間たちに、これまで救われ
てきた多くの子どもたちについて語っていました。

　1858年、彼は人からの評価を気にせずに、祝祭日の小教区ミサ
のあとに十字架の道行を行うことを自分の信心に加えました。これ
は彼がオラトリオに出発するまで続けられました。しかし、頻繁に
行われたこの尊敬すべき信心のために、彼は一部の少年たちによる
嘲笑の格好の的となってしまいます。彼らにとってフランチェスコ
のこの信心は、キリスト教の精神に反する彼ら自身の行いに対する
鋭い非難にほかならなかったからです。彼らはフランチェスコを詐
欺師だの盲信家だのと決めつけ、彼の信心業に対する情熱をくじこ
うとしてさまざまな迫害や嫌がらせをしました。しかし、彼は両親
の支えや聴罪司祭の慰めを得て、彼らには見向きもしませんでした。
そして彼らの流す陰口や嘲笑など一顧だにせず、彼らと会うことも
避けていました。彼は十字架の道行を続け、そこにいた多くの信徒
に益と模範をもたらしました。このときから彼はこの世の一切のう
わさ話には関心をもたなくなったと、あとになって彼は姉妹たちに
よく言ったものでした。そして彼女たちに、善をなすことに怖じ気

オラトリオの少年たち

づいてはいけないと語りました。姉妹たちが、だれかが彼のことを
「小修道士」とか「信心家」などと呼んでいると話しますと、彼は
こう言いました。「世間がぼくを笑いものにするのは何故だかわか
るかい？　それはね、ぼくがもう世には属さないと決めたからなん
だよ。ぼくたちがこの世にいるのは神様をよろこばせ、そしてただ
神様だけにご奉仕するためだ。決して世間をよろこばせたり、世間
に奉仕したりするためじゃない。だから、ぼくたちは天国だけを手
に入れられるようにしようよ。神様がぼくたちをこの世に置いてく
ださる本当の理由はそれなんだから」。

　こうした考え方に従って、彼はもしだれかが彼の行っている善行
を認めないようなことがあると、すぐさまきびすを返して家に帰っ
てしまったものでした。まさに毎朝の祈りで唱える「汝を惑わす世
に背を向けよ」を地で行ったのです。世間から離脱していたフラン
チェスコは、それゆえに邪悪な世界からは忌み嫌われたのでした。

　主任司祭は彼とよろこんで時間を過ごしていましたが、その中で
の親しい会話の中で、しばしば彼が心から願っていること、つま
り、いつ初聖体を受けられるかについて司祭に尋ねました。「たぶん、
もうすぐだよ」と司祭は答えました。「君がカテキズムをよく学ん
で、いつでも徳の上でいっそう精進したという証拠を見せてくれた
らね」。そしてその数か月後、もう一人の純潔なヨセフ[277]である
の少年はわずか8歳半であったにも関わらず、自らの徳に対するご
褒美として、汚れのない小羊の食卓[278]に招かれたのでした。

　1858年のある春の日、彼は家の近くの牧場で、彼より少し幼い

＊277　旧約聖書 創世記39章7-20節 参照。
＊278　新約聖書 ヨハネの黙示録19章9節 参照。

ほかの二人の少年とともに羊の群れの番をしていました。この二人
は、われらがフランチェスコの目の前で不謹慎な真似を始めました。
彼は怒って彼らを厳しく叱責しました。「もし君たちがいい子にな
れず、いいお手本にもなりたくないなら、せめてつまづきになるよ
うなことはやめてくれ。そんな真似を、主任神父様や両親の前でも
やれるのかい？　ほかの人たちがいる前ではやろうとしないのに、
なんで神様の前ではできるんだい？」　しかし、彼らは気にもとめ
ず、それと知った彼は大いに憤慨してこの悪い仲間たちから離れま
した。それからどうなったか？　そのうちの一人が彼を追いかけて
きて、その悪へと彼を誘ったのです。かわいそうなフランチェスコ
は足を止めるや、振り向きざまにこの誘惑者目がけてげんこつと蹴
りと平手打ちをお見舞いしました。そして、このやり方ではまだ危
険から解放されないとわかると、彼は模倣するべきというよりは驚
くべき方法を採りました。石がいっぱいあるところに来ると、大声
で叫びました。「離れないならば、頭をかち割ってしまうよ」。こう
言うと、激怒していた彼は、魂の敵に向かって全力で石を投げつけ
ました。石は顔に、肩に、そして頭に命中し、相手は逃げ出しまし
た。フランチェスコは、その危険性に怖くなりつつも、それでも勝
利の結果には大いに満足して、急いで家に避難すると、危険から救
われたことを神様に感謝したのでした。

　主任司祭によると、この話を伝えた人は、この一部始終を50メー
トルほど離れたところから見ていたということです。この出来事で
フランチェスコの到達した徳の高さが認められたのでした。

第12章
初聖体 ― 頻繁な聖体拝領

翌日、主任司祭から事の次第を尋ねられた彼は胸がいっぱいになってこう答えました。「神様のお恵みのおかげで悪い機会から逃げることができました。あんな連中とはもう二度と一緒には行きません」。彼の示した勇気へのご褒美として、初聖体ができるかぎり早く許されるだろうと主任司祭は彼に告げました。彼はその約束に非常によろこんで、どんな小さな過ちも避けるようにし、また彼にふさわしい徳を実践することで初聖体に備えようと早速準備を始めました。彼は司祭や両親に自分を助けてくれるよう、しばしば無邪気にお願いし、こう言っていました。「聖体拝領に行くと、いつもマリア様ご自身の手からイエス様をいただくことを想像してしまうんです。マリア様には今自分のことをいちばんゆだねたいと思っています」。

彼はとても信心深い仲間の一人に、不敬の罪を犯さないよう、自分を注意深く見ていてほしいと頼みました。彼はもうこれ以上ないというほど、しっかり準備をしました。彼の両親、先生そして主任司祭は皆、われらがフランチェスコが家にいる間中、意図的な小罪と見なされるようなことを一切しなかったと断言しています。彼の美しい純潔は、聖体拝領に向けた準備の中でもいちばん大切なものでした。

ご聖体を受けた直後の彼は恍惚として見え、心を満たしたよろこびを反映してか、顔色まで変わりました。このような機会において秘跡におけるイエスに向けた愛の表現は、聖体拝領の準備にどれくらい心を砕いたかに比例するのです。

第3部　フランチェスコ・ベズッコ少年の生涯

　そのときから、彼は毎月ゆるしの秘跡に行き、聴罪司祭が許すかぎり頻繁に聖体拝領にあずかりました。後年、彼は少年たちが聖体拝領への準備をするのを、また神への感謝の祈りをささげるのを手伝いました。聖体拝領後、彼は大いなる集中力をもってミサに参加しました。このころになると、より集中するために、もはやミサでの奉仕を希望しなくなっていました。彼自身が言ったことですが、ミサの間中、彼はイエス様の無限の善意について考えを巡らせるのに夢中になっていました。彼はいつもの信心書さえ読まず、手で顔を隠し、絶えることのない神の愛のわざの中でただひたすらに貴重な時間を費やしていました。教会を去る前には仲間と共に聖母マリアの祭壇に行き、聖母から与えられた助けに対する感謝をささげました。また「思い出してください」[279] やそのほかの数多くの祈りを、感情のこもったよく澄んだ声で唱えるのでした。彼のうちには神への愛があまりにも強く燃え盛っていたので、この世においては神の聖なる意志を行うこと以外は何もいらないとさえ思っていました。「ぼくはわれを忘れてしまうんです」と彼は言っていました。「聖体拝領にあずかる日のことを考えると、ぼくはお祈りに引き付けられてしまって、まるでイエス様ご自身と対話をしているような気になってしまうんです」。彼はこう言うことができたでしょう。*"Loquere, Domine, quia audit servus tuu"*（主よ、お話しください。僕は聞いております）[280]。

　彼の心には現世のことは何ひとつなく、神様だけがその恩寵で彼の心を満たしていました。聖体拝領に行く日は家か教会のどちらか

＊279　聖母にささげられた伝統的な祈り（注273参照）。

＊280　旧約聖書 サムエル記上3章9節 参照。

249

で過ごし、そして聖なるその日をよく終えるため、教会に一緒に行ってくれるよう、仲間たちに頼んでいました。

最後の数年には、彼は毎日曜日、または週の中に何か祭日があればそのときにも聖体拝領に行くようになりましたが、その前にまずゆるしの秘跡にあずかることを望みました。彼は非常に謙遜だったので、自分が十分に清いとは思えなかったのです。それでも聴罪司祭の助言に従い、疑いはひとまず脇において、彼に盲目的に素直に従いました。

第13章
苦行 ― 償い ― 感覚の抑制 ― 学業における進歩

彼のこうした稀有な諸徳は、いわばたゆまぬ苦行の精神によって守られていました。彼は幼いころから四旬節の一環として厳しい断食をしていました。家族が、君のように小さい子が断食をするなんて無分別だなどとたしなめたりすると、彼はこう答えたものでした。「苦行なくして天国には行けません。年寄りだって若者だって、天国に行きたければ苦行の道を行かなければなりません。よくある過ちによる神様に対するすべての侮辱を償うためにも、また抑制された生活に慣れる訓練のためにも、この苦行は若い人にとっても必要です。こうしたことは、すべての人にとって救いのために必要なのです。みんなはぼくにいつも、君には多くの欠点があると言いますよね。だからこそ、ぼくは断食をしたいのです」。彼の両親も兄弟姉妹も、フランチェスコはよくこういった類の賢い発言をしていたと証言しています。

彼はこの苦行の精神によって、目を危険な視線から、耳をキリス

第３部　フランチェスコ・ベズッコ少年の生涯

ト者にとってよくない会話から、舌を軽はずみな言葉から守ること
ができていました。自分の舌が不適切な発言をしてしまったときに
は、地面の上に舌先で十字架をいっぱい描くなどの償いのわざを自
らに課していました＊281。この償いをしているフランチェスコを見
て両親が驚いたことがしばしばありました。彼らはある日、これは
ゆるしの秘跡のときに指示された償いの方法なのかと尋ねました。
「いいえ」と率直な答えが返ってきました。「でも、ぼくの舌があま
りにも早く不適当なことを言ってしまうようなので、あえてこの舌
を泥の中に引きずってやりたいんです。ぼくのこの舌が、ぼくを永
遠の炎に引きずっていかないように。それと、代父の神父様が勉強
のためにぼくを送ってくださると約束してくださった場所に行ける
よう神様がお恵みをくださるようにと思ってこの償いのわざを行っ
ています」。

　そして、これだけでは会話の中で見られる堕落から自分を引き離

＊281　古代の償いのわざの名残。聖アルフォンソは男性だけで行われた共同回心式
　　　のような機会の最後に、教会の床に「舌をつけて、そのまま引きずる」こと
　　　を勧めていた。「不道徳な言葉や冒瀆などの悪い習慣のある人びとのために、
　　　とても有益である」。説教師たちは勧告と共にその動作をして模範を示して
　　　いた。「兄弟よ、目を上げよ。鞭打ちを受け、茨の冠を受け、頭から足まで
　　　すべて苦しんだ後、十字架にはりつけにされたこの男を見よ。〔中略〕痛み
　　　を和らげる手段がある〔中略〕、私たちのために死んだこの善なる神に与え
　　　た不快感を悔やみ、そしてイエス・キリストの口に多くの苦味を与えた舌の
　　　ために、地面に舌をつけて、そのまま少し引きずり、懲らしめることです」
　　　(Alfonso Maria de' Liguori, *Selva di materie predicabili ed istruttive, in Opere di S.*
　　　Alfonso Maria de Liguori, vol. III: *Opere ascetiche,* Torino, Giacinto Marietti 1880,
　　　197 p.)。1800年代の儀式は、廃止されていた。というよりも、倫理学者によっ
　　　て行わないように勧められていた。しかし、みだらな話、冒瀆もしくは無礼
　　　な返答の償いとして、床の上に舌で十字をすることを少年たちに強制してい
　　　た学校の先生が当時まだいた。

オラトリオの少年たち

しておくのに不十分だと言わんばかりに、彼は家庭での最後の数年は、自分の魂にとって絶対安全だと確信がもてるような仲間としか交わらなくなりました。

　聖フランシスコ・サレジオのオラトリオ[*282]に行きたいという彼の願いは日増しに強くなりましたが、一つだけ問題がありました。それは、オラトリオに学生として入るためには小学校の課程を終わらせていなければならないというもので、そうすれば学生たちは中等学校の第1学年に入ることができたからです。ところがアルジェンテーラの小学校には第1学年と、第2学年の一部しかありませんでした。この困難な問題をいったいどうやって乗り越えたらいいのでしょうか？　しかしベズッコのよい行いと、主任司祭の愛徳が、この問題を解決する道を見いだしました。この司祭は通常の小教区

（*282）「『オラトリオ』という言葉にはさまざまな意味がある。これを週末の集会、という意味に取るならば、若者たちが宗教上の務めを果たしたのちに、遊びなどをして楽しむ場所、ということになる。トリノにはこの種のオラトリオがいくつかあった。ヴァルドッコの聖フランシスコ・サレジオ、サン・サルヴァリオの聖ヨゼフ、プラタニ通り近くの聖アロイジオ、ヴァンキリアの守護の天使、粉挽き場近くの聖マルティノ、などである。もう一つの意味は、上記の場所に昼間学校および夜間学校を併設した週日のオラトリオで、学費を払えないためや生活態度が悪いために学校に行けない若者たちの要望に応えたものである。より広い意味でオラトリオを使う場合、聖フランシスコ・サレジオの名で知られるトリノのヴァルドッコの家も含まれる。ここでは勤労少年も学生も受け入れており、勤労少年は12歳から18歳までで、父親や母親のいない孤児で、極めて貧しく見捨てられていることが条件である。学生は第3学年までを優秀な成績で修了しており、またその勤勉さや道徳的な行いに対する推薦が条件である。道徳教育、一般的教育、入学金、遊びのためのお金、勤労少年の受け入れはすべて無料。中学課程のための生徒も、立派な行いや勉学への態度についての推薦を受けており、また授業料や寮費（24フラン／月）の全額または一部を支払うことができないと証明できた場合に限り、無料で入ることができる」（1864年版に加筆された注）。

252

第3部　フランチェスコ・ベズッコ少年の生涯

の務めに加えて、ベズッコやほかの有望な少年たちに勉強を教える
という苦労を惜しまないことにしたのです。フランチェスコは愛す
る代父の招きに大変よろこび、両親の承諾を得て、この好意に応え
ようと今までにも増して熱心に、そして勤勉に学校の勉学に取り組
みました。おかげで勉強も終わり、中等学校の第1学年に入れるこ
とになりました。彼は何度も目に涙をためて主任司祭への感謝の念
を打ち明けていました。「どうすれば神父様がぼくに示してくださっ
たこの愛に報いることができるでしょうか？」　彼は、毎日学校に
行くずっと前に必ず教会の聖母マリアの祭壇を訪れ、子としての信
頼をもってひれ伏し、彼自身と彼の先生を「上智の座」にお任せす
る誓いを立てたのでした。「われらのフランチェスコがどんな会話
をしていたのか、私は知りません」と司祭は言いました。「しかし、
教会から出てくるときに、目にいっぱい涙をためていることはよく
ありました。それは間違いなく、そこで体験した感動から出てくる
ものだったと思います。その気持ちの理由を説明してくれるかなと
尋ねると、彼はこう答えました。『神父様、ぼくは神父様のために
聖母マリアにお祈りをしていたのです。そして神父様のために、ぼ
くからは差し上げられない報いを神様が与えてくださるようお願い
していたのです』」。

　主任司祭は次のように断言しています。「彼が学校に通っている
間ずっと、怠惰のために彼を叱ることなど決してありませんでした。
なにしろ、私が教えている間中、彼は教えられたことすべてに取り
組むのに全力を尽くしていましたからね」。

第14章
聖フランシスコ・サレジオのオラトリオに
行きたいという彼の願いと決心

　主任司祭は私に1通の手紙を書き、行いが立派で豊かな徳に満ち、しかし世俗的な意味ではとても貧しい、彼がもつ教会の一人の信徒を推薦してきました。彼はこうしたためています。「この若者は、長い間私のよろこびであり、小教区においても大いに助けとなってくれました。彼がいつもしていることを簡単に言えば、ミサで奉仕し、教会の儀式に参加し、年下の子どもたちにカテキズムを教え、熱心に祈り、模範的な態度で秘跡にあずかっています。彼が主の使徒となってくれるよう希望していますので、よろこんで彼を手放したいと思います」。

　このようなすばらしい若者の教育に協力したいという願いから、彼をよろこんでこの家に迎え入れることにしました。彼については、勤勉で品行方正な模範生ということで、王室警察のエイザーティエル警部補[283]からも私宛てに推薦状が来ていました。後に主任司祭はこう書いています。「知らせを聞いたとき、この純真な若者は何も言えなくなりました。そしてよろこびと感謝でいっぱいになり、涙を流していました」。しかし、またここでもこの計画を実行するのに難しい問題が出てきました。それは彼の両親の貧しさでした。彼らは息子の大きな可能性と、自分たちの金銭の不足との間で葛藤していたのです。この痛ましい不安定さの中で、主任司祭はフ

＊283　エイザーティエル警部補（Giovanni Stefano Eyzautier）：　アルジェンテーラ自治体の村ベルセツィオの出身でありペピーノ神父の友達、優れた軍人で、王の護衛隊副官（『イタリア軍隊の公式名簿1864年』参照）。

第3部　フランチェスコ・ベズッコ少年の生涯

ランチェスコに、この件に関する神の意志を尋ねながら、ご聖体の
イエスと聖母マリアを何度も訪問するように勧めました。司祭は彼
に言いました。「このような大切なことで間違いがないように、はっ
きりと君の召命を示してくださるようにお願いするんだよ」。神は
彼の純粋な祈りを聞き入れてくださいました。ある朝、彼はミサに
行き、聖体拝領をしてから学校に行きましたが、そのときいつもよ
りうれしそうに見えました。そこで主任司祭は尋ねました。「さて、
今朝は何かよいニュースがあるのかな、フランチェスコ？　お祈り
に対して、何か答えをいただいたのかな？」「はい。いただきまし
た。こんな感じでした。聖体拝領のあと、永遠に神様にお仕えしたい、
とぼくは心を込めて約束しました。これはもう何度もしてきました
が。それから聖母マリアに、この必要のためにどうかぼくをお助け
くださいとお祈りしました。そうしたら、声が聞こえた気がしまし
た。『勇気を出しなさい、フランチェスコよ、あなたの願いはかな
えられます』。それを聞いて、ぼくは信じられないくらい幸せな気
持ちになりました」。彼にはこの声を聞いたという確信があったの
で、家族にもこのことを一言一句違えずに何度も繰り返して言いま
した。このときから、彼はよくこう口にするようになりました。「神
父様、ぼくは神父様がぼくを行かせたいと望まれるところに行きま
す。それは確かです。だって、これは神様のみ旨ですから」。彼の
両親が、許しを与えるのにためらいを見せるようなときには、こう
訴えました。「お願いですから、ぼくの運命を妨げるようなことを
しないでください。さもないと、ぼくは不幸な若者になってしまい
ます」。彼は母親に、兄弟に、姉妹に、主任司祭に、そのほかの人
びとに、父親が同意してくれるよう説得してほしいと頼みましたが、
父親も息子の正しい願いを満たしたいと完全に願っていたのです。

255

オラトリオの少年たち

　この過程の中で、神がフランチェスコをご自分のブドウ畑に呼んで
おられるという、主の望みははっきりとしてきていました[284]。

　1863年5月末、神の摂理の働きが明らかに示され、すべての困難
は消え失せ、彼の両親はフランチェスコをオラトリオにやること
に決めたのです。このときから彼は両親に自分の満足を示してこ
う言っていました。「ぼくはなんと幸運な子どもだろう！　ぼくは
なんて幸せなんだ！　ぼくは必ずよい行いをもってお父さんお母
さんにお返ししたいと思います」。主任司祭はこのように書いてい
ます。「彼はその信心と勉強における情熱を倍加して、6月と7月の
たった2か月間でほぼ1年分の学習を終えてしまいました」。彼は自
分でもこのことにちゃんと気づいていました。「神父様、神父様は
ぼくに満足しているとおっしゃいましたね。ぼくは、どうしてこん
なに短い時間で学ぶことができたのか、自分でも説明できないん
です。ぼくにはこれが、ぼくが神様のみ旨に従っているということの
確かなしるしだと思えるんです」。そこで司祭は言いました。「フラ
ンチェスコ、君は私が君にしてあげていることに対してはどんなお
返しをしてくれるのかな？　私も君からお返しが欲しいのだけれど、
わかっているかな？」「もちろんです！　ぼくは、神父様がお望み
になるお恵みをすべていただくことができるよう、神様とマリア様
にたくさんお祈りすることをお約束します。ぼくは神父様のことや、
ぼくに少しでも父親のように接してくれた人びとのことを決して忘
れません」。この気立てのよい素直な少年にとって、感謝の念は傑
出した特徴の一つでした。

　7月の最後の日がやってきました。われらの愛するフランチェス

＊284　新約聖書 マタイによる福音書20章1-16節 参照。

256

第3部　フランチェスコ・ベズッコ少年の生涯

コがオラトリオに向けて旅立つ前の日です。その朝、彼はアルジェンテーラでは最後の秘跡にあずかりました。主任司祭はこう述べています。「彼は目にいっぱい涙をためて、最後に告解室と祭壇にじっと目を注いでいました。そのとき、彼が何を思っていたかなど、いったいだれにわかるでしょうか。聖体拝領のあと、彼の顔は望外のよろこびに輝いていました。長い時間と情熱をもってささげられた感謝の祈りは、彼がこの教会でまだ受けるかもしれないと思っていた多くの聖体拝領を豊かに埋め合わせたことでしょう。われらがフランチェスコにとって、その日は終日、祝祭の日でした。私ももう胸がいっぱいになってしまって、その後私の部屋で起こった感動的な一場面をうまく説明することができません。彼の父親が見守る前で彼はひざまずくと、自分が受けた恩義への感謝を伝えました。そして自分が受けた数々の助言に対して永遠の感謝と従順を私に約束してくれたのです」。

　「家では、もうすっかりこの世から離れてしまっているように見えました。彼はずっと繰り返していました。『ぼくはなんて幸せなんだ、なんて幸運なんだ。ああ！　こんなにもぼくによくしてくださる神様に、どうやってお礼を言ったらいいんだろう！』　彼は親類全員にさようならを言いました。親類の人びとは皆、彼らの甥であり従兄弟にあたるこの少年がこうも幸せそうなのを見て驚きました。彼らは言いました。『でもねえ、フランチェスコ、お前はしばらくしたらうんざりして、私ら親類の者からはるか遠くに来てしまったことを悲しく思うのさ。それにトリノの夏はお前にはきっと暑すぎるよ』。『いいえ、どうかぼくのことは心配しないでください。両親や兄弟姉妹も、ぼくについてよい知らせが行けばよろこぶでしょう。だから彼らの慰めになるように、ぼくは手紙を書くつもり

です。ぼくは自分を幸福にしてくれるものがきっと見つかる場所に行くんですから、苦しむことや気が滅入ったりすることを恐れたりはしません。オラトリオに行くという願いと希望だけでもぼくはうれしくて気が狂いそうになるのに、オラトリオに残れるとはっきりするときはぼくのよろこびはどれだけ大きいのか、想像してください。皆さんにお願いしたいのは、ぼくがいつでも神様のみ旨を実行できるよう、どうかぼくのために祈ってくださいということだけです』。

その日、道で出会ったとき、彼はすっかり感動して私にこう言いました。『神父様を置いて行ってしまうことが申し訳ないです。でも、よい知らせをお届けして神父様を慰めます』。その晩彼はうれしさのあまりなかなか寝付けませんでしたが、祈りのうちに、そして神との一致のうちに過ごしたのでした」。

第15章
いくつかのエピソードとトリノへの旅

翌日の朝早く、彼は愛する母親と兄弟姉妹に別れを告げました。みんな泣いていました。彼もまた別れのつらさを感じていましたが、一人だけ落ち着いて穏やかな雰囲気でした。そして、神様のみ旨にすっかりゆだねるよう、みんなを力づけました。しかし、彼を呼んでいる神様のみ声に常に従うことができるよう、彼自身のために祈ってほしいとみんなにお願いする段になって、彼は突然堰を切ったように泣き始めました。主任司祭は彼に次のようなはなむけの言葉を贈りました。「おお！　行きなさい、愛するフランチェスコよ。神様が感嘆すべきやり方で君を私たちのうちから取り去られるのは、

主が君をオラトリオに呼んでおられるからだ。オラトリオであのドメニコ・サヴィオやミケーレ・マゴーネに天国への道を開いた徳に倣うことで、君の魂を聖化することができるだろう。共に過ごした最後の数か月間、彼らの生き様や聖なる死について読むことで、君は摂理的な場所である聖フランシスコ・サレジオのオラトリオに行きたいという気持ちを固めたのだから」[285]。

　フランチェスコの父親がトリノまで一緒に行くことになっていました。1863年8月1日、小さな衣類道具一式を一つ下げて、彼は旅立ちました。アルジェンテーラが遠くなると、父親は彼に、ふるさとや家族、とりわけ母親から離れることが悲しくはないかと尋ねました。フランチェスコの答えはいつも同じでした。「ぼくはトリノに行くことで自分が神様のみ旨を実行しているのだと確信しています。だから、家から遠く離れるほど、ぼくの幸福はいや増すのです」。答えたあと、彼はお祈りの続きに戻りました。父親は、アルジェンテーラからトリノへの旅は、フランチェスコにとって長く続く祈りにほかならなかったと証言しています。

　8月2日の朝4時ごろ、二人はクーネオに着きました[286]。司教館の前を通り過ぎたとき、フランチェスコは尋ねました。「この美し

---

[285]　主任司祭はオラトリオの長上たちのために、彼の品行証明書を渡し、ドン・ボスコに宛てた手紙も持たせた。「尊敬するあなたの慈愛に満ちた指導に、私の小教区の信徒であるフランチェスコ・ベズッコをゆだねます。彼はミケーレ・ルア司祭のサインによる昨年5月29日付の手紙を通してこの摂理的な学校に受け入れられました。私はこの若者が真っ直ぐな道から退くことなく、信心、勉強への熱心さが増すよう願っています。この私の希望は前述した若者の真に称賛に値する態度の上に築かれたものであり、神の栄光と若者たちのよき精神のためにすべてをささげた人からよい知らせを受け取るであろうと信じています」（F・ペピーノからG・ボスコへの手紙、1863年8月1日）。

[286]　1863年8月2日は日曜日であった。

い家はどなたのですか？」「司教様のだよ」という答えが返ってき
ました＊287。フランチェスコは父親に、ちょっと待って、と合図しま
した。息子は立ち止まりましたが、父親は少し前に進み、その後振
り返りましたが、そのときフランチェスコは司教館の門の前にひざ
まずいているところでした。「何をしているんだい？」と父親は尋
ねました。「神様に司教様のためにお祈りしています。ぼくがトリ
ノのオラトリオに入るのを司教様が助けてくれますように、そして
自分やほかの人のために何か役に立つことができるよう、いつかぼ
くを彼の神学生の一人にしてくださるようにってお祈りしているん
です」。

　トリノに着いたとき、父親は彼に首都のすばらしい景観を指し示
しました＊288。父親の目には、左右対称の大通り、大きな四角い広
場、背の高い壮大な柱廊、さまざまなオブジェで素敵な飾り付けを
施されたアーケードなどが映っていました。父親は建物の高さや優
雅さに見惚れ、まるで別世界にいるようだと思いました。「どうだい、
フランチェスコ？」　父親は驚きでいっぱいになって少年に尋ねま
した。「まるで天国にいるようだと思わないかい？」　フランチェス
コはほほえんで言いました。「ぼくにはどれもたいしたことではあ
りません。ぼくがこれから送られる先のオラトリオに受け入れても

＊287　「美しい家」：　1749-51年の間に建てられたトルナフォルテのブルーノ邸。ナ
　　　　ポレオン時代、ストゥーラの県行政の拠点であった（1808-14）。クーネオ教
　　　　区の法令（1817）によって、司教座の拠点となる。クーネオ教区は1844年か
　　　　らカルメル会士クレメンテ・マンジニ神父（Clemente Manzini 1803-1865）が
　　　　司教であった。
＊288　彼らはクーネオ～トリノ間の鉄道（1885月5日から開設）で旅をした。バッセ・
　　　　ディ・サン・セバスティアーノにあったクーネオ駅から出発し、トリノのポル
　　　　タ・ヌオーヴァ駅に到着した。

第3部　フランチェスコ・ベズッコ少年の生涯

らえるまでは、どんなこともぼくを満足させないんです」。

　ついにあこがれの場所にたどりついたとき、彼はよろこびでいっぱいになって叫びました。「ついにやったぞ」。そしてすぐに神と聖母マリアに、旅の無事と願いをかなえてくださったことへの短い感謝の祈りをささげました。

　父親は彼を一人残して行くことに感極まって思わず涙を見せましたが、フランチェスコはこう言って父親を慰めました。「ぼくのことは心配しないでください。神様は必ずよくしてくださいます。ぼくも毎日家族のために祈ります」。父親は感動してもう一度言いました。「何か必要なものはないかい？」「ええ、父さん。どうかぼくの代父である神父様に、ぼくの面倒をよく見てくださったことに対してお礼を申し上げてください。ぼくは決して神父様を忘れません、よく勉強し、よい行いをすることで神父様をよろこばせて差し上げますとお伝えください。家族のみんなにも、ぼくがとても幸福で、天国を見つけた、と言ってください」。

第16章
オラトリオでの生活 ― 最初の出会い

　これまで私が書いてきたことは、いわば彼の生涯の初めの部分です。私は彼を知っている人びと、また彼のふるさとで彼と一緒に暮らしていた人びとから情報を得ました。そしていわばオラトリオでの新しい生活という新しいジャンルについては、彼の生涯の第2の部分ということになります。ここで私は、自分がこの耳で聞いたこと、この目で見たこと、彼が私たちと過ごした間、彼の仲間であった何百人という少年たちから聞いたことを詳しくお話ししたいと思

261

いますが、とりわけ大きな助けになったのは、この家の学校で教師を務めるルッフィーノ神父による長く詳しい説明でした[289]。彼は、フランチェスコ・ベズッコが行った多くの徳の実践を実際に見聞きする時間と機会があり、それを書き留めておいたのでした。

　フランチェスコは長いこと、このオラトリオに来たいと強く願っていましたが、いざ本当に来てみるとあっけに取られてしまいました。700人以上の少年たちは、すぐに彼の友達になり、遊ぶときも、食卓についているときも、寮でも、聖堂でも、学校でも、自習室でもよい仲間となりました。こんなにも多くの少年たちが、秩序を乱すことなく同じ家で一緒に暮らすことができるというのは、彼にとってはありえないことのように思えました。彼はすべてのことを質問したがり、あらゆることの理由と説明を求めました。長上から与えられるどんなアドバイスでも、壁に刻まれたどんな碑文でも、彼にとっては読むべきものであり、黙想すべきものであり、また省察すべきものでした。

　彼はもうオラトリオで数日過ごしていましたが、私はまだ彼には会っていませんでした。私が彼について知っていることと言えば、主任司祭のペピーノ神父が手紙で書き送ってきてくれたことだけでした。ある日、私は休み時間にこの家の少年たちと一緒に遊んでいて、山岳地方の服装をした少年に会いました。彼は中肉中背でそば

---

[289]　ルッフィーノの手記『フランチェスコ・ベズッコについての報告』参照。
ドメニコ・ルッフィーノ（Domenico Ruffino）：　ジャベノ生まれ（1840年9月17日）、両親はミケーレとジョルジア・ウッセリオーガリン。1857年10月27日着衣式。1863年5月30日司祭叙階。秋、ミケーレ・ルア（トリノ外の最初のサレジオの寄宿学校ミラベッロ・モンフェラートに移動した）の代わりにオラトリオのカテキスタとなった。1864年10月、トリノのランツォの新しい寄宿学校の院長として送られ、少し後、1865年7月16日に亡くなった。

かす顔の田舎の少年でした。彼はそこに立って大きく目を見開き、ほかの子たちが遊ぶのを見ていました。私と目が合うと、彼は敬意にあふれた笑顔を見せて私のところにやってきました。

「君はだれかな？」　私はほほえんで言いました。

「ぼくはフランチェスコ・ベズッコ、アルジェンテーラから来ました」

「歳はいくつ？」

「もうすぐ14歳になります」

「ここへは勉強に来たの？　それとも仕事を覚えに来たのかな？」

「勉強です。ぼくはとっても勉強がしたいんです」

「学校はどこまでやったの？」

「ふるさとで小学校までは終えてきました」

「どうして仕事を覚えるより勉強を続けたいのかね？」

「ああ！　ぼくのいちばんの強い願いは司祭になることだからです」

「それはだれかに勧められたの？」

「ずっとそのことを心の中で思っていました。そしてぼくの思いを実現するための助けをいつも主に祈っていました」

「だれかにアドバイスを求めたことがあるかな？」

「はい、ぼくの代父にあたる方と何度も話しました。はい、ぼくの代父と……」こう言って彼はすっかり感傷的になり、涙ぐんでしまいました。

「君の代父というのはだれなのかな？」

「ぼくの代父はアルジェンテーラの主任司祭です。ぼくをとても大切にしてくれています。ぼくにカテキズムを教え、勉強を教え、着る物をくださり、ぼくを守ってくれました。とてもよい方で、ぼ

くにたくさんのことをしてくださり、かれこれ2年間教えたあとで、ぼくをあなたに推薦してくださいました。オラトリオにぼくを受け入れてくださるようにって。ぼくの代父はなんていい人なんでしょう！　どれだけぼくのことを大切にしてくれているでしょう！」

　こう言って彼はまた泣き始めました。今まで自分が受けてきた恵みを自覚していることと、自分の恩人に対する彼の愛情を見て、私はこの若者の性格とやさしい心によい印象をもちました。そして彼の主任司祭およびエイザーティエル警部補からの推薦状を思い出し、心のうちでつぶやきました。「この少年は、適切な教育を受ければきっととてもよい若者になるだろう。若者のうちにある感謝の気持ちは、幸せな将来の前触れだということを私は体験から知っている。反対に、自分が受けた恩や親切を簡単に忘れてしまうような者は、助言にも耳を貸さず、宗教的な養成にも鈍感であることが多い。だから、そうした者たちは教育することが難しいし、その結果も定かではない」。そこで私はフランチェスコにこう言いました。「君は代父の神父様が大好きなんだね。それはとてもいいことだ。だけど、心配してほしくはない。主にあって彼を愛しなさい、そして彼のために祈りなさい。そして、彼を本当によろこばせたいのなら、私が君についてのよい知らせを書けるよう、よい行いに努めるようにしなさい。そうすれば、もし彼がトリノに来るようなことがあったら、君の進歩と行いに満足できるというものじゃないか。さあ、行ってみんなと一緒に遊びなさい」。彼は涙を拭くと愛情を込めて私にほほえみかけ、そして仲間たちと一緒に遊びに加わりに行きました。

第17章
よろこび

　フランチェスコは持ち前の謙虚さから、仲間たちのほうが自分よりずっと徳が高く、自分の行動は彼らにはとても及ばないと思って自分を低く見ていました。数日後、彼は再び私のもとにやってきましたが、その顔はいくらか不安そうに見えました。

　「やあ、ベズッコ君、どうしたの？」と私は彼に尋ねました。

　「本当にすばらしい仲間たちのところに来ました。ぼくも彼らと同じくらいとてもよい人になりたいんです。でも、やり方がわかりません。助けが必要なんです、どうすれば彼らのようになれますか？」

　「いいとも、あらゆる方法で君を助けてあげるよ。もしよい人になりたいなら、3つのことを実践してごらん。そうすればきっとすべてうまくいくよ」

　「その3つのことってどんなことですか？」

　「よろこび、勉強、祈り、これが重要なプログラムだ。これに従っていれば幸福に生きることができるし、自分の魂にとってよいことをたくさんすることができるだろう」

　「よろこび…よろこび……ぼくはもう十分すぎるほどよろこんでいます。もしぼくにとってよい人になるためにはよろこんでいれば十分だというのであれば、ぼくは朝から晩まで遊ぶことにします。それでいいですか？」

　「朝から晩まで、というのではなくて、休み時間の間だけ、かな」

　ところが彼は、私のアドバイスを額面どおり、文字通りに受け取ってしまったのです。遊ぶことによって神様をよろこばせようとする

あまり、彼は休み時間を待ちきれないようになってしまいました。しかし、遊びの中には彼が苦手とするものがいくつかあって、よく倒れたり、物にぶつかったりしていました。例えば、彼は竹馬で上手に歩きたかったのですが、よく転んでいました。また、平行棒をやりたかったのですが、真っ逆さまに落ちてしまいました。ボッチャで遊ぶとなると？ ボールを友達の足に当ててしまったり、勝負を台無しにしてしまったりしました。つまるところ、こうしたゲームはたいてい彼が転倒するか、とんでもない災難に見舞われるかで終わりを迎えていたのです。ある日、困り顔のフランチェスコが片足を引きずりながら不安そうに私のところへやってきました。

「どうしたんだい、ベズッコ君？」と私は尋ねました。

「体中アザだらけです」と彼は答えました。

「どうしてそんなことになったの？」

「この家での遊びが、ぼくはあまり得意ではありません。頭から落っこちるし、腕や足を怪我するし、昨日なんか仲間と衝突してお互いに鼻血を出してしまいました」

「かわいそうに！ もうちょっと気をつけて、少し抑え目にやるといいんだよ」

「神父様は、こういう遊びが神様をよろこばせるんだっておっしゃいました。だからぼく、どの遊びも仲間たちとうまくやりたいと思ったんです」

「そういうふうに理解しないでおくれ。こういう遊びは少しずつ覚えていけばいいんだよ。そして自分の能力に応じて遊べばいい。こうした遊びはみんなで楽しむための手段であって、体を傷つけるためのものではないんだよ」

遊びは適度にやるものであって、そして心を盛り上げるために行

われなくてはならない、そうでなければかえって体によくないということを、彼はようやく理解したようでした。それからというもの、彼は相変わらず熱心に遊びに参加していましたが、より注意深くするようになりました。また、何らかの理由で自由時間が延長になったりすると、遊びをやめて勉強仲間のところに行き、寮生活のルールや規律について尋ねたり、勉強の難しさについて話したり、何かしらキリスト教的信心業を果たしに行っていました。さらに、他人にいいアドバイスをしたり、機会のあるときはていねいに忠告をしたりすることによって、休み時間に遊んでいる間、自分にも仲間にもよいことをする、という秘訣を彼は学びました。それはかつて彼が自分のふるさとで、より窮屈な環境に置いてやっていたのと同じようなことでした。われらがベズッコは、休み時間の一部を道徳的、または勉強に関する言葉と共に過ごすことで、いち早く勉強でも信心深さの面でもみんなの手本になりました。

第18章
勉強と勤勉

　ある日、フランチェスコは私の部屋にあった貼り紙に書かれていた文字を読みました。「一瞬一瞬が宝物」[290]。

　「この言葉の意味がわかりません」。彼は、不安な顔をして言いました。「一瞬一瞬から、どうやって宝物を取り出すんですか？」

　「まさにそういうことだよ。一瞬一瞬、私たちは何かしら科学的な知識や宗教的な知識を学び、美徳の行為を実践し、神の愛のわざ

＊290　第2部「ミケーレ・マゴーネ少年の小伝」7章 参照。

を行うことができる。主の前においては、こういったことが同じように宝物で、時間と永遠において私たちの役に立ってくれるんだよ」。

彼はそれ以上何も言いませんでしたが、代わりにその言葉を紙の切れはしに書き留めていました。「わかりました」と彼は言いました。彼は、時間がどんなに大事かということを理解したのです。そして、主任司祭の勧告を思い出したのでした。「代父の神父様も言っていました。時間はとても貴重なもので、だからこそ若いうちから始めて、時間を上手に使わなくてはいけない、と」。

それ以降、彼はさまざまな自分の務めに、よりいっそう精励するようになりました。

神の偉大なる栄光のために、彼がこの家で過ごしていた間、彼に自分の務めを果たすために注意したり励ましたりする必要はまったくなかったと言うことができます。

この家では、毎週土曜日にその週での各自の自習室と学校での品行についての評価を読み上げるのが習慣となっていますが、フランチェスコのそれはいつも同じ、つまり「優」[291]でした。自習室に行く時間になると、何のためらいもなくまっすぐそこに行きました。一心不乱に勉強し、まるで勉強がいちばんの楽しみであるかのように黙々と書いたりする様子は、それはもうすばらしいことでし

---

*291　実際には、フランチェスコは最初、彼のふるさととはかなり違うヴァルドッコの環境に慣れるのに難しさを感じていた。少年に宛てた主任司祭の手紙は次のとおりである。「私は君の長上たちに、君の生活、勉強について確かな情報を得るため、また彼らが君をオラトリオに留めておくつもりかどうか知るために手紙を送りました。先週の土曜日、つまり9月26日に返事を受け取りました。この手紙から君がよい態度で過ごし、勉強は並であり、ここ2か月の間は少し気を散らしていたようですが、そこのオラトリオに受け入れられ、そこで君の勉強を続けていくということがわかりました」（F・ペピーノからF・ベズッコへの手紙、1863年10月3日）。

第3部　フランチェスコ・ベズッコ少年の生涯

た。たとえどんな理由があっても、彼は自分の席を離れたりしませんでした。また、勉強時間がどんなに長くなっても、決して教科書やノートから目を離しませんでした。

　彼がいちばん恐れていたことの一つに、自分の気持ちに反して規則を破ってしまうということがありました。そのため、特に最初の数日間というものは、これをしてもいいか、あれをしてもいいかといちいち尋ねる始末でした。例えば、まったく天真爛漫に、「自習室では字を書いてもいいのか」と質問したことがありました。そこでは文字通り勉強するだけで、ほかのことはしてはならないと思い込んでいたのです。また、「勉強の時間に本を順番どおりに並べてもいいか」と聞いたこともありました。彼は自分の時間を上手に使えるようにということに加えて、主の助けを願っていました。あるとき、彼が勉強時間に十字を切り、そして天を仰いで祈ったのを仲間が見ていたことがありました。あとになって、どうしてあんなことをしていたのかと尋ねられると、彼はこう答えました。「ぼくはしばしば学ぶことに難しさを感じるんだよ。だから神様に、ぼくを助けてくださいってお願いしているんだ」。

　ミケーレ・マゴーネの伝記の中に、彼が勉強の前にいつもこう唱えていたとありました。*"Maria, sedes sapientiae, ora pro me"*（上智の座なる聖母マリア、ぼくのためにお祈りください）[292]。彼は自分もそうしたくなりました。彼はこの言葉を本や練習帳、それからしおり代わりに使っていた多くの紙切れにも書きつけました。仲間たちにもメッセージを書いてあげていましたが、そのページの初めか、もしくは付け加えた紙切れに、「天の母」（彼はそのようにマリア様

———————————————————————————

＊292　第2部「ミケーレ・マゴーネ少年の小伝」8章 参照。

を呼んでいた）への心からの挨拶も書いていました。私は、彼がある仲間に書いたメッセージの一つを読んだことがありますが、そこにはこう書かれていました。「君はぼくに、文法第1学年に何とか取り組んでいるはずのぼくが、どうやって第2学年をやっていられるのか＊293 って聞いてきたけれど、正直に言えば、これはぼくに健康と強さをくださった主のお恵みのおかげだとぼくは思っている。加えて3つの秘密がある。これは大いにためになってきたことで、次のとおりだよ。

　1.学校や自習室での決められた作業においては、時間を一瞬でも無駄にしない。

　2.休日やほかの日に、休み時間が長くなったときは、30分後には勉強しに行くか、あるいはぼくより勉強がすぐれた仲間のところに行って、学校のことを議論する時間をもつ。

　3.毎朝、聖堂から出る前に『主の祈り』1回と『アヴェ・マリアの祈り』1回を聖ヨセフにささげる。これはぼくの知恵が増すのを助けてくれた。『主の祈り』を唱え始めたときから、学ぶのが楽になったし、勉強でぶつかった難しい問題を乗り越えられるようになったんだ。

だから、ね、君もやってごらんよ。きっと満足できるよ」。その手

＊293　文法：　ここでは古い説明書きを用いている。カザーティ改革（1859年）の後、一時期、ラテン語学校もしくは文法学校と呼ばれた学校は、後期中等学校と呼ばれるようになった。8月初旬にヴァルドッコに到着したベズッコは、準備コースの授業を受け、その後中等学校2年生に受け入れられた。代父に宛てた1通の手紙から、彼が「勉学、徳において私よりも優れた」仲間を選んだことがわかる。この仲間の助けによって進歩することができ、10月末には「2人とも、ほかの2、3人と一緒に第2学年に進むことができました。こうして、第1学年にいた25人のうち、第2学年にいるのはぼくたち5人だけです」（F・ベズッコからF・ペピーノへの手紙、1863年11月23日）。

第3部　フランチェスコ・ベズッコ少年の生涯

紙はこんなふうに結ばれていました。

　このような勤勉さをもって、彼は学校で目覚ましい進歩を遂げることができたのですが、それは決して驚くには値しないことなのです。

　私たちのところへ来たばかりのとき、彼は中等学校第1学年の課程についていくことをほぼあきらめていました。しかしそのわずか2か月後には、クラスでも満足すべき成績を上げるようになっていたのです。学校では、教師の一言一句を聞きもらしませんでした。教師が彼を注意力散漫のことで叱ることなど、決してありませんでした。

　ベズッコの勤勉さは、勉強に関することではもちろんのこと、そのほかのどんな小さな務めにおいてもいかんなく発揮されました。彼は何事においても模範的でした。彼には寮での掃き掃除の仕事が割り当てられていましたが、彼はそれが自分にとって重荷であるなどというそぶりは少しも見せずにこの仕事をきっちりとやり遂げ、みんなの称賛を勝ち得たのです。

　病気でベッドから出られないときは、アシステンテに、「いつもの仕事ができなくてすみません」と謝り、そして彼のつつましい仕事を替わってくれた仲間に、しきりに感謝するのでした。

　ベズッコは、確たる目的をもってオラトリオにやってきました。それは、司祭になって一生を神様におささげするということで、ここで暮らしている間中、この目的を見据えていました。そしてこの目的を達成すべく、彼は知識と徳を高めようとがんばっていたのです。ある日、彼はある仲間と勉強について、そしてどうしてここへ来ることになったのかという理由について話をしていました。彼は自分自身の考えを話すと、こう締めくくりました。「つまるところぼくの理由は、司祭になるためということなんだ。これをやり遂げ

271

るために、ぼくは主の助けを借りて何でもするつもりだよ」。

第19章
ゆるしの秘跡

　教育制度についてはさまざまあり、それについて何を言おうと自由ですが、私は教育のための堅固な基礎として、頻繁なゆるしの秘跡と聖体拝領に勝るものはないと思っています。そしてこの二つの要素が欠けると、道徳性は追いやられてしまうことになると言っても過言ではないと信じています[294]。前にも述べてきたように、ベズッコはこの二つの秘跡を頻繁に受けるよう、養成されてきました。オラトリオに着いてからも、これらの秘跡を受けるための気持ちと情熱が高まっていました。

　聖母マリアの誕生の祝日ためのノヴェナが始まるとき、彼は院長のところへ行ってこう言いました。「このノヴェナをよいものにするために、何よりもまず総告白をしたいのです」。その理由を聞いてから、院長は彼に、「総告白をする理由は何もない」と答えました。そしてこう付け加えました。「心配しなくてもいい。それに、君はもう別の機会に主任司祭に対して総告白をしているからね」「はい」と彼は答えました。「確かに初聖体のときと、それからふるさとでの黙想会のときに総告白をしました。でも、ぼくは自分の魂を神父様の手にゆだねたいのです。ぼくは自分の良心のすべてを院長様の前にさらけ出すことを望んでいます。そうすれば、もっとよくぼく

---

[294]　第1部「ドメニコ・サヴィオ少年の生涯」14章、第2部「ミケーレ・マゴーネ少年の小伝」5章 参照。

のことを知っていただけますし、ぼくの魂を救うのに最適のアドバイスをいただけると確信しているからです」。院長は承知し、自分を聴罪司祭として選んでくれたことに感謝しました。そして彼に、自分の聴罪司祭のことをよく考え、彼のために祈り、彼の前では常に自分の良心を悩ませていることすべてを打ち明けるよう勧めました。また、彼が望んでいる総告白のための準備を手伝ってやりました。この総告白で、彼は自分の過去に対する悲しみと、将来に対する決意を見事に表現しました。とはいえ、彼の生涯から知るかぎりにおいて、彼が大罪と考えられるような過ちは決して犯さなかったことはだれもがわかることでしょう。いったん聴罪司祭を決めると、彼は主が彼を私たちと共に置いてくださった間中、ほかの人に変えることはありませんでした。彼は聴罪司祭に全幅の信頼を置き、ゆるしの秘跡以外でも彼にいろいろ相談をしました。聴罪司祭のために祈り、彼から自分の生活の基準について少しでもアドバイスをもらえると、とてもよろこびました。

　ある日彼は、自分と同じようにオラトリオに来たがっていた友人に手紙を書きました。彼は恵みを得るために主に祈ることを友人に勧め、また十字架の道行などの信心業についていくつかのアドバイスを与えましたが、何よりも毎週ゆるしの秘跡に行き、そして毎週聖体拝領を何度かするよう助言しました。

　このことについては、私はベズッコ少年を格別に称賛したいと思いますが、あわせてすべての皆さん、とりわけ若者の皆さんに、決まった聴罪司祭を早めに選んでおくこと、そして理由がないかぎりその聴罪司祭を替えないことを、心からお勧めします。よく、ゆるしの秘跡のたびに聴罪司祭を変える人がいますが、それは間違いです。また、より重要なことを告白しなければならないときだけ別の

聴罪司祭のところに行き、その後またいつもの聴罪司祭のところに戻る人がいますが、これも避けるべきことです。この行動自体が罪を犯していることにはなりませんが、しかしこれでは自分の良心の状況をすべて把握しているよき導き手を得ることはできないでしょう。こうした人びとには、毎回違う医者にかかる病人に起こることが待っているのです。すなわち、医者には病気の診断をすることが難しくなり、どのような治療法を処方すればよいのか定かではなくなってしまうのです。

　もしこの本が、神のみ摂理により若者たちの教育に携わっている人びとに読んでいただけているのなら、私はここで次の3つのことを強くお勧めしたいと思います。第1に、若者たちの不安定さを防ぐ支えとしての頻繁なゆるしの秘跡を熱心に奨励し、この秘跡を定期的に受けるようあらゆる支援を行うことです。次に、若者たちが決まった聴罪司祭をもち、そして必要がないかぎりそれを替えないことの大きな有益性を主張することです。しかし、自分の魂のためにはこの人がいちばんよい、と思った人を自由に選べるよう、だれでも選べる聴罪司祭の選択肢はたくさん用意しておきましょう。また、たとえだれかが聴罪司祭を変えることがあったとしても、それは決して間違ったことをしたわけではなく、むしろゆるしの秘跡のときに罪を隠すような真似をするよりは、聴罪司祭を何千回も変えるほうがまだましだということを心にとめておきましょう。

　若者たちにはゆるしの秘跡の偉大な秘密について普段からよく話しておきましょう。聴罪司祭は自然法、教会法、神の法、そして民法上の守秘義務に縛られていること、そしていかなる理由があろうとも、いかなる代償、たとえそれが死であっても、を払おうとも、ゆるしの秘跡で聞いたことを他人に漏らすことはできず、またそれを

利用することもできず、さらに、この秘跡において耳にしたことを考えてみることさえできないということをはっきりと教えておきましょう。聴罪司祭は、ゆるしの秘跡で聞いたことが極めて深刻だったからといってそれに驚いたり、あるいはまたその人に対する尊敬の念や愛情を失ったりすることはなく、むしろかえってその人に対する評価を上げることでしょう。医者というものは、自分の患者がなぜこんなにも深刻な容体になったのか、その原因がわかるととてもよろこぶものです。なぜなら、それによって正しい治療を施すことができるからです。魂の医者である聴罪司祭にとっても同じことです。聴罪司祭は赦しによって魂のあらゆる傷を、神のみ名において癒やすのです。こうしたことをきちんと説明し、また推奨することによって、少年たちの間にすばらしい道徳的結果が得られるだろうと私は確信しています。そしてその成果は、ゆるしの秘跡のうちにカトリックの教えが有する見事な道徳的影響をもたらすことでしょう。

第20章
聖体拝領

　若者たちにとって第2の支えとなるものが聖体拝領です。ちょうどいいときに、よい心構えで頻繁に聖体拝領にあずかり始めた少年たちは幸せです。ベズッコは両親と主任司祭から、実りをもって頻繁に聖体拝領にあずかるよう励まされ、教えられてきました。ふるさとにいるときは、彼は毎週聖体拝領に行きました。祝祭日はもちろんのこと、時々は平日にも行きました。オラトリオに来てからも、同じくらいの頻度で聖体拝領にあずかりました。平日にも何回か行きましたし、ノヴェナのときは毎日行きました。

オラトリオの少年たち

　彼の純真無垢な魂と極めて模範的な行いは、頻繁に聖体拝領にあずかるにふさわしいものでしたが、それにもかかわらず、彼は自分をそれに値しないと考えていました。彼の不安は、この家を訪ねてきたある人が、より長く準備をして、ご聖体をより熱い気持ちでいただくためにも、聖体拝領はあまり頻繁にしないほうがよいと彼に言ったときからどんどん大きくなりました。

　ある日、彼はある長上のところに行き、自分の心配事について話しました。長上は彼を落ち着かせようとして言いました。

　「君は自分の体のために、とても頻繁にパンを食べるよね？」

　「はい、もちろんです」

　「そう、私たちは体のために毎日パンを食べる。この地上で、この肉体がほんの短い間生きながらえるためだけなのにね。だとしたら、魂のための霊的パンであるご聖体をどうして頻繁に、もしかすると毎日食べてはいけないのかな？（聖アウグスチヌス）」

　「でも私はそんなに頻繁に聖体拝領できるほどよい人間だとは思えないんです」

　「まさに、もっとよい人間になるために、しばしば聖体拝領することはよいことなんだよ。イエスが自分の体を食べさせるために招いたのは聖人たちではないよね。弱い者、疲れている者、つまり罪を忌み嫌う者たちだけれども、自分の弱さのためにまた罪に陥ってしまう危険性のある者たちを招いたんだ。彼は言うよね。疲れた者、重荷を負う者は私のところに来なさい。休ませてあげよう＊295、と」

　「もしたまにしか行かなければ、聖体拝領をもっと熱心に受けることができる気がするんです」

＊295　新約聖書 マタイによる福音書11章28節 参照。

第3部　フランチェスコ・ベズッコ少年の生涯

「それはどうかな。確かなことは、実際にやることで物事がより
よくできるようになるし、あることをしばしばやる人はそれを正し
く行う方法を学ぶということだ。だから頻繁に聖体拝領する者はそ
れをよりよく行う方法を学ぶということだよ」

「でも、普段からちょっとしか食べない人は、それだけ食欲も旺
盛になります」

「ろくに物も食べないで、断食したまま何日も過ごせば、体が弱っ
て倒れるか、飢え死にをしてしまうのがおちだよ。それに、今まで
節食していた人が急に食べようとすると、消化不良を起こす危険も
あるんだよ」

「もしそうなら、これからはもっともっと頻繁に聖体拝領をする
ようにします。だってぼくはこれが自分をよくしてくれる強力な手
段ということをよく知っているからです」

「君の聴罪司祭が言うだけ頻繁に聖体拝領に行きなさい」

「聴罪司祭は、自分の良心にとがめるものがないときはいつでも
行きなさいと言っています」

「いいね、そのアドバイスに従いなさい。ところで、主イエス・キ
リストは、私たちが霊的な必要に迫られているときはいつでもご自
分の御体と御血をいただくよう、私たちを招いておられる。そして
私たちはこの世においては、いつでも霊的な必要性の中に生きてい
る。主イエス・キリストはこうも言っておられる。『人の子の肉を食
べ、その血を飲まなければ、あなたたちのうちにいのちは無い』[296]。
それゆえ、私たちキリスト者は、使徒たちの時代から祈ることとご

──────────

＊296　新約聖書 ヨハネによる福音書6章53節 参照。

聖体のパンをいただくことをたゆまず続けてきたのだよ[297]。最初の数世紀では、ミサに参加した者は皆ご聖体をいただいた。そして毎日ミサに参加した者は、当然のことながら毎日ご聖体をいただいたんだ。トレント公会議において、カトリック教会はキリスト者に、ミサにできるだけ参加するよう勧めたのだが、その中にこのような美しい言葉があるんだよ。『個々のミサ聖祭について、そこに出席している信徒がただ精神的に聖体を拝領するだけでなく、実際にも拝領して、聖なるいけにえの成果を豊かに受けることを教会会議は望む（第22総会、第6章）』」。

第21章
聖体への崇敬

　彼は、頻繁に聖体拝領に行くだけでなく、機会あるごとに聖体に対する大きな愛を示しました。ふるさとにいたときは、臨終の聖体拝領のための聖体を運ぶ司祭にとてもよろこんでついていきました。鐘が鳴るのを聞くやいなや両親に許可を願い、もちろん両親はすぐに許してくれましたので、すぐに聖堂に駆けつけ、年齢にふさわしいやり方で奉仕をしました。鈴を鳴らすとか、ろうそくを運ぶとか、パラソルを運び、開いたままにするとか、*"Confiteor"*（回心の祈り）や*"Miserere"*（ミゼレレ）、*"Te Deum"*（テ・デウム）を唱えることなどは彼が特に好んでいたことでした。ふるさとでは、自分より小さい子や、あまりよく指導を受けていない仲間たちがよりよく聖体拝領できるよう、そしてその後で適切な感謝の祈りができる

＊297　新約聖書 使徒言行録2章42節 参照。

よう、進んで助けていました。

　そんな彼の熱心さはオラトリオに来てからも変わらず、何より、毎日少しでも聖体訪問するという非常に立派な習慣を作り上げました。聖体の前で特別な祈りをささげるために、司祭や神学生のだれかが少年たちのグループを集めて聖堂に連れていくとき、よく彼らと一緒にいるフランチェスコを見かけました。彼が仲間のだれかを聖堂に連れていくやり方を見るのは、非常にためになりました。ある日、彼はこう言って仲間を誘いました。「一緒に行こうよ、そして、聖櫃の中でひとりぼっちでおられるイエス様に『主の祈り』をささげよう」。しかし、遊びに夢中になっていたその仲間は、行きたくないと答えました。そこでベズッコはともかく一人で行きました。次の日、徳深い仲間の愛情深い誘いを断ってしまったことをすまなく思った彼は、ベズッコのもとにやってきてこう言いました。「昨日君はぼくを聖堂に行こうと誘ってくれたのに、ぼくは行きたくなかった。今日は昨日できなかったことをするのについてきてもらうため、君を誘いたい」。ベズッコはほほえんで、こう答えました。「昨日のことは心配しなくていいよ。ぼくが君と二人分お祈りしておいたから。ご聖体の前で、自分のために『主の祈り』を3回、そして君のためにも『主の祈り』を3回唱えたよ。でもよろこんでまた行くし、君がぼくについてきてほしいときはいつでも行くよ」。

　一度ならず、私は自分の務めを果たすために夕食後に聖堂に行かなければなりませんでした。その間、家の若者たちは校庭で元気に遊んでいるのですが、灯りを持たずに行った私は、何やら小麦粉の袋のように見える物につまずいて、危うくばったり倒れそうになってしまいました。つまずいた物が、夜の暗闇の中、祭壇のすぐ後ろの隠れたところにいたベズッコだと知ったとき、私はどんなにか驚

オラトリオの少年たち

いたことでしょう。彼は自分の愛するイエス様に、真理を知り、もっとよい人になり、さらには聖人になるために天の光を与えてくれるように祈っていたのです。彼はミサでの奉仕をよろこんでやってくれました。彼は、祭壇を準備することやろうそくに火をつけること、ミサ用の小瓶を持っていくこと、司祭が祭服に着替えるのを手伝うことなどに最高のよろこびを感じていました。しかし、ほかのだれかがミサでの奉仕を希望するときはいつでもよろこび、そして自分は大いなる集中力をもってミサにあずかるのでした。ミサで、あるいは夕方の聖体賛美式で手伝いをしている彼を目にした人びとは皆、彼が祈りの間に見せる熱情と落ち着きに感銘を受けることなしに、そして啓蒙されることなしに彼を見ることはできなかったと全員揃って断言することでしょう。

彼は聖体に関する本を読むことにも余念がなく、また聖体についての賛美歌を歌うことにも熱心でした。彼が日がな一日唱えていた数多くの射祷の中でも、これが彼のいちばんのお気に入りでした。「最も神聖で聖なる秘跡に、絶え間なく祝福と賛美がありますように」[298]。彼はこう言っていました。「この射祷を唱えるたびごとに、ぼくは100日間の免償をもらえるんです。それに、このお祈りを唱え始めると、ぼくの頭の中にあった悪い考えがみんな消えてしまうんです。この射祷は、ぼくを誘惑しにやって来る悪魔の角を、そのたびに砕くことができる金槌なんです」。

---

[298]　ドン・ボスコはこの射祷を、特にミサ中の聖体奉挙のときと聖体訪問をする際に唱えることを勧めていた。

第3部　フランチェスコ・ベズッコ少年の生涯

第22章
祈りの精神

　少年たちに祈りの味わいを感じてもらうのはとても難しいことです。この気まぐれな年頃の子どもたちにとって、まじめな精神的注意力を必要とするような事柄は、どれも嫌悪感を催す重苦しいものなのです。若いころから祈りをきちんと教え込まれていて、しかも祈りが好きな人は、とても幸せな子だと言えるでしょう。その若者には主の恵みの泉がいつも湧き出しているのです。

　ベズッコもこうした若者の一人でした。幼少期における両親の手ほどき、学校の先生の手助け、そしてとりわけ主任司祭の助け、そのすべてが最終的に彼という少年の中で理想的な実を結んだのです。彼には黙想の習慣はありませんでしたが、そのかわり声に出して多くの祈りを唱えていました。彼は一言一句はっきりとそして明瞭に言葉を発し、そしてあたかも彼が祈りを向けている主や聖母マリア、聖人に対して話しかけるように、声に出して祈っていました。朝は呼ばれるとすぐに起きだして着替えをし、ベッドを整えると、まっすぐに聖堂に行くか、そうでなければベッドの横にひざまずいて、次の鐘が鳴るまで祈りをささげるのでした。彼はきちんと決まった時間に聖堂に行くだけではなく、聖堂の中で気を散らされることのない場所と仲間の隣に座りました。だれかのおしゃべりや、落ち着かない態度を見ることは非常に辛いことでした。ある日のこと、フランチェスコは聖堂を出るとすぐに、このような態度を取っていた一人の少年を探しに行きました。そして彼を見つけると、彼がいったい何をやらかしたのかを告げ、それが間違ったことであることをわからせ、聖なる場所ではより静かにしていることを教え込みました。

281

オラトリオの少年たち

　彼は聖母マリアに対して特別な愛情をささげていました。聖母マリアの祝日を準備するノヴェナの間は特別に熱心でした。毎夕、院長は聖母のための何らかの霊的花束の提案をしたものでした。ベズッコはその提案をとても大切にしていただけではなく、皆も実践できるように努めていました。彼は忘れないようにノートの上に記していました。「このようにして、その年の終わりに聖母マリアに差し上げるすばらしいプレゼントができたのです」と彼は言いました。一日中、彼はその霊的花束を繰り返し、また仲間たちにもそれを思い出させていました。彼は、かつてドメニコ・サヴィオが聖母マリアの祭壇の前で祈るためにひざまずいていたその正確な場所を知りたがりました。そして、その場所へ行っては、同じように祈り、大きな慰めを感じていました。「ああ！　もしできるなら、ここで朝から晩まで聖母マリアに祈っていたい。どれだけそうしたいことか！」と彼はよく言っていたものです。「だって、ドメニコ・サヴィオが一緒に祈ってくれているような気がするんです。彼はぼくの祈りに応えてくれているように思えます。そして彼の情熱がぼくの心の中にも注ぎ込まれてくるんです」。聖堂を出るのは、大方の場合フランチェスコがいちばん最後でした。なぜなら、いつも聖母マリアのご像の前で足を止めたからです。そのため、よく朝食をすっぽかす羽目になりましたが、それを知った者たちはみんな、14歳の丈夫で健康な少年が、祈りという霊的な食物を好んで肉体を養う食事を忘れるなんてと大層驚きました。

　彼はよく仲間たちと一緒に聖堂に行き、聖母マリアの7つのよろこび、聖母マリアの7つの悲しみ、連祷、ご聖体の中にまします主イエス・キリストへの祈りをささげました。とりわけ、休暇中はよくそうしていました。彼はこれらの祈りの先唱をするというよろこ

282

第3部　フランチェスコ・ベズッコ少年の生涯

びを決してほかの人たちに譲りたくはありませんでした。金曜日には、可能なときはいつも十字架の道行をし、それが無理なときは少なくとも朗読をしました。これは彼の特別な信心業の一つでした。彼はよくこう言っていました。「十字架の道行は、ぼくにとっては飛び散る火花のようなものです。ぼくが祈るのを助けてくれ、そしてどんなことでも神の愛のために耐えることができるようにしてくれるのです」。

　彼はお祈りが大好きで、一人でいるときや、何もすることがないときなどはいつも何かしらの祈りを始めるのでした。彼は遊んでいる間でさえも祈り始めることがあり、時折思わず遊びの名前と射祷を間違ってしまうことがあるほどでした。ある日彼は長上の姿を見かけ、名前を呼んで駆け寄って挨拶しましたが、こう言ってしまいました。「ああ聖母よ」。またあるとき、一緒に遊んでいた仲間を呼ぼうとして、こう叫んでしまいました。「おーい、天におられる私たちの父よ」。仲間たちはこんな彼を見て笑いましたが、反面それは彼がどれほど祈りを好きであるのか、彼がどれだけ神に向かって自分の思いを高めていく力があるのかという証明になりました。霊的生活の指導者たちによれば、このことは極めて徳の高い人びとの間でも見ることが難しい高い次元での完成度を示すものだとのことでした。

　みんなで夜の祈りをしたあと、彼は寝室に行き、あまり快適ではない自分の荷物入れの上にひざまずいて、15分から時には30分祈っていました。それでは先にベッドに入った子たちの邪魔になるよ、と言われた彼は、祈りを早めて、次からはみんなと同じ時間にベッドに入ります、と約束するのですが、ベッドに入るやいなや胸の上で手を組み、そして眠りに落ちるまで祈りをするのでした。夜中に

283

オラトリオの少年たち

目が覚めてしまうことがあると、彼はすぐに煉獄にいる魂のために祈り始め、そして祈りが終わらないうちに再び眠りに落ちてしまうと、とても悲しい気持ちになってしまうのでした。彼はある友達に言いました。「すごく残念だ。ベッドの中で眠らずに少しの時間我慢できればよかったんだけど。ぼくは惨めだ。もし自分が望むだけ祈れていたら、煉獄にいる魂のためにどれだけいいことができたんだろう！」

つまるところ、この少年の祈りの精神を検証するなら、彼は、「いつも祈っていなさい」と私たちにお命じになった私たちの救い主の教えに、文字通り従っていたのだと言うことができるでしょう*299。彼は昼も夜も祈りに明け暮れていたのですから。

第23章
苦行

少年たちに苦行の話をすると、皆ぎょっとするのが普通です。しかし、神の愛がその心をしっかりと捕らえているのであれば、この世のどんなものも心を悩ますことはなく、どのような艱難にも苦しむことはありません。むしろ、人生のどんな苦しみも慰めになりうるのです。無垢で柔らかな心は、より大きなことのために苦しむのだという高尚な考えをもち、そしてこの世の苦しみには天国での栄光に満ちた報酬が約束されていると信じます。

幼いころから、ベズッコは苦しみに耐えることを強く望んできました。ここオラトリオで、彼の苦行に対する情熱は倍加しました。

＊299　新約聖書 ルカによる福音書18章1節 参照。

第3部　フランチェスコ・ベズッコ少年の生涯

　ある日、彼は長上のところへ行ってこう言いました。「ぼく、とても心配なんです。主は福音の中で、純真無垢であるか苦行によってのみ天国の入り口は開かれるとおっしゃっておられます。ぼくはすでに純真さを失っているので、純真無垢という条件では天国に行かれません。ですからぼくは苦行を通して天国に行かなければならないのです」。

　これに対して長上は、君にとっての苦行とは、勉強をがんばること、学校で集中すること、長上に従順であること、日常生活における暑さ、寒さ、風、空腹、渇きなどの不自由や不便を我慢することだよと答えましたが、フランチェスコはなおも食い下がりました。

　「でも、こうしたことは必要に迫られて甘んじて受け入れなければならないことではありませんか」「そのとおり。でもね、もし君がこうした必要に迫られたうえでの苦しみに、神の愛のためにこうした苦しみをおささげするという気持ちを重ねるのであれば、それは立派な苦行となり、神様をよろこばせ、そして君の魂のためにもなるのだよ」[300]。

　彼はしばらくの間はおとなしくしていましたが、相変わらず折を見ては、断食をすること、朝食を全部か一部食べないこと、衣服の下に着心地の悪い物を着ること、ベッドに何か入れることなどを許してくれるよう頼んできました。しかし、そういったことが許されることはありませんでした。諸聖人の祭日の前夜、フランチェスコはパンと水だけの断食の許可を特別に願い出ましたが、これはあとで朝食を抜くことに差し替えられました。フランチェスコは、「こ

───────────────

[300]　「やむを得ず我慢しなければいけないことを神様にささげること。これが君の魂のために功徳となるんだよ」（第1部「ドメニコ・サヴィオ少年の生涯」15章より）。

オラトリオの少年たち

れで苦難の道を歩んで魂の救いを得た天国の聖人たちに、少なくとも何らかの形で倣うことができる」ともう大よろこびでした。

五感の抑制、とりわけ目の抑制についてはいまさら言うまでもないことでしょう。フランチェスコの冷静沈着な態度、仲間たちに対する振る舞い、家の内外における慎み深い行動を少しでも見てきた人びとは、彼が節制や外的振る舞いの完璧な模範たりうることを認めるにやぶさかではないでしょう。

彼は、肉体的な苦行こそ許されませんでしたが、ほかの種類の苦行、つまり、家で最も控えめな仕事をすることの許可は得ていました。彼がよろこんで、そして大いなる満足をもってやっていた仕事には次のようなものがあります。仲間たちの用を足すこと、彼らに水を持ってくること、靴磨き、許された場合にはテーブルでの給仕役、食堂、寝室の掃き掃除、ゴミ運び、荷物運びなど[301]。ここに挙げたことは、家を離れて暮らし、用事をこなしたり自分の身分にあった奉仕をしたりすることを恥じらってしまう若者たちにとって、倣うべきよいお手本となるでしょう。若者たちの中には、両親がみすぼらしい格好をしているからといって、一緒に歩くのを嫌がる者たちもいます。家を離れたことによって彼らの状況が変わり、親に対する敬意や尊重、従順といった義務を忘れ、あまつさえ人びとに対する慈愛の心も忘れてしまったように思えます。

われらのベズッコはしかし、こうした小さな苦行にはすぐ物足りなくなってしまいました。彼はより大きな苦行を望んでいました。時折彼が、家にいたときはもっと大変な苦行をやっていたけど健康

---

[301]　「靴を磨いたり、友達の衣服の汚れを落としたり、病人のために最も大変な奉仕をし、掃いたり磨いたりするといったことは彼にとって最も楽しい気晴らしでした」（第1部「ドメニコ・サヴィオ少年の生涯」16章より）。

第3部　フランチェスコ・ベズッコ少年の生涯

には全然問題はなかったと嘆いているのも聞こえてきました。長上
はいつも、本当の苦行とは自分が好きなことをやるのではなく、主
が好きなこと、主の栄光をいや増すことをすることにあるのだと答
えていました。「従順でいなさい」と長上は付け加えました。「自分
の務めに勤勉であり、仲間たちに対しては親切で慈悲深くありなさ
い。彼らの欠点を我慢し、彼らによきアドバイスを与えなさい。そ
うすれば、君はそのほかのどんな犠牲よりも神様がよろこんでくだ
さることをすることになるのだよ」＊302。

　辛抱強く寒さを我慢しなさいという言葉を文字通り受け取った彼
は、冬が来てもそれにふさわしい服装をしませんでした。ある日、
私は彼の顔色がとても悪いのを見て、病気なのかと尋ねました。彼
は答えました。「いいえ。ぼくはいたって元気です」。私は彼の手を
取り、そして、もうクリスマスのノヴェナの時期だというのに、彼
がまだ夏用の上着のままでいることに気づきました。

　「冬物は持っていないの？」と私は彼に尋ねました。

　「いいえ、部屋にあります」

　「じゃあ、どうして着ないのかね？」

　「えっと……理由はもうご存じだと思いますけど……。ぼくは神
の愛のために冬の寒さを我慢しているんです」

　「行って、すぐに冬物を着てきなさい。そして冬の寒さからきち
んと身を守るようにしなさい。もし何か必要な物があったら言いな
さい。すぐにあげるから」

　しかし、こうしたことにもかかわらず、後に彼の病気発症の遠因

＊302　旧約聖書 サムエル記上15章22節、新約聖書 マタイによる福音書9章13節、
　　　　ヨハネによる福音書8章29節 参照。

287

であったかもしれない、とある無茶を止めることはできませんでした。その病気が、最終的には彼を墓場まで連れていくことになるのですが、それについてはまたあとでお話ししましょう。

第24章
特筆すべき行動と発言

　今まで述べてきたことに直接関係のないことで、ベズッコが言ったことや行ったことはたくさんあります。それらを個別に詳しく見ていきましょう。まずは彼との会話からです。話をするとき、彼は決まって控えめな態度を取っていましたが、とても陽気で機知に富んでいました。彼は羊飼いとして羊や山羊を牧草地に連れていっていたころの経験を、よろこんで話してくれました。ロブレントやドレックの山々の灌木の茂み、牧草地、渓谷、洞穴、嵐などについて、彼はまるで世界の数多くの不思議と同じように語りました。

　また、彼にとっては議論の余地のない真実である格言もいくつかもっていました。例えばこんな具合です。だれかに、この地上のことばかりでなく、もっと天の国のことを考えてほしいなと思ったとき、彼はこんなふうに言いました。「山羊みたいに地面ばかり見ている人に、天国が開かれるのはとても難しい」。

　ある日、仲間の一人が宗教について話していましたが、いくつかのひどく誤った見解をうっかり口にしてしまいました。われらがベズッコは、一つには自分が年少であり、またもう一つには自分がまだ十分に勉強をしていなかったために、その場では黙っていましたが、とても居心地が悪く、イライラしていました。しばらくたってから彼は勇気を奮い起こし、ニコニコしながらその場にいた者たち

に言いました。「ねえ、聞いて。ちょっと前に辞書で『職業』って
いう言葉の意味を調べたんだけど、その中にこんな例文があったん
だよ。『ほかの人の職業に手を出す人は、籠の中でスープを作る』。
ぼくの父さんも同じようなことを言っていた。『自分がよく知らな
いことをやろうとする人は、結局やったことを台無しにしてしまう
ものさ』ってね」。彼の言わんとすることはよくわかり、みんなが
彼の賢明さと慎重さをほめそやす中、先ほど軽率な発言をした者は
黙ってしまいました。

　長上が定めたことについてはいつも満足していました。時間割や
テーブルの準備、学校での指示などについて文句を言ったことは一
度もありませんでした。彼はいつもすべてのことを好きになりまし
た。どうしてそういつもすべてのことに満足していられるのかと尋ね
られると、彼はこう答えました。「ぼくはほかの人と同じように肉と
骨から作られています。でも、ぼくはすべてのことを神の栄光のた
めにしたいと願っているんです。だから、ぼくに合わない好きにな
れないことも全部、神様にとっては確かによろこびになるのだと思
えば、ぼくにとってはそれが満足すべき立派な理由となるのです」。

　ある日フランチェスコは、オラトリオに入ったばかりでまだ新し
い暮らしに馴染めずにいる何人かの仲間たちと一緒にいました。彼
はこう言って新入生たちを慰めました。「もし軍隊に入っていたと
したら、どう？　自分で時間割を決められたと思う？　好きな時間
にベッドに入ったり、好きな時間に起きたりできたと思う？　いつ
でも散歩に行けたと思う？」

　「いいや。でも、ちょっとくらい自由が……」と彼らは答えました。

　「ぼくたちは自由だよ、絶対に自由だ。もし神様のみ旨を行うの
であればね。ぼくたちが自由を失った奴隷となるのは、罪に堕ちた

ときだけだ。そのとき、ぼくたちは本当の意味で奴隷になるんだ。ぼくたちの大いなる敵である悪魔の奴隷に、ね」

「でもさぁ、家にいたときはもっといいものが食べられたし、ここよりももっと気持ちよく寝られたよ」。一人がそんなふうに不平を言いました。

「そうだね、それは確かにそうだ。家では食事も上等だし、ベッドももっと寝心地がよかったよね。だけど、あえて言うけど、そうやって君たちは二つの大きな敵を育ててきたんだよ。それが暴食と怠惰だ。いいかい、ぼくたちは山羊や羊のように、ただ食べて寝るためだけに生まれてきたんじゃない。ぼくたちは神の栄光のために働き、そしてあらゆる悪徳の根源である怠け心を避けなくてはならないんだ。ところで、ぼくたちの長上がおっしゃったことを聞いたかい？」

「いいや、覚えてない」

「昨日かな、長上はこうおっしゃったんだ。いいかい、これが大事なところだよ。彼はよろこんで若者たちを受け入れるけど、だれも強制されてほしくはないとね。そしてこう結んだんだ。もしだれかが満足していないなら、そう言ってほしい。その人が満足できるように努めよう。もし、ここにとどまるのが嫌なら、ここを去るのは自由です。でも、もしここにとどまるのであれば、不平不満を広めるようなことをしてほしくはありません、よろこんでここにいることですってね」＊303

「どこにだって行くさ。だけど、それにはお金がかかる。うちの両親には払えるだけのお金はないんだ」

「それならなおさらここにいることをありがたいと思わなくちゃ。

＊303　「よろこんでここにいることです」：　1878年第2版で加筆。

もし払えるだけのお金がないなら、ほかのだれよりも満足すべきだよ。ほら、『もらい物にケチをつけるな』って、よく言うだろう？

みんな、ぼくたちは『神の摂理の家』にいるってことを忘れちゃいけないよ。ちょっとだけ払う者もいれば、全然払わない者もいる、だけど、この値段でこれだけの物が手に入る場所なんてほかのどこにもないよ？」

「君の言うことは正しいよ。だけど、もうちょっとましな物が食べられたらなぁ」

「もし、どうしてももっとおいしいご飯が食べたくてたまらないというのであれば簡単さ。出ていってほかの寄宿舎を探すんだ」

「だけど、そんな寄宿料に払えるだけのお金はないよ」

「だったら黙っていることだ。そして、与えられた食事で満足するんだよ。ほかの仲間たちだってそうしている。みんな満足しているんだ。ねえ君、ぼくの本心を知りたいのなら教えてあげるけど、ぼくたちみたいに強くて健康な若者が人生のぜいたくについてあれこれ思い悩むのはよくないと思う。キリスト者として、もし天国に行きたいのなら、ぼくたちは何らかの苦行をしなくちゃいけないし、しかるべきときに暴食に対する傾向を抑制しなくちゃならないと思う。君たち、ぼくを信じて。これはぼくたちが主の祝福を受けるのに、そして天国に宝を積むのにとっても簡単なやり方なんだ」

こんなふうにして彼は仲間たちを励まし、そしてキリスト者としての礼儀正しさと愛徳のよきお手本となりました。

会話をするときに、彼はよく自分のノートに自分が聞いたことわざや格言を書いていました。

また手紙でも極めて雄弁でしたので、その中から受取人が提供してくださったいくつかをここに再録することにします。とてもため

オラトリオの少年たち

になると思います。

第25章
彼の手紙

　これらの手紙は、われらがベズッコの善良な心と真摯な信心とを表すはっきりとしたしるしです[304]。もっと年配の人びとにおいてさえ、人からの見方を気にせずに、宗教的・道徳的考えの趣のある手紙を見いだすのは珍しいことです。これは、本来ならばすべてのキリスト者に期待されてしかるべきことなのですが、実際にはこうしたことを行っている若者を見いだすのは極めて稀有なことだと言えるでしょう。愛する若者の皆さん、皆さん一人ひとりがどうか不信仰な人びとの書くような、宗教的中身の一切ない手紙を書くことは避けるようにしてください。とはいえ、決して手紙を書くなと言っているわけではありません。自分の考えや計画を遠く離れて住む人びとに伝えるために、手紙というこのすばらしい手段を大いに活用しましょう。しかし、手紙のやり取りにおいて、キリスト者と異教徒との間の区別はいつも必ずつけておくようにしましょう[305]。そして道徳的な考えを決して忘れないようにしましょう。こういう理

---

[304]　「少年ベズッコ・フランチェスコ・アルビーノの生涯についてお願いされた情報を、尊敬する貴殿に敏速に送ろうとして、オラトリオにいる間に彼が書いた5通の手紙を一緒に送ることを忘れていました。私の考えではこの手紙はフランチェスコの伝記を書く助けになることでしょう。最後の手紙はフランチェスコの署名が欠けています。忘れたためか、もしくはおそらくすでに健康が思わしくなかったのでしょう」（F・ペピーノからG・ボスコへの手紙、1864年2月5日）。

[305]　ドン・ボスコは他宗教に不寛容な社会・時代の中を生きており、その影響が感じられる。

第3部　フランチェスコ・ベズッコ少年の生涯

由でベズッコ少年の手紙をいくつか紹介したいと思います。どれも
簡潔でやさしさにあふれており、きっと読者の皆さんをよろこばせ
てくれることでしょう。

　最初の手紙は、彼の代父であるアルジェンテーラの主任司祭宛て
に書かれたもので、日付は1863年9月27日となっています。この
手紙で、フランチェスコはオラトリオでどんなに幸せかを彼に知ら
せ、そしてオラトリオに送ってくれたことに対する感謝を述べてい
ます。手紙は次のような形です＊306。

　　親愛なるお代父様

　4日前、仲間たちは20日間の休暇を家で過ごすために帰省してい
きました。彼らが幸せな休暇を過ごしてくれたらうれしいと思って
います。でもここに残るぼくのほうが彼らよりずっといいと思える
のは、こうして神父様に手紙を書く時間をもつことができるからで
す。この手紙をよろこんでくださることを願っています。まずお伝
えしなければならないのは、あなたがしてくださったすべてのこと
に感謝する十分な言葉が見つからないということです。お世話に
なったさまざまなこと、とりわけご自宅で勉強を教えてくださった
ことのほかにも、霊的なことや現実的なことをいろいろと教えてく
ださいました。そのすべてがぼくにとって大きな助けとなっていま
す。でもいちばんのことは、ぼくをここに送ってくださったことで
す。ここには何でもあります。魂のためにも肉体のためにも欠けて
いる物は何ひとつありません。多くの少年たちの中からぼくに対し

＊306　原文の手紙では、多少の文法上の誤りがあり、ドン・ボスコによって整えら
　　　れている。（F・ベズッコからF・ペピーノへの手紙、1863年9月27日）

293

てこのような栄誉を与えてくださった主にいっそう感謝いたします。こんなにもたくさんの天国の愛のしるしに調和するだけのお恵みをどうかぼくにお与えくださいと主に心からお願いしています。ぼくはここでこれ以上ないほど幸せです。欲しい物は何ひとつありません。ぼくの願いはすべてかなえられています。またぼくにいろいろ送ってくださり、ありがとうございました。神父様にも、恩人の皆さんにも厚く御礼申し上げます。実は先週、トリノでお目にかかれるかなぁと期待していました。そうすれば、ぼくの行動について私の長上たちとお話しすることができたのにと思います。でもきっと主が、この慰めを延期することを望まれたのでしょう。忍耐です。

　いただいたお手紙で、ぼくの手紙を読み聞かせてもらった家族が泣いてしまったことを知りました。どうか家族のみんなに、よろこぶ理由こそあれ、泣く理由など何もないのだと伝えてください。なぜならぼくはとても幸せだからです。また貴重なアドバイスをありがとうございました。今は教えていただいたことを実行できるよう、最善の努力を尽くしているところです。特別にぼくのために聖体拝領をしてくれた姉妹に感謝します。ぼくの勉強の助けとなってくれたと確信しています。おかげで、こんな短期間で絶対無理だと思われたのに、第2学年に進級することができました。両親によろしくと伝えてください。そして心配しないでぼくのために祈ってほしいと言ってください。ぼくは健康だし、必要な物は何でもあるし、ひと言で言えば幸せだからです。お返事が遅くなりましたことをお赦しください。このところ試験の準備でとても忙しかったのです。おかげで、思ったよりもよい成績を収めることができました。神父様には本当に感謝していますが、ほかにお礼のしようがないので、神様が神父様に健康と幸せな日々をお与えくださるようお願いするこ

とで返礼とさせていただきます。

　どうかぼくに祝福をお与えください。

神父様を愛する代子

フランチェスコ・ベズッコ

　フランチェスコの父親は刃物研ぎを生業としていましたが、夏の間はアルジェンテーラの畑で働き、牧場で牧畜をし、そして秋になると家族を養うために、研ぎ師として他所へ出稼ぎに行っていました。10月26日、フランチェスコは父親に、彼がトリノでどんなに幸せに暮らしているかということをしたためた手紙を書き、そして子としてのやさしい愛情をこんなふうに表現しました[307]。

　愛する父さんへ

　父さん、家族が必要な物をまかなうために、また地方へ出稼ぎに行くときがやってきましたね。ぼくは残念ながら一緒には行けないけれど、父さんへの思いと祈りのうちに、いつもそばにいます。主が父さんに健康と聖なるお恵みをお与えくださるよう、毎日必ず祈ります。

　代父である神父様がオラトリオにおいでになりました。とてもうれしかったです。神父様はとりわけ、ぼくがお腹を空かせているんじゃないかと父さんが心配していると話してくれました。心配しないで。ぼくは飽きるほどパンを食べています。それはもう、満腹になってもういらないと脇へ押しのけたとしてもまだたっぷりと残っ

＊307　原文の手紙は保存されていない。

ているくらいたくさんあるんですから。食事は1日4回[*308]で、食べたいだけ食べられます。昼食にはスープとメインがつきますし、夕食にはスープもあります。以前は毎日ワインが出ていましたが、値段がとても高くなってしまったので、今は日曜日だけになりました。だから、どうぞぼくのことは心配しないでください。必要な物は何でも与えられているので、今は何も欲しいとは思いません。

　ぼくをとてもよろこばせてくれることが二つあります。一つは、長上たちがぼくのことをとてもよろこんでくれていること、そして私がそれ以上に長上たちに満足しているということです。もう一つはサッサリの大司教様のご訪問です。司教様は院長様に会いにいらしたのですが、寄宿舎にも来てくださり、若者たちと長く一緒にいてくださいました。ぼくは司教様の手に口づけをし、そして祝福をいただきました。とてもうれしかったです。

　ぼくの大好きな父さん、どうか家族のみんなに、特に母さんによろしく伝えてください。代父の神父様にもぼくのことをお知らせして、そして神父様がしてくださったことに対して、いつも感謝してください。出稼ぎの地に行くまで、どうかよい旅路を。腰を落ち着けるところが決まったら知らせてください。すぐにぼくからも手紙を書きます。どうかぼくのために祈ってください。

父さんを愛する息子
フランチェスコ

　代父の訪問を受けて以来、フランチェスコは彼からの手紙を待ち望むようになりました。待ち焦がれていた彼を大満足させた、代父

＊308　食事が3回と、おやつが1回あったということ。

からの1通の手紙がありますが、この手紙の中で代父である熱心な司祭は、彼に霊的および物質的な幸福について多くのアドバイスを与えていました。フランチェスコは彼がどんなにうれしく思っているかという返事を書きましたが、その中で彼は、代父に感謝し、そしてもらったアドバイスを実行に移すことを約束しています。

　1863年11月23日に書かれたこの手紙は、次のようなものです＊309。

　親愛なるお代父様

　今月の14日にお手紙を受け取りました。なんという大きな慰めだったでしょうか。ぼくはその日一日をあたかも祝祭日であるかのように過ごしました。何度も何度もお手紙を読み返し、そして読み返すたびに、しっかり勉強しよう、よい人になろうとよりいっそう力づけられる思いがしました。神父様がぼくをこのオラトリオに送ってくださったことはなんとすばらしい贈り物だったのかといまさらながらにつくづく思います。ぼくの心からの感謝を表すには、聖堂に行って恩人の皆様、とりわけ神父様のために祈るほかはありません。勉強の時間が惜しいので、聖堂には休み時間に行くようにしています。でも少しペースを落としたほうがいいのかもしれません。なぜならぼくは勉強と祈りのほうが遊びよりも満足を感じるのですが、長上たちはぼくが勉強と祈りに満足するのと同じくらい、仲間と遊ばなくてはいけない、それがぼくたちの勉強や健康のためになるからと言うのです。

　授業が始まり、朝から晩まで、学校、勉強、歌の練習、音楽、信

＊309　F・ベズッコからF・ペピーノへの手紙、1863年11月23日。

心業、そして休み時間と息つく暇もなく、おかげで自分のことを考える時間はまったくありません。

エイザーティエル警部補は、うれしいことによくぼくを訪ねてきてくれます。数日前には、とても美しいマントを持ってきてくださいました。これを着ているところをご覧になったら、騎士みたいに見えるかもしれません。

警部補はぼくによい仲間を見つけるよう勧めてくれ、ぼくは早速そうしました。この少年は勉強においても徳においてもぼくよりすぐれています。ぼくたちは出会うやいなや、すぐ親友になりました。ぼくたちは勉強と信心に関することしか話題にしません。彼も休み時間は好きですが、しばらく走り回ると、学校ですることなどを話し合いながら、一緒に散歩をします。主は確かにぼくを助けてくださっています。クラスでは少しずつ上位になっています。全部で90人いますが、ぼくよりも上にまだ15人います。

友達がまだぼくを覚えてくれていると思うと、とても心慰められる気がします。彼らをとても愛しているとお伝えください。そしてどうか勉強と信心業をがんばってほしいと言ってください。ぼくにくださったすばらしい手紙に心から感謝します。書かれていたアドバイスを実行できるようがんばります。神様がぼくに、そして主を愛し主に奉仕する人生を送った人びとに、すばらしいご褒美を用意してくださっていることを知っているからこそ、ぼくはよい人になりたいと心から願っています[310]。

お返事を書くのに時間がかかってしまって申し訳ありませんでした。恩人である神父様がくださったアドバイスを実行できていな

---

[310]　新約聖書 テモテへの手紙二 4章8節 参照。

第3部　フランチェスコ・ベズッコ少年の生涯

かったとしたら、どうぞお赦しください。どうか家族のみんなによろしくと伝えてください。父には挨拶を送ることができませんので、心の中でそうすることにして、父のために神様に祈ります。ぼくの意志ではなく、神様のみ旨がすべてにおいて行われますように[311]。

　　　　最も愛するイエス様とマリア様のみ心において

　　　　　神父様に感謝する代子

　　　　　　　フランチェスコ

　フランチェスコは、主任司祭に宛てたこの手紙に、もう1通の手紙を同封していました。それは彼の友人であり、また高潔な従兄弟でもあるアルジェンテーラのアントニオ・ベルトランディに宛てたものでした。

　文章構成、言葉遣い、考え方など、よき若い友人同士で交わされる手紙のお手本とも言えるこの手紙[312]を、ここに紹介することにします。

　親愛なるアントニオへ

　代父の神父様から、君についてのよい知らせを聞きました！　君もぼくと同じように勉学の道に進みたいとのこと、とてもよい考えだと思います。続けていけばきっと幸せになれるだろうと思います。主任司祭はよい方で、いつでもきちんと教えてくれますから、自分の務めの遂行に勤勉であることで、彼に報いるべきです。勉強に没頭しつつも、祈りと信心業は忘れないようにしてください。この道で

＊311　新約聖書 マタイによる福音書26章39節 参照。
＊312　F・ベズッコからA・ベルトランディへの手紙、1863年11月23日。

成功し、真の満足を得るにはこれしか方法はありません。来年、君がぼくの仲間としてここにやってくると思うと楽しみでなりません。

　一つだけ伝えておきたいことがあります。両親と主任司祭にはくれぐれも従順であり、すべてにおいて従うようにしてください。それから、君の仲間たちに対してよきお手本を示すことを勧めます。

　ところで、一つお願いがあります。この冬、ぼくが家にいたころやっていたのと同じように、聖なる儀式のあとで十字架の道行を行ってください。この信心業を広めるよう努力すれば、君は必ずや主の祝福を受けることでしょう。時間は貴重です。だから上手に使うようにしてください。自由になる時間があったら、ほかの少年たちを集めて、前の日曜日に習ったキリスト教の教理のおさらいをしてください。神様の祝福を得るにはとてもよい方法なのです。代父の神父様に、お手紙を書いてくださるときには君についての知らせもあわせて入れてくださいとお願いしてください。そうすれば君の気持ちをもっとよく知ることができるでしょう。ああ、友よ、今まで無駄にしてきた時間のことを考えると、本当に苦々しい思いがします。その時間を勉強やもっと有意義なことに使えたと思うと残念でなりません。

　どうかぼくの手紙を悪く取らないでください。気に障るところがあったら謝ります。もし、神様の思し召しに適うのであれば、来年トリノで学友になれるよう、ベストを尽くしてください。

　じゃあね、アントニオ、ぼくのために祈ってください。

君を愛する友達

フランチェスコ・ベズッコ

第3部　フランチェスコ・ベズッコ少年の生涯

第26章
最後の手紙 ― 母親への思い

　前の章でご紹介した手紙には、フランチェスコが心の中で育てて
きた信心深さがにじみ出ていました。言葉の一語一語が、そして一
文字一文字が、彼のやさしい愛と聖なる考えの結晶でした。しかし、
彼の生涯が少しずつ終わりに近づいていくにつれ、彼の神への愛は
ますます燃え盛っていくようでした。実際、ある種の表現から、彼
が何か予兆を感じていたようでもあります。彼の代父は、最後の手
紙を受け取ったとき、こう叫びました。「私の代子は、私を置いて
行こうとしている。神がご自身のために彼を望んでおられるのだ」。
　この手紙[313]の日付は1863年12月28日です。だれかがキリスト
者的なやり方で新年のお祝いを述べようとするなら、これはまった
くもってその正しい手本であると言えるでしょう。

　愛するお代父様
　きちんと育てられた若者が、1年のこの時期に自分の両親や恩人
たちに対して特別な祝福や幸福を願う手紙を出さなかったとしたら、
その若者は不埒な恩知らずとのそしりを免れないでしょう。でも、
ぼくの輝かしい愛すべき恩人である神父様に、いったいなんと申し
上げたらいいのでしょうか。ぼくが生まれたときから、神父様はぼ
くによくしてくれ、そしてぼくの魂を心にかけてくれました。勉強
についても、信心についても、そして神を畏れることも、全部神父
様が一から教えてくれました。もしぼくが学校での数年間を無事過

＊313　　F・ベズッコからF・ペピーノへの手紙、1863年12月28日。

301

ごせたとしたら、そして魂の危機から逃げ去ることができたとしたら、それはすべて神父様のアドバイスと気遣いのおかげなのです。

でも、それに対してぼくは果たしてお返しができるのでしょうか？　ほかにその方法がないので、ぼくは最低限、神父様から受けたすべての恩を心の中にとどめておくことによって、ぼくの絶え間ない感謝の気持ちのしるしを神父様に差し上げるよう努力したいと思います。そしてこの数日間で、もてるすべての力を振り絞って、神父様に天国からの豊かな祝福があるよう、今年の終わりがよいものであるよう、そして来年の初めがよいものであるよう願います。

昔から「始めよければ、半分は完成」と言います。ですから、ぼくもこの新しい年の初めをよいものにしたいと願っています。この年を主のみ旨に従って始め、そして主のみ旨に従って過ごしていきたいと思います。

勉強は今のところうまくいっています。勉強でも寄宿舎生活でも、そして信心でも行動評価は「優」をもらいました。父と兄からは、元気でいるという知らせを受け取りました。どうかこのことを家族のみんなに教えてやってください。きっとよろこぶと思います。そして、何も心配しないでと伝えてください。ぼくは元気だし、足りない物は何もないのです。

それから、学校のアントニオ・ヴァロルソ先生にもよろしくお伝えいただけますか？　ぼくが学校にいたころ、先生に反抗的だったり、先生をしょっちゅう心配させたりしたことを赦してほしいと伝えてください。

最後に、これからは毎日神様に神父様の健康と長寿をお願いすることを改めてお約束します。愛するお代父様、いろいろとお手を煩わせてしまって申し訳ありません。どうかこれからもよきアドバイ

スでぼくを助けてください。よくあること、そしてあらゆる過ちを正すこと、これ以外に望みはありません。ぼくの意志ではなく、神様のみ旨がすべてにおいて行われますように[314]。

大いなる尊敬と愛情を込めて
神父様に感謝する代子
フランチェスコ

この代父宛ての手紙に、フランチェスコは母親への手紙[315]を同封していました。これが彼の最後の手紙となりましたが、両親に宛てた最後の言葉、遺言と考えてもいいでしょう。

愛する母さん
年の瀬も近づいてきました。神様は今年もつつがなく過ごせるようぼくたちを助けてくださいました。ぼくにとって今年はまさに、天からの好意がずっと続いていたような年でした。今年もあと数日ですが、みんながよい終わりを迎えられるよう願うとともに、新たな年のよき始まりとその継続、そして霊的にも物的にもよいことがたくさんあるよう主に祈ります。聖母マリアの取り次ぎによって、イエス様が母さんに長寿と幸せな日々をお授けくださいますように。
　今日、父さんから手紙をもらいました。父さんも兄さんも元気だそうで、ぼくはとても慰められました。ぼくにまだ必要な物のリストをメモにして一緒に送りますね。
　母さん、家にいたときはいろいろとご迷惑をおかけしました。今

＊314　新約聖書 マタイによる福音書26章39節 参照。
＊315　原文の手紙は保存されていない。

もかけていますが。でも、よい行いとお祈りとで、それを補うよう努力します。妹マリアの勉強のためにできることは何でもしてあげてくれるようお願いします。勉強をすれば、宗教においてもよく学ぶことができるでしょうから。

さようなら、愛する母さん、さようなら。ぼくたちの行動と心を主におささげしましょう。そしてぼくたちの魂の救いをお願いしましょう。主のみ旨がいつも行われますように。

家にいるみんなの幸せを願っています。どうかぼくのために祈ってください。

母さんを愛する息子
フランチェスコ

これらの最後の手紙から、ベズッコ少年の心がもはやこの世のものではないことが伺えます。彼はいつも神について話したり書いたりしたがっていましたが、まだ2本の足で地上を歩き回っているとはいえ、彼の魂はすでに神と共にあったのです。

宗教的なものへの熱意が高まるにつれ、フランチェスコはこの世から離れたいとますます強く願うようになっていきました。彼はよく、「もしできるなら、神を愛するということが何を意味するのかをよりよく理解するために、自分の肉体から魂を引き剥がしてしまいたいものだ」と言っていたものです。「もし許されるのであれば、ぼくは食べ物を一切拒否して、主のために苦しむというよろこびを心ゆくまで味わいたいのです。信仰のために死ぬなんて、殉教者たちはなんとすばらしい慰めを経験したことでしょう！」 彼はそう続けました。

つまり、フランチェスコは聖パウロが言ったことを、言葉と行い

によってやってみせたのでした。「この世を去って、栄光の主と共にいたい」[316]。神様は、この少年の小さな心が抱いた主に対する大きな愛をご覧になっておられたのです。そして、この世の悪しき物が彼の知性を汚すのを防ぐため、主はフランチェスコをそばにお召しになりました[317]。主は、彼の苦行への行き過ぎた愛を、ある程度までお許しになられたのでした。

第27章
ふさわしくない苦行と病気の始まり

　ベズッコはドメニコ・サヴィオの生涯の中で、彼がなんと無分別にも、冬が始まっても厚手の毛布をベッドに掛けないままにしていたことを読み、自分もそれを真似てみようと決心しました。彼は、「暖かくしていなさい」と言われたことを日中だけのことだと判断し、夜、ベッドでは自由に苦行を課してよいと考えました。彼はこのことをだれにも言いませんでした。少年たちみんなに支給されている毛織りの毛布を取ると、それを掛ける代わりに折りたたんで枕の下に入れました。1月の初めまではそれでもよかったのです。しかしある朝、彼は寒さで凍えてしまい、ほかの少年たちと一緒に起きだすことができませんでした。ベズッコが病気でベッドから起き上がれないと聞いた長上は、彼のもとに看護係と呼ばれる役目の者を遣わし、彼に何が必要なのかを確かめさせました。看護係は到着するとすぐに、どうしたのかと尋ねました。

＊316　新約聖書 フィリピの信徒への手紙1章23節 参照。
＊317　旧約聖書 知恵の書4章10-11節 参照。

「何でもありません」と彼は答えました。

「もし何でもないのなら、どうしてベッドから出られないの？」

「ええと、実はその、ちょっと気分が悪いんです」

看護係は毛布を掛け直すため近づくと、すぐに彼が夏掛け一枚しか掛けていないことに気づきました。

「ベズッコ君、君の冬物の毛布はどこにあるのかな？」

「ここです、枕の下」

「なぜこんなことをするの？」

「特別な理由はありません……。イエス様が十字架に掛けられたときは、今のぼくよりも薄い物しかまとわれていませんでした」

フランチェスコの容体がかなり悪いことはすぐにわかり、彼はただちに医務室に運ばれました。

医者が呼ばれましたが、医者は最初、病気はそう深刻なものではなく、ただの風邪だと診断しました[318]。

---

[318] 病気の知らせはすぐ家族に伝えられた。主任司祭が次のような返事をした。「フランチェスコ・ベズッコ少年の病気という悲しい知らせによって私は大変苦しみました。彼の姉妹たちも同じようでした（父と兄弟は不在でした）。姉妹たちは彼らの善良な母親にあまり悲しみを与えないよう、すぐに私のところに大変貴重なあなたの手紙を持ってきました。私はちょうどそのとき、私の友人であるエイザーティエルから送られてきたものを読んでいました。その手紙は4日のもので、この私たちの愛する病人のはっきりとした回復を知らせていました。2通の手紙を読んで、私はフランチェスコの善良で信心深い姉妹たちに次のことを知らせて慰めようとしました。それは、彼が彼の姉妹たちと同じくらい愛情深く親切な人びとによって面倒を見られていること、しかし神はその憐れみの中で、彼を天の住人とするため自分のところへ呼ぼうとされていることです。この3人の姉妹たちはそれを聞いてどうしたでしょうか？　彼女たちは聖マリアの祭壇に駆け寄り、そこで彼らの弟への感情を吐露し、私たちの聖母に彼を託していました。それはまさにフランチェスコがさる12月29日私に送った最後の手紙で彼らにお願いしていたことでした。その手紙の中で彼は長上たちからいつも受けている愛をよろこん

しかし、翌日医者は、病気が消えずに、胃の中にカタル性のうっ血を引き起こしていることに気づきました。病状は悪いほうへと向かっていったのです。下剤、吐剤（とざい）、瀉血など一通りの治療が行われ、さらにさまざまな薬が投与されましたが、効き目は少しもないように思われました。

ある日、どうして毛布を掛けないという軽率なことをしたのかと聞かれた彼はこう答えました。「長上たちに嫌な思いをさせてしまって申し訳ないと思っています。でもぼくは、ぼくの罪の償いのために行ったこのささやかな苦行を主が受け入れてくださることを願っています」。

「でも、君のこの無分別な行いの結果についてはどう思うのかね？」

「結果は主のみ手にゆだねます。すべてのものが神の栄光に帰し、自分の魂のためになるのでしたら、ぼくは将来自分の肉体に何があろうとも気にしません」。

第28章
病気の受け入れ ― 教訓となる言葉

彼の病気は8日間続きました。彼にとってそれは忍耐とキリスト教的甘受の実行であり、仲間たちにはその模範でした。病気で呼吸が妨げられ、そのため慢性的なひどい頭痛が起きました。辛い外科治療も受けなければなりませんでした。思い切った荒療治も行わ

で知らせていました」（F・ペピーノからV・アラソナッティへの手紙、1864年1月9日）。

れました。しかし、どれ一つとして彼の病状を軽減できたものはな
く、ただ彼の称賛すべき辛抱強さだけが際立つ結果となりました。
彼は恨みも見せず、不平も漏らしませんでした。「この薬は苦いよ
ね？」と言われると、すぐにこう答えました。「そうですね、甘い
薬ならぼくの口にはいいでしょう。でも、それが過去に犯した貪欲
という罪の償いを少しでもしてくれるということが正しいのです」。
またあるとき、「ベズッコ、ひどく苦しいでしょう？」と尋ねられ
たときはこう答えました。「はい、とても苦しんでいるのは確かで
す。でも自分の罪のために苦しまなければならないことと比べたら、
いったい何ほどのものでしょうか？　わかっていただきたいのです
が、ぼくは幸せなんです。主の愛のために苦しむことからこんなよ
ろこびが得られるなんて、今まで考えたこともありませんでした」。

　彼のためにだれかが何かしてあげると、彼はしきりに感謝しな
がらこう言いました。「ぼくにしてくれた親切に主が報いてくださ
いますように」。看護係にはどうやって感謝の気持ちを表したらい
いかわからず、フランチェスコは一度ならず彼に言いました。「ぼ
くの代わりに主があなたに報いてくださいますように。もし天国
に行ったら、主があなたを祝福し、あなたを助けてくださるよう、
心を込めてあなたのために祈ります」。ある日、看護係は彼に死ぬ
ことが怖いかと尋ねたところ、彼はこう答えました。「看護係さん、
もし主が共に天国にお連れくださると言うのなら、ぼくはよろこん
で主のお召しに応えるでしょう。でも、自分がまだ十分に準備でき
ていないんじゃないかと思うと、怖いんです。でも、それでもぼく
は主の無限の憐れみに希望を置きます。そして聖母マリア、聖アロ
イジオ・ゴンザガとドメニコ・サヴィオに私を心からゆだねます。彼

第3部　フランチェスコ・ベズッコ少年の生涯

らの保護によって、よき死を迎えたいと思っています」[319]。

　病気になってわずか4日目、医者は、「フランチェスコのいのち
が危ないかもしれない」と言い出しました。最後のときを迎えつつ
ある彼と話をするにあたって、私はこう切り出しました。

　「愛するベズッコ、君は天国へ行きたいかい？」

　「ぼくが天国に行きたくないと思っているなんて想像できます
か？　ああ、でもそれにふさわしくならないといけません」

　「もし、よくなることと、天国に行くことのどちらかを選べると
したら、どちらを選ぶかな？」

　「それは二つの異なることです。つまり、主のために生きるか、
それとも主のみもとに行くために死ぬかということですね[320]。前
者はぼくをよろこばせ、そして後者はぼくをもっとよろこばせてく

---

[319]　フランチェスコ・ママルディ（Francesco Mardi）看護係の証言は次のとおり
　　　である。「ベズッコ少年は、彼の力が低下し、高い熱と頭の強い痛みを与え
　　　ていた病が重くなり、息苦しさによって胃の痛みが強くなっているのに気づ
　　　き、私に次のように訴えました。『愛する看護係さん、もし主が私を天国で
　　　彼と共にいるように望むようでしたら、私はこの呼びかけによろこんで従い
　　　ますが、しっかりと準備ができているかどうか恐れもあります……それでも、
　　　主の無限のいつくしみを思い、心から聖母マリア、聖アロイジオ・ゴンザガ、
　　　そしてドメニコ・サヴィオに私をゆだねます。そして彼らの保護によってよ
　　　い死を迎えることができるよう希望します』。彼はよろこんで処方された薬
　　　をとっていました。そして、私は正直に証言することができますが、どんな
　　　ときでも私の貧しい奉仕を提供するごとに、例えば飲ませること、ベッドを
　　　整えること、髪を整えるときなど、私の顔を彼の方に近づけさせ、愛情深く
　　　口づけをしながら私に言いました。『看護係さん、私はあなたが私に行って
　　　くれるすべてのことに感謝します。主がすべて報いてくださいますように』。
　　　そして、私は彼にこう付け加えました。『愛するベズッコ、回復したいですか、
　　　それとも天国に行きたいですか？』彼は私にこう答えました。『この場合は、
　　　神の聖なる望みが行われますように』」（F・ママルディからG・ボスコへの手
　　　紙、1864年1月）。

[320]　新約聖書 フィリピの信徒への手紙1章22-23節 参照。

れるものです。でもこんなにも多くの罪を犯してしまったぼくに、天国は約束されるのでしょうか？」

「君にこんな提案をするくらいだからね、君が天国に行けるのは間違いないと太鼓判を押すよ。もし君がどこかほかの場所に行くかもしれないと思っているのなら、そんなことは忘れてしまいなさいと言うだけだね」

「でも、どうやったら天国に値する者になれるのでしょうか？」

「私たちの主イエス・キリストの受難と死によって、君には天国に行く資格があるのだよ」

「じゃあ天国に行けるんですね？」

「もちろん。ただし、それは主がお望みになるときにだ」

そこで彼はそこに居合わせた人びとに目をやると、両手をこすり合わせてよろこんでこう叫びました。「じゃあ約束ですよ。天国だけ、ほかには何もなし。天国だけ、ほかにはどこもなし。ぼくには天国のことだけ話してください。ほかのことについてはどうかもう何も話さないで」

私は言いました。「うれしいよ。君が、天国に行きたい、というこんなにも強い願いを示してくれてとてもうれしい。でもね、神様のみ旨を行うようにしなさい……」。

彼はそれをさえぎって言いました。

「そうです、そうです。神様のみ旨がすべてにおいて行われますように。天においても、地においても」

5日目、彼は秘跡を受けたいと願い出ました。彼は総告白をしたいと望みましたが、これはかないませんでした。数か月前にすでに一度行っており、必要がなかったからです。しかしその最後のゆるしの秘跡のために、彼は大いなる情熱をもって準備をしたので、そ

の感動もひとしおでした。ゆるしの秘跡のあと、彼はとても幸せそうに見え、そして秘跡を授けた人に向かって言いました。「ぼくは過去に何千回も、もう主を傷つけるようなことはしませんと約束したのに、守れませんでした。今日、この約束を新たにし、ぼくが死ぬときまで信仰に忠実でいたいと思います」。

その夕方、だれかにお願いしたいことがあるかと尋ねられた彼はこう答えました。

「ああ、はい、そうですね。ぼくが煉獄にいる時間が短くなるように祈ってくれるよう、みんなに伝えてください」

「君に代わって仲間たちに伝えてやれることは何かあるかな？」

「つまずきを避け、よくゆるしの秘跡にあずかるように言ってください」

「神学生たちには？」

「若者たちのよきお手本となり、必要なときにはいつでも彼らによきアドバイスを与えてくださいとお伝えください」

「長上たちには？」

「ぼくに示してくれたご親切のすべてに感謝します、これからも魂の救済のために励んでください、天国に行ったら皆さんのために神様にお祈りしますとお伝えください」

「では、私には何を言ってくれるかな？」

彼はこの言葉に感極まったようでした。彼は私の目をまっすぐに見て、こう答えました。

「どうかぼくの魂が救われるように助けてください。ぼくはずっと、主の腕の中で死ぬことができますようにと主にお祈りしてきました。どうか愛のわざを行ってぼくの最後の瞬間までそばにいてください」

オラトリオの少年たち

私は、彼が治ろうが、闘病中であろうが、いわんや最後のときであろうが、決して彼を見捨てはしないと確約しました。彼はとてもよろこび、あとは臨終の聖体拝領を待ち望むばかりになりました。

第29章
臨終の聖体拝領 ― そのほかの教訓となる言葉
― 彼の後悔

6日目（1月8日）、彼は聖体拝領に行きたいと頼みました。「どれほど仲間たちと一緒に聖堂で聖体拝領にあずかりたいことでしょう」と彼は言いました。「最後に聖体拝領をしてから、もう8日もたつんです」。

聖体拝領にあずかろうと準備しているとき、彼は手伝ってくれている人に "Viatico"（臨終の聖体拝領）という言葉の意味を尋ねました。すると、こんな返事がきました。

「"Viatico" とは、旅の助け手、仲間という意味だよ」

「わぁ、なんて頼もしい助っ人なんだろう！　じゃあ旅に備えて天使のパンをいただいたら、すぐに出発できますね」

すると次のように付け加えられました。「この天国のパンをいただくだけでなく、今君が準備している、この永遠へと至る大いなる旅路の助け手として、また仲間として、イエス様ご自身をいただくことになるんだよ」

「イエス様がぼくの友達で仲間なんだとしたら、もう怖いものは何もありません。むしろ、イエス様のすばらしい憐れみの中に、ぼくが望むものはすべてあります。イエス様、マリア様、ヨセフ様、ぼくの心と魂をゆだねます」

第 3 部　フランチェスコ・ベズッコ少年の生涯

　そして彼は聖体拝領の準備を始めました。手助けを必要とすることもなく、いつもの祈りを次から次へと唱えて行きました。そしてとても信心深く聖体をいただいたのです。それについてはもう言葉で説明するよりも想像していただくほうがはるかにいいでしょう。

　聖体拝領のあと、彼は感謝の祈りをささげるために腰を下ろしました。何か必要な物はないか、と聞かれたとき、彼は何も答えずにただ「祈りましょう」とだけ言いました。長い感謝の祈りのあと、彼はそばで見守っていた人びとに、「どうか天国のこと以外は話さないでほしい」と頼みました。

　彼にとって大変うれしいことに、オラトリオの会計係を務める神父がお見舞いに来てくれました＊321。彼はほほえみを浮かべて言いました。

　「ああ、サヴィオ神父様。ぼく、これから天国に行くところなんです」

　「勇気を出しなさい！　生も死も、神のみ手にゆだねるよう。神がお望みになるときにこそ、天国に行くことを願おう」

＊321　それはアンジェロ・サヴィオ神父（Angelo Savio）だった。カステルヌォボ・ダスティにカルロとマリア・アメデオの子として1835年11月20日に誕生。1854年12月9日ドン・ボスコによって着衣式を行い、そしてサレジオ会の創立メンバーの中の一人であった。1859年12月18日創立にあたる会議において総財務に任命された。1860年1月2日司祭叙階され、1875年までオラトリオで働いていた。その後、ほかのさまざまなサレジオ会の事業（アッサイオ、バレクロシア、マルシリア）とローマのサクロクオレ大聖堂の建設に尽力した。1885年、パタゴニアまで大司教ジョヴァンニ・カリエロに同伴し、サンタ・クルズにてジュゼッペ・ボーボワール神父と協働する。パタゴニアの中央、南北にある先住民の村々を訪問した。リオ・ネグロとリオ・コロラード間、コルディリエーラまでの宣教旅行においてドメニコ・ミラネージオ神父に同伴した。ナリのコンセプシオンの支部を創設し、そのほかペルーやパラグアイ、最後はブラジルのマト・グロッソまで前進した。1893年1月17日、エクアドルへの探検旅行中、肺炎のためチンボラゾの小屋で亡くなった。

オラトリオの少年たち

「天国へ。サヴィオ神父様、ぼくが今までにおかけしたご迷惑を
どうかお赦しください。ぼくのために祈ってください。ぼくも天国
に行ったら、神父様のために神様にお祈りします」

少したってからのぞいてみると、彼の状態は安定しているようで
した。そこで私は彼に、主任司祭に何かメッセージはないかと尋ね
たのですが、この問いに、彼は心をかき乱されてしまったようでし
た。「ぼくの主任神父様はぼくにたくさんのことをしてくれました。
ぼくを助けるためにできるかぎりのことをしてくれました。どうか、
ぼくはいただいたアドバイスを忘れたことはなかったと神父様にお
伝えください。この世での再会のよろこびはもうないでしょう。で
もぼくは天国に行って、どうか神父様がぼくの仲間たち全員を正し
い道に導き続けることができるようお助けくださいとマリア様にお
祈りしたいと願っているんです。そうすれば、いつの日かぼくは
天国で神父様や小教区のみんなに会うことができるでしょうから」。
こう言いながら、彼は感極まって、何も言えなくなってしまいました。

少し休んでから、私は彼に、だれか親族に会いたくはないかと尋
ねました。「彼らには会えないと思います」と彼は言いました。「だっ
て遠すぎるし、それにみんな貧しいから、ここへ来るだけのお金を
工面することができません。父さんも今は家を離れて出稼ぎに出て
います*322。どうか、ぼくが覚悟して死を受け入れたということ、よ

＊322　父親と兄のマテオは冬の間、仕事のためにリグーリア海岸に通っていた。そ
のため、主任司祭が彼らにフランチェスコの死について知らせることができ
たのはずいぶん後になってからであった。「ポルト・マウリツィオの近郊にい
るであろうフランチェスコの父、兄についての知らせを未だに受け取ること
ができていません。私があなたから彼の息子についての知らせを受け取った
なら、すぐに彼らに知らせようと思います」（F・ペピーノからG・ボスコへの
手紙、1864年2月1日）。

ろこんで、幸せに死んだと伝えてください。そしてぼくのために祈っ
てほしいと言ってください。ぼくは天国に行きたい、そしてみんな
を待っています……。母さんには……」。彼はそれ以上続けられま
せんでした。

　数時間後、私は彼に尋ねました。「もしかして、お母さんに何か
言いたいことがあるのではないかな？」

　「母さんに伝えてください。神様は母さんの祈りを聞き届けてく
ださった、って。母さんはよく言っていました。『私のかわいいフ
ランチェスコ、お前がこの世で長生きしてくれることを願っていま
すよ。でもね、もしお前が罪のために神様に逆らうようになるのを
この目で見るくらいなら、いっそ何千回でも死ぬほうがいいとさえ
思えるのよ』って。今、ぼくの罪はすべて赦され、ぼくは神様の友
達になれたと思っています。そしてもうすぐ、永遠に神と共にい
るために、ぼくは神様のみもとへ行きます。ああ、神様、どうか母
さんに祝福を！　ぼくの死の知らせを受け入れるだけの勇気を母さ
んにお与えください。天国で母さんや家族のみんなに会えるよろこ
びをぼくにお与えください。そしてみんなであなたの栄光をよろこ
び楽しむことができますように」。

　彼はもっと続けたいようでしたが、私は彼に、静かにして少し休
むようにと言いました。8日目の夕方から、彼の容体は悪化しまし
た。そこで彼に終油の秘跡を行うことが決まりました。この秘跡を
受けたいかと彼に尋ねますと、彼はこう答えました。

　「はい、心から」

　「たぶん、何か良心に引っ掛かるようなことがあるのではないか
な？」

　「ああ、そうです！　それを思うととても苦しく、良心を痛める

オラトリオの少年たち

ことがあります！」

「それはいったいなんだい？　ゆるしの秘跡で言いたいのかい？　それともほかの方法で？」

「生涯を通してずっとぼくの心の中に存在してきたことがあります。でもそれが、最後のときになってこんなにも大きな悲しみをもたらすとは想像もしませんでした」

「君の心を悩ませ、良心の呵責を感じさせるそのこととは、いったい何なのかな？」

「それは、ぼくが生涯において、十分に神様を愛せなかったということです」

「それについては心配しなくてもいい。この世において私たちは皆、神様が愛されるに値する程には神様を愛することはできないのだから。私たちはただ最善を尽くせばよいのだよ。天国においてだけ、私たちは愛してしかるべき程に神様を愛することができる。そこでは、神様をありのままに見るからだ[*323]。私たちは神様を知り、神様の善意を、栄光を、そして愛を楽しむ。もうすぐ神様のみもとでこのすばらしい機会を得る君は、なんと幸運なのだろう！　でも今は終油を受けるための準備をしなさい。これは罪の汚れを拭い去る秘跡であると同時に、もしそれが魂のためによいのであれば、体の健康も与えてくれる秘跡なのだよ」

すると彼はこう言いました。「体の健康についてはもういいです。話したいとは思いません。ぼくの罪に対する赦しを願います。すべての罪が余すところなく赦されますように。そして、煉獄においてぼくが受けなければならない罰が軽くなりますように」。

＊323　新約聖書 ヨハネの手紙一3章2節 参照。

第30章
聖香油の塗油 ── そのときに唱えられた射祷

　その死すべきいのちにおいて人が受ける最後の秘跡の準備がすべて整ったとき、フランチェスコは一緒に祈ってくれる人びとと共に "*Confiteor*"（回心の祈り）とこの秘跡に関するほかの祈りを唱えることを望みました。そして塗油のたびに、特別な射祷を口にしました。

　塗油を施したのは、オラトリオの副院長を務めていたアラソナッティ神父でした。目に塗油を施したとき、この敬虔な病人はこう言いました。「ああ、神様。見てはならない物を見てしまったことを、どうかお赦しください。それから読んではいけない物を読んでしまったことも、どうぞお赦しください」。耳への塗油のときにはこう言いました。「ああ、神様。この耳で聞いてしまった、聖なる律法に反するようなことのすべてにおいてぼくをお赦しください。この世の一切に対しては閉じられ、そしてあなたの栄光をよろこび楽しむようぼくを招かれている声を聞くためには開かれますように」。

　鼻への塗油のときにはこう言いました。「ああ、神様。匂いを嗅ぐことで満足を得ていたことをお赦しください」。

　口への塗油のときにはこう言いました。「ああ、神様。ぼくの暴食の罪をお赦しください。それから、あなたに不快な思いをさせてしまった言葉のすべてをお赦しください。そして一刻も早く、ぼくの舌が永遠にあなたの栄光を歌えるようにしてください」。

　この時点で、副院長のアラソナッティ神父は感情を抑えきれなくなってこう言いました。「まだこんなにも年若い少年にこんなにも美しい考えが宿るとは、なんとすばらしい驚くべきことだろう！」

　なおも終油の秘跡を続けたアラソナッティ神父は、手に塗油を施

しながらこう言いました。「この聖なる塗油により、また主の最も憐れみ深い慈しみにより、君の手が犯した罪のすべてを神様がお赦しくださるように」。すると、ベズッコはそれに続けて言いました。「ああ、偉大なる主よ、あなたの慈しみのヴェールをもって、そしてあなたの両手にある傷のおかげをもって、生涯にわたってぼくが行動により犯したすべての罪を覆い、そして拭い清めてください」。

足への塗油のときにはこう言いました。「ああ、主よ、ぼくがこの足で犯した罪をお赦しください。行くべきではないところへ行ってしまったり、務めにより行くべきところへ行かなかったりしたことをお赦しください。どうか憐れみをもって、思い、言葉、行い、怠りによって犯した罪のすべてをお赦しくださいますように」。

一度ならず、「祈祷は心の中でひっそりと唱えれば十分だよ、神様は君に声に出して祈るという大きな努力は求めておられないよ」と言われ、そうするとしばらくの間は静かになるのですが、すぐにまた同じような調子で祈りを続けるのでした。最後には、彼はとても疲れたように見え、脈もだいぶ弱くなっていましたので、これはもうまもなく息を引き取るのではないかと思われましたが、少したつと持ち直しました。そして多くの人びとの前で、長上にこう言ったのでした。「ぼくは聖母にたくさんお祈りしました。どうか聖母にささげられた日にぼくをお召しくださいと。その願いが聞き届けられますように。ほかに何を主に願えばいいのでしょうか？」

その敬虔な問いには、こんな答えが返されました。「君の魂がまっすぐ天国に行けるよう、煉獄での君の苦しみを、今この世にいる間にお与えくださいと主に願いなさい」「ああ！　そうです」と彼はすぐに返事をしました。「心からそう願います。どうかぼくに祝福をください。煉獄での償いを終えてしまうところまで、主がこの世

でぼくに苦しみをお与えくださいますように。そしてぼくの魂が肉体を離れたら、まっすぐに天国へ飛んで行けますように」。

　主はフランチェスコの祈りを聞き入れられたようでした。彼は少し回復し、彼のいのちはさらに24時間ばかり、持ちこたえたのです。

第31章
すばらしい出来事 ― 二つの訪問 ― 尊い死

　1月9日の日曜日が、ベズッコにとっての最後の日となりました。この日彼は一日中、意識がはっきりしていました。彼は四六時中祈っていたいと願っていましたが、疲れすぎてしまうということで許されませんでした。そこで彼はこう言いました。「おお！　それでは少なくとも、だれかぼくのそばで声に出して祈ってもらって、ぼくはそのお祈りを心の中で繰り返すことにします」。さて、そうなると、彼のこの強い願いを満足させるため、だれかが彼のそばで祈り続けることが必要となります。その日彼を訪れた人びとの中に、少々問題のある仲間が一人いました。「やあ、ベズッコ。具合はどう？」と彼は尋ねました。フランチェスコはこう答えました。「友よ、ぼくはもうすぐ死ぬ。この最後のときに、どうかぼくのために祈ってくれ。でも忘れないで。君もいつかは同じように最後のときを迎える。そのとき、もし君がよい人であったなら、君はきっととても幸せだろう。だけど、もし今の生き方を改めなかったら、君は死の瞬間に後悔することになるよ！」　仲間は泣きだし、その瞬間から魂のことをもっとよく考えるようになりました。彼は今でもよい少年の一人です。

　夜の10時に、エイザーティエル警部補が妻と共に訪れました。

319

オラトリオの少年たち

警部補はベズッコがオラトリオに入るのに関わった人物で、少なからず彼を支援してくれた人でした。ベズッコは大層よろこび、生き生きとした感謝のしるしを表しました。この勇敢な人物は少年の顔に幸福を見て取り、また彼が見せた信心のしるしと、彼が受けている手厚い看護とに大いに啓発されてこう言いました。

「こんなふうに死んでいくのは真のよろこびだな。私もあやかりたいものだ」。そして警部補は死の床にいる少年に向き直って言いました。「フランチェスコ、天国に行ったら私と妻のために祈ってくれ」。しかし、感情が高ぶってしまった彼は、それ以上続けることができませんでした。最後に病気の少年に挨拶し、彼は去って行きました。

10時半ごろ、フランチェスコのいのちはもうあとわずかしか残されていないように見えました。彼は毛布の下から手を出し、その手を持ち上げようとしたので、私は手を取って胸の上で組ませてやりました。しかし彼は組んだ手をほどき、再びその手を上げました。彼の顔はほほえみ、その目はまるで何か自分の大好きな物を見つめるかのように、一点に据えられていました。十字架を求めているのかもしれないと考えた私は、彼の手に十字架を握らせました。しかし彼はそれを取って口づけし、またベッドの上に置きました。そしてほとばしる歓喜のうちに、再び腕を高く差し上げたのです[324]。彼の顔には力強さがあふれ、元気だったころよりももっとよい血色を取り戻していました。その顔の美しさと輝きに、病室の灯りも光を

---

[324]　看護係の証言は次のとおりである。「短い病の間のベズッコに私は何度も感嘆しましたが、最後の2日間は特別でした。目を天にじっと上げ、右腕を上げ、天…！　天国…！とひとさし指で指しました。そのようにして、ベズッコは息を引き取りました」（F・ママルディからG・ボスコへの手紙、1864年1月）。

失うようでした。彼の顔は生き生きとした光を放ち、真昼の太陽も暗闇に感じるくらいでした。その場に居合わせた10人の人びとは驚いただけではなく仰天し、呆然とし、深い沈黙のうちにすべての視線がベズッコの顔に注がれていました。その顔は輝きを放ち、電球の光と重なったとき、皆は視線を下げざるをえませんでした。そして瀕死の少年が枕から頭を上げて手をまっすぐに伸ばし、まるでだれか愛する者と握手を交わすような仕草を見せるに至って、その驚きは頂点に達しました。そのとき、フランチェスコがうれしそうに響く声で歌いだしました。「聖母マリアを賛美せよ。キリスト者の舌よ。天国にてそのハーモニーを響かせよ」＊325。

　そのあと、彼は何度か懸命に身を起こそうとし、そして手を伸ばして信心深い形に手を合わせ、再び歌いだしました。「愛に燃えておられるイエスよ、あなたを一度も傷つけたことがなければよかったのに。おお、愛する善良なイエスよ、もうあなたを傷つけたくはない」＊326。そして休む間もなく次の賛美歌を歌いました。「愛するイエスよ、赦したまえ。土よ、憐れみたまえ。再び罪を犯す前に、私は死んでしまいたい」＊327。

　水を打ったような静けさの中で、私たちはただ聞いていました。

＊325　『青少年宝鑑』の中に挿入された、"*Affetti a Maria*"（マリアへの愛情）と題する賛美歌の第1節（題名のために聖アルフォンソの作と誤って考えられた）。サレジオ会支部ではとても有名だった。

＊326　『青少年宝鑑』の中で、「マリアのいとも聖なるみ心への祈り」の後に、「み心のイエスのロザリオ」の終わりに置かれたこの聖歌は、次のような詩句で終わっている。「マリアのみ心よ、私の魂を救いたまえ、わがイエスのみ心よ、私があなたをより愛することができるようにしたまえ」。少しの句の変化がなされ、ゆるしの秘跡の結びの痛悔の言葉として今もなお使用している地域がある。

＊327　「心からの決心の言葉」と題された賛歌の最初の詩節（『青少年宝鑑』より）。

321

オラトリオの少年たち

　私たちの目は、まるで天国の天使たちと一緒に天使になってしまったかのように見える彼の上に釘付けになっていました。その緊張をほぐすかのように、院長が言いました。「われらのベズッコは今この瞬間、主とその御母聖マリアから特別なお恵みをいただいているのだと信じるよ。生涯を通じて彼は聖母マリアに献身してきたからね。たぶん、彼の魂を天国に一緒に連れていくために聖母マリアがいらしたのではないかな」。

　アラソナッティ神父は感嘆の声を上げました。「だれも驚かなくていい。この若者は神と話しているんだ」。ベズッコは歌い続けましたが、彼の言葉はあたかもうれしい質問に応答するように、次第に途切れ途切れなものとなっていきました。私が聞き取れたのは以下のようなフレーズだけでした。「天の王……とてもきれい……ぼくは哀れな罪びとです……あなたにぼくの心をおささげします……どうかあなたの愛をください……ああ、愛する主よ……」。そして彼はベッドに倒れ込みました。すばらしい光がなくなり、彼の顔は前と同じようになりました。そしてほかの光が再び現れ、彼はもう生きている気配がなくなりました[328]。私たちが誰一人として祈りもせず、また射禱も唱えなくなっていることに気づいて、私のほうを見て言いました。「どうか助けてください。一緒に祈ってください。イエス様、ヨセフ様、マリア様、この苦しみにあるぼくとともにいてください。イエス様、ヨセフ様、マリア様、どうかぼくの魂があなたがたと共に息を引き取りますように」[329]。

---

[328]　「すばらしい光がなくなり〜気配がなくなりました」：　1878年第2版で加筆。

[329]　ドン・ボスコによって一日の終わりのために勧められた一つの祈りが反映されている。「横になったらすぐに次のように言いなさい。イエス、ヨセフ、マリア、私の心と魂をささげます。イエス、ヨセフ、マリア、臨終のときに

第3部　フランチェスコ・ベズッコ少年の生涯

　私は彼に静かにしたほうがいいのではないかと言いましたが、彼
は一顧だにせず、続けました。「ぼくの心にあるイエス様、ぼくの
口にあるイエス様。イエス様、マリア様、ぼくの魂をおささげし
ます」。夜の11時、フランチェスコは話そうとしましたが、できず、
ひと言だけ言いました。「十字架」。彼は十字架の祝福を受けること
で、死の瞬間に全免償を得ることを願ったのです。それは彼がしば
しば願い、そして私が彼に約束したものでした。

　この祝福を受けたとき、副院長が"*Proficiscere*"（旅立ちなさい、
キリスト者の魂よ）の朗読を始め、ほかの者はひざまずいて祈って
いました[330]。11時15分、フランチェスコは私に真剣なまなざしを
向けると挨拶のようにほほえもうとしました。そしてそれから目を
上げて、自分がもう旅立とうとしていることを示しました。程なく、
彼の魂は肉体を離れ、栄光に満ちて飛び去って行きました。この世
にあってはそのいのちの純真さをもって神に仕え、そして今は天国
で神をほめたたえているこうした仲間たちと共に、彼が天の栄光に
あずかろうとして去って行ったのだと強く希望しています。

第32章
死者のための祈りと埋葬

　親しい友達を失って、オラトリオ全体が言葉では言い尽くせない
ほどの悲しみと嘆きの淵に沈みました。その瞬間、彼のベッドのそ

　　　助けてください。イエス、ヨセフ、マリア、私の魂があなたたちと共に平和
　　　に息を引き取ることができますように」（『青少年宝鑑』）。この祈りは聖体拝
　　　領の後、感謝の祈りとしても挿入された。
[330]　第2部「ミケーレ・マゴーネ少年の小伝」15章 参照。

ばで、多くの祈りが唱えられました。翌朝、仲間たち全員にその知らせが伝わると、彼らは悲しみのうちにも慰めを見いだそうと、また亡くなった友に敬意を表そうと、聖堂に集まって来ました。彼らはフランチェスコの魂の安らかな休息のために、祈りをささげました。彼がまだ祈りを必要としていたらですが。また、多くの者が同じ目的で聖体拝領に行きました。ロザリオ、聖務日課、共同体での祈り、個人の祈り、聖体拝領やミサなど、要するにその主日に聖堂で行われたあらゆる類の信心業が、よき友であったフランチェスコの魂の永遠の平安を願って、主にささげられたのでした。いつもとは少し違う出来事が、その日はいろいろありました。彼の顔は非常に美しくなり、赤みがあったので、死んでいるとはとても思えませんでした。実際のところ、彼が健康であったころでさえ、こんなにもすばらしく美しく映ったことはありませんでした。彼の仲間たちは、通常この年頃の少年たちが死体に対して抱く病的な恐れなど微塵も見せずに彼のところに行きたがり、そして口を揃えて、まるで天国から降りてきた天使みたいに見えると言ったものでした。彼の死後に描かれた肖像画が、生きているときよりもやさしく優雅に描かれているのは、そういうわけだったのです。ベズッコと何かしら関わりのある物を見つけた者は、彼の記念として取っておくために、先を争ってそれらを手に入れようとしました。彼がまっすぐに天国に行ったといううわさはすでに広がっていました。だれかが、「彼はもうとっくに天国の栄光を手にしているんだから、ぼくたちのお祈りなんて必要ないよ」と言うと、別の少年がこう付け加えました。「そうだよね、彼は神様にお目見えして、そしてぼくたちのために祈ってくれているよ」「そうとも。ベズッコは天国で栄光の冠をいただき、仲間や友達への神様の祝福を求めて祈ってくれている

第3部　フランチェスコ・ベズッコ少年の生涯

よ」と3番目の少年がきっぱりと言いました。次の日、1月11日には、オラトリオの聖堂で彼の仲間たちがミサをささげました。多くの者が、いつものように神の偉大なる栄光のため、そして彼がまだ祈りを必要としているのであれば、彼の魂の永遠の安息を祈るために、聖体拝領に行きました。葬儀のあと、少年たちは棺に付き添って小教区の教会に行き、そして墓地に行きました。

　ベズッコは、西側の4列目147番の墓に埋葬されました*331。

第33章
アルジェンテーラにおける動揺と
若きベズッコへの崇敬

　このすばらしい若者がその14年余の生涯を過ごしたアルジェンテーラでは、彼が亡くなり、その聖なる死の知らせが届いたとき、この若者のうちに現れた徳はより輝きを増したようでした。フランチェスコ・ペピーノ神父は、そこで起きたことについて感動的な報告を送ってくれましたが、それは何か超自然的なものを含んでいました。その全文についてはまた別の機会に大切に取っておくとして、ここではそのいくつかを抜粋してご紹介します。ペピーノ神父は次のように書いています。「フランチェスコが重病だという知らせが届いたとき、ミサをささげ、聖体賛美式を行い、そして公に病者のための祈りをささげました。彼が亡くなったという知らせは1月13日の夕方に私たちのもとへもたらされ、そしてすぐに広がりました。

──────────

＊331　「トリノ市　一般的な共同墓地　1864年1月12日、故フランチェスコ・ベズッコ葬られる。34列、147墓の一角」(『墓地証明書』より)。

1時間もたたないうちに、フランチェスコはあらゆる場所で若きキリスト者にとっての手本として宣言されました。フランチェスコのご両親や彼に目をかけていた恩人たちの悲しみは筆舌に尽くしがたいほどです。真に彼はよくできた子であり、模範的な行動でみんなをよろこばせ、決して怒らせたりはしない子でした。1月10日のことですが、彼の妹のマリアは、彼の死についてはっきりと告げていました。彼女が言うには、その前の晩の真夜中近く、彼女が母親と一緒にベッドに入っていると、フランチェスコが寝室として使っていた2階の部屋から大きな物音がしたと言うのです。それから床に一握りの砂を落とすような音が聞こえ、彼女は母親がその音でフランチェスコが死んだのではないかという疑いを抱くことを恐れて、母親にいつもとは違う大きな声で話しかけたということです。ほかにも何人か、彼の聖性を確信していた者たちがいます。彼らはフランチェスコの取り次ぎを願って祈り、その願いがかなえられたとしています」。ここに引用した部分について議論をするつもりはありません。ただ、事実に忠実であろうとしているだけであり、その事実からどんな推論が引き出されようとも、それは読者の皆さんにゆだねることにしたいと思います。もう少し、この手紙から引用してみましょう。「2月に、小さな男の子が危篤状態になりました。両親はもう見込みがないと知り、ベズッコ少年にすがりました。彼の徳はみんなが知っていることでした。彼らは、もし自分たちの子どもが助かったら、フランチェスコに倣って十字架の道行の信心業をもっと行いますと約束しました。男の子はすぐに治り、今ではとても元気にしています。私自身も数日前に、重病にかかっているある家族の父親のための取り次ぎを願って彼に祈りました。同時に、その父親のことをご聖体の中におられるイエス様にもお願いしました。

その父親は、イエス様の名誉と栄光のために自分自身を聖歌隊の先唱者としてささげていたからです。こうした人びとを不当な批判から守るため、彼らの名前はあえて挙げないことにしますが、この病気の父親の容体はみるみるよくなり、数日のうちには快癒しました。

　フランチェスコの一番上の姉のアンナは3月に結婚しましたが、そのあと、ある悩みの種を抱えて昼も夜も心が休まらないようになってしまいました。そして大きな苦しみの中にいたとき、アンナは助けを求めて叫びました。『私の大好きな小さなフランチェスコ、どうか私を助けて。私のために休みを与えてちょうだい』。言うより早く、彼女の願いは聞き届けられました。その夜から彼女はぐっすり眠れるようになり、今でも彼女はそうしています。

　祈りの成功に勇気づけられ、アンナは自分の人生に重大な危機が訪れたときに、もう一度フランチェスコの助けを願って彼により頼みました。そして再度、彼女の願いはすべてかなえられました。

　神の栄光のために、私はほかの人びとに起こったこうした出来事を記事にしてみましたが、その一方で、私自身も代子であるフランチェスコに、彼がまだ存命中から取り次ぎを願って祈っていたこと、そして彼の死後は、より大きな信頼をもって彼に祈り続けていることをお伝えしなければなりません。その信頼の結果、私はさまざまな折にお恵みをいただくことができました」。

第34章
結び

　フランチェスコ・ベズッコの生涯についてはこれでおしまいです。この高潔な少年についてはもっともっと書きたいことがたくさんあ

オラトリオの少年たち

るのですが、それはかえって、主が自らの僕たちの中に表した不思議なわざを認めない人びとからの、ある種の非難を引き起こす可能性があるので、神が私に恵みといのちを与えてくださるならば、またの機会に取っておこうと思います。

さて、読者の皆さん、ペンを置く前に、お互いのためにここでまとめをしてみたいと思います。遅かれ早かれ、死は私たちのところにやってきます。その訪れは、私たちが考えているよりも案外早く来るかもしれません。それと同じように確かなことがあります。それは、もし生きている間によい行いをしていなければ、死を迎えたときに収穫を取り入れることもできなければ、主からご褒美をいただくこともできないということです。さて、神様は私たちに死に対する準備のときをくださいました。この準備期間をよい行いをすることで過ごし、そしていつかふさわしいときに、それに見合った報酬をいただくことができるようにしましょう。私たちが信仰を実践するのを見て笑う人たちもたくさんいるでしょう。でも、そんな人たちを気にしてはいけません。そうした人びとの言葉を聞く者は皆、誤った行動をし、そして自分自身を裏切ることになるのです。もし、神のみ顔の前に賢い者でありたいと望むならば、世間の目には馬鹿馬鹿しく映ることを恐れてはいけません。神の目には愚かさこそこの世の知恵であるということは、イエス・キリストが私たちに納得させてくださったとおりです[332]。私たちの宗教の教えのたゆまぬ実践こそが、今においても永遠においても私たちを幸せにしてくれる唯一のものなのです。アリとキリギリスのたとえ話のように、夏に働かなかった者には、冬に楽しむ権利はありません。同様に、生

---

[332] 新約聖書 コリントの信徒への手紙一3章19節 参照。

第3部　フランチェスコ・ベズッコ少年の生涯

きているときに徳を実践しなかった者には、死後いかなる報酬も期
待できないのです。

　キリスト者の読者の皆さん、私たちに時が与えられているうちに、
よい行いをするよう、私は皆さんに奨励したいと思います。私たち
の苦しみのときはごくわずかなものにすぎません。そして私たちが
よろこび楽しむものは永遠に続くのです[＊333]。皆さんの上に、神様の
祝福があるよう祈ります。皆さんはどうか、主が私の魂を憐れんで
くださるよう、神に祈ってください。そうすれば、徳について話し、
徳の実践方法について語り、そして徳を実践した者に神が来世で用
意してくださっている大きな報いについて述べたあとで、私自身が
それを行うことを怠り、私自身の救済を取り返しのつかないほど損
なう恐ろしい災厄に見舞われなくても済むでしょう。

　いつの日か天国に行ってあの大きなよろこび、あの最上のよろこ
びを享受することができますよう、生涯において主の掟を守り抜く
ことができますよう、主が皆さんを助けてくださいますように。そ
して私をも助けてくださいますように、アーメン。

＊333　新約聖書 コリントの信徒への手紙二4章17節 参照。

祝された十字架についての附録

アルジェンテーラにおける祝された十字架の信心ははるか昔にさかのぼります。そして伝統がこの信心を恵みの尽きることのない泉として私たちに与えてくれています。

アルジェンテーラの主任司祭が私に渡してくれた、小教区の資料館に保存されている教会・社会的権威が公に承認した資料から、次のことがわかります。1681年1月6日、アルジェンテーラの町を見晴らす山から雪崩が起こり、イエスと聖ロクスと聖セバスティアンの名前をもつ苦行の信心会の聖堂を襲いました。祭壇の後ろの壁は破壊され、屋根のほとんどは地面に落ち、長椅子やそこにあったさまざまな物は砕け散りました。一つだけの物が壊されずに残りました。ヴェールに覆われた、高さ1メートルほどの木製の十字架です。その十字架が砕かれずに残っていることは不可能に感じられました。そこで、それを見たアルジェンテーラの住民たちは、主が特別なみ摂理によってそれを守ろうとされたのだと考えました。

この出来事は、より驚くべきほかの出来事の始まりでした。次に、同様に公に承認された資料に続いてそれを語ることにします。

1695年、11月1日、諸聖人の祭日に、苦行の信心会のメンバーたちはいつものように聖母の聖務日課を唱えるためこの聖堂に向かいました。何人かのメンバーがひざまずいてその十字架を見つめていたとき、突然その十字架が血の汗で濡れ、大きなしずくが全体に流れ落ちました。この祭日の8日間のうちに同じことが何度か繰り返されました。この出来事は町の内外に大変なうわさになりました。このため、ベルセツィオの地方司教代理であるジョベッリ・D・セバスティアーノは自分の目で確かめるためアルジェンテーラに来まし

た。大変苦しむ人のように汗が流れ落ちる十字架が示す悲しげな姿を彼も見ました。そのうちに太陽が地平線に降り、十字架を直接照らしました。にもかかわらず、汗は流れ続け、十字架を覆うヴェールは決して濡れませんでした。司教代理は、亜麻布で汗を拭うように命じましたが、少しあとに汗が特に頭と脇腹の傷から、多くの泉のように流れ出てきたのを見ました。

トリノのヴィボー大司教の命により、実直な人柄で知られる数人が遣わされ、その十字架を監視するようになりました。11月9日から14日まで曇り空でしたが、その後大雨と雪が降りました。しかし祝された十字架は苦しむ汗のしるしもまったくなく、ずっと乾いたままでした。16日正午、快晴でしたが、再び脇腹を主な源として汗が流れ出ました。

大変な重要性をもつ事柄について非常に慎重に進めるため、また、一切の欺瞞が入らないように、トリノの大司教は十字架をその場所から取り、しっかりと閉じられ、鍵をかけられた入れ物に入れ、だれも入れない部屋に置きました。ベルセツィオの地方司教代理と一緒でなければだれも訪問してはならず、奇跡的なこととして公にされることが禁じられました。入れ物に入れられた1695年11月28日から、聖堂に戻された1696年6月2日まで、汗は流れることはありませんでした。同年10月7日、ロザリオの聖母の記念日に、大気中の湿度が低かったにもかかわらず、頭に被せられたいばらの冠の周りと、口と、腕と、胸の傷の部分から再び汗が流れ、同月18日まで続きました。詳しい調査が行われましたが、人司教の委員会は奇跡以外にそのようなことは起こりえないと結論せざるをえませんでした。

この公的で特別な出来事のあと、アルジェンテーラとストゥーラ

オラトリオの少年たち

の谷の住民の間ではこの祝された十字架への崇敬が常により高まっており、同様な奇跡的なさまざまな出来事が起こってきました。

　私は特にあの主任司祭が私によろこんで送ってくれた確かな報告から、いくつか選んで付け加えようと思います。

　フランスがイタリアに最後に侵入した際、ある将軍がアルジェンテーラを通り、信心会の土地に入り、馬に門の近くの聖水を飲ませました。すると彼の召し使いが大胆にも主人に申し出ました。「将軍様、将軍様はこの教会に大変な失礼を働かれました。ご自分の家を守っているあの十字架をご覧ください」「十字架と聖水が何だと言うのだ」と尊大な将軍は召し使いに答えました。彼はこう言ってからそこから出て馬に乗り、目的地に出発しました。すると！　50歩も行かないうちに、村の最後の家に着きましたが、そこには短い坂があり、馬はそこでひざをついて、もうまったく動けなくなってしまったのです。将軍は馬を叩き、その後馬から下りて二人の兵士に強く叩かせましたが、無駄でした。ここにきて大勢の人びとが野次馬根性や、何か助けられることはないかと見にやってきました。召し使いは主人が困り果てているのを見て、大勢の目の前で言いました。「将軍様、ほら見てください。教会で十字架に働いた失礼の罰です。間違いを認めて、赦しを願ってください」。将軍は言いました。「それではもし馬が起き上がるならば、馬を連れて戻り、馬を外に置いて教会に入り、私の過ちの赦しを願おう。そしてあの十字架がどれほど奇跡的か、信じよう」。そして手綱を持つと、馬は難なく立ち上がり、教会の入り口まで従順に連れてこられました。将軍は周囲の者が感心して眺める中、十字架の前にひれ伏しました。十字架はそのとき教会の中の高い桁の上に置かれていました。彼は祈り、自分がした冒瀆と不敬について心から赦しを願い、出ていく

第3部　フランチェスコ・ベズッコ少年の生涯

ときには大きな寄付をしました。それによって、教会の壁龕に十字架を置けるようにしたのです。主任司祭によると、これは1854年に87歳で亡くなったベルティーノ・ステファノと1857年に80歳で亡くなったマテオ・ヴァロルソが何度も語ったことだそうです。

　ルンバットの妻ジョヴァンナ・マリア・ボッソという人が、次の朝フランス人たちが町を破壊しにアルジェンテーラに来ると知って、祝された十字架を守ろうと、夜中に教会から自分の家に運んだそうです。十字架を置いたその部屋は侵略者たちから襲われないだろうと確信し、家のほかの物も全部そこに運びました。実際、次の朝、町全体が奪われ、アルジェンテーラ全体で何もされなかった唯一の場所は、この女性が祝された十字架を隠した場所でした。その後十字架は元の場所に戻されました。この出来事は、報告書によると、1848年にこの自治体の長であったジョヴァンニ・バッティスタ・ヴァロルソ（1852年70歳で死去）によって何度も語られたことであるということです。

　はるか昔から、サンゾーコ、ピエトフ・ボルツィオ、ポンテベルナルドの人びとは長い干ばつの期間に悩まされるとき、しばしば行列を行い、3つの村が一緒になって祝された十字架*334を訪問し、

＊334　この附録に含まれるデータは、フランチェスコ・ベズッコのほかの情報と共にアルジェンテーラの主任司祭によって提供されたものである。「今日やっと、貴殿に頼まれた祝された十字架とフランチェスコについての説明を送ることができます。さる水曜日、緊急の用事でクーネオに向かい、愛する私たちの司教様にここまで準備した説明をお渡ししたところ、司教様はベズッコについて予定されている伝記に大変満足してくださいました〔中略〕。先に述べた情報と一緒に、この祝された十字架の血の汗についての立証された証言集も送ります。小教区の資料館に保存するため、ふさわしいときに返していただくことをお願いします」（F・ペピーノからG・ボスコへの手紙、1864年4月24日）。

333

オラトリオの少年たち

行列をしながらそれぞれの家に帰るとき、乾いた服で帰れることは
まれであったと言います。願った雨がいただけるという彼らの信念
は非常に大きく、ほとんど全員が傘を用意してやってきます。主任
司祭は書いていますが、「1849年に初めてこの行列を見たとき、千
人以上の人がいて、完全な快晴で乾燥した日に、全員が雨から身を
守るために傘を持ってきている姿に仰天しました。しかし彼らの信
心の効果を目撃したとき、わかりました。なぜなら彼らの旅のまだ
半分で大雨が降り始めたのです。しかしその大雨も彼らが聖歌を歌
い、主に賛美を歌うことをやめさせることはできませんでした。彼
らは行列の最後まで、待望の雨を身に受けてよろこんでいました。
これはこの谷の住民によってしばしば語られてきたことで、彼らは
自分たちの個人的な必要においてもこの祝された十字架により頼ん
でいるのです」。

334

【解説】

先生と弟子たちの「生きる姿」
（抄訳）

アルド・ジラウド著

【解説】
先生と弟子たちの「生きる姿」（抄訳）

　ドメニコ・サヴィオの『生涯』（1859年）、ミケーレ・マゴーネについての『小伝』（1861年）とフランチェスコ・ベズッコの『生涯』（1864年）は、ドン・ボスコの作品の中で最も重要な教育学的・霊的文書である。それは彼の初めの20年間の活動から得た確信と養成的実践が、物語という形で効果的に描写されているからである。この3つの文書はそれぞれ異なる3人の少年を紹介しているが、彼らはその時代の文化に深く根ざし、新鮮さと活気、省察する能力、霊的なことへ開かれる力、覚悟、思春期特有の寛大な気持ちを映し出す意味深い存在である。著者であるドン・ボスコは、彼らを献身的で愛情深い教育者として、また素直で情熱的な弟子たちとして登場させる。そして彼らの短い人生の道のりを、養成の異なる環境、日々の関係、さまざまな取り組みと感情の中で紹介するのである。

1. 重要性

1.1. ドン・ボスコの基本的教育メッセージ

　これらの文書は、ドン・ボスコの教育的メッセージを理解するために役立つ、次の基本的要素を提供する。すなわち、①養成の歩みを一つにまとめ、活気づける、中心としての宗教性　②教育者と生徒たちの父性的・兄弟的共同生活　③「愛」「よろこび」「務め」のダイナミックな関連性　④共同体における若者たちの積極的関わりの効果　⑤主人公である若者たちに提供される、「空間・場所」の戦略的重要性である。3つ

解説　先生と弟子たちの「生きる姿」

の作品は、「すでに成熟した教育学の要約」であると考えられ、「その中で、神性と人性、超自然と自然、『務め』と『よろこび』が、それぞれ異なる様式をもって完成に到達しており、それはドン・ボスコの教育システムの特徴である」[335]。

1.2. ドン・ボスコの自伝的文書

　批評家たちはこれらの作品を人生のモデル、そして模範となる伝記作品の分野に分類した。実際、著者はそのように紹介している。しかし、よく見てみると、これらは大きな効果的表現をもつ自伝的文書でもある。これらの作品を読むと、私たちはキリスト教的教育者であるドン・ボスコが実際に行動している姿を観察することができる。彼の物事の考え方、見方をうかがい知ることができる。彼の内的な願いに触れることができる。主人公となる若者たちに向けられた感嘆のまなざしと、愛情深く、同時に深い敬意をもつまなざしが明らかになる。

1.3. ドメニコ・サヴィオの『生涯』

　3つの作品の中で、ドメニコ・サヴィオの『生涯』が最も成功し、サレジオ会世界の枠を越える重要な影響を与えた。それは、本書がこの少年の道徳的・霊的価値を効果的に表現し、少年の聖性と先生（ドン・ボスコ）による指導がダイナミックに交わっていることや、列福・列聖調査の結果有名になったことによる。ドン・ボスコの教育学全体が、主人公についての美しい描写と相まって、最高な形で表現された1冊である。

---

[335]　Pietro BRAIDO, *Il sistema preventivo di Don Bosco,* 2 edizione, Zurich, Pas-Verlag, 1964, 58 p.

オラトリオの少年たち

1.4. ミケーレ・マゴーネの『小伝』

それよりも知られていないのが、ミケーレ・マゴーネについての『小伝』で、この少年が「おそらく最も親しみやすいだろう。なぜなら、彼はより『自然』で、ドン・ボスコの教育的働きかけが最もはっきりと現れる作品であるから」[336]。彼の伝記は「平均的若者のイメージに最も近い」もののようで、各章の発展の中で、聖なる教育者ドン・ボスコの観点における「若者の霊的生活の最も一般的な段階」を表現している[337]。

1.5. フランチェスコ・ベズッコの『生涯』

最も知られていないのは、『アルプスの小さな羊飼い』フランチェスコ・ベズッコの『生涯』だが、それはおそらく、幼年期、そして家庭生活とアルジェンテーラの山の小教区で受けた教育にささげられた部分の冗長さ（ほとんどが主任司祭の報告から取られた15章にも及ぶ部分）と、彼がオラトリオで過ごした短すぎる時間と、彼のお人よしな外見、単純すぎる性質、サレジオ会の生徒としてはあまり伝統的ではないイメージのためであろう。

にもかかわらず、3人の少年の伝記に関して最も鋭い批評を行ったアルベルト・カヴィリアによれば、最初の部分は別にしても、「聖なる教育者（ドン・ボスコ）の霊的・道徳的教育学を説明する貴重な記録である。〔中略〕著者は同じ種類のほかのどの本よりも、理論的になり、自分の考えを教えようというはっきりした意図をもってこの作品を提示している」[338] と

---

[336] Joseph AUBRY, *Domenico, Michele, Francesco: tre figure di santi adolescenti,* in G. Bosco, *Scritti spirituali.* Introduzione, scelta dei testi e note a cura di J. AUBRY, Roma, Citta Nuova, 1988, 109 p.

[337] Pietro BRAIDO, *Don Bosco prete dei giovani nel secolo delle* liberta, 3 edizione corretta e ritoccata, Roma, LAS, 2009, vol. I, 556 p.

[338] CAVIGLIA, *La Vita di Besucco Francesco scritta da Don Bosco,* in Opere e scritti editi

解説　先生と弟子たちの「生きる姿」

いうことになる。この本の出版のとき（1864年）、ドン・ボスコは「教育学的自己養成の終盤に差しかかっており、もはや決定的な形を整えた考えをもっていた」[*339]のだということにも注意している。しかしながら、現在の感覚からすると、この作品の最初の部分も評価することができる。なぜならその部分は家庭教育と小教区の教育の役割を強調しているからである。

2.『生涯』の歴史的文脈
ドン・ボスコの事業の実り豊かな時期

ドメニコ・サヴィオのヴァルドッコへの到着（1854年10月）とフランチェスコ・ベズッコの『生涯』の発行（1864年7月）の間の10年は、ドン・ボスコの事業の決定的時期であった。1854年以前は、安定した協力者を見つけることが難しかったため、より献身的な若者たちから助け手を選び、彼の精神で教育することが必要と確信するに至った。少しずつ彼の周りにオラトリオの必要性に対して協力的で善意のある小さなグループができつつあった。

2.1. 信頼できる協力者の探求
2.1.1. 最初の使徒的共同体

1848年11月、政府によってトリノの神学校が差し押さえられたことにより、アスカニオ・サヴィオ神学生がオラトリオに受け入れられたとき、ドン・ボスコは有用な協働者の姿を彼に見いだした。ダイナミックで、活動的、協力的な彼は、カテキズム、夜間学校、祭日学校、アシステンツァ

---

e inediti di Don Bosco, VI, 16 p.

＊339　同17 p.

のために貴重な戦力となった。翌年7月に企画された2回分の黙想会で、ドン・ボスコは召命の可能性がある4人の若者と出会った。ジュゼッペ・ブゼッティ、カルロ・ガスティーニ、ジャコモ・ベッリア、フェリーチェ・レヴィリオである。

　ドン・ボスコは彼らにオラトリオに住み、仕事をやめて司祭職を目指して勉強を始めるよう提案した。1851年2月、大司教の許可を得て、彼らに着衣式を行った。こうして、この4人はアスカニオ・サヴィオと下宿人だった神学生ジュゼッペ・ヴァッケッタと共に、ドン・ボスコの周りに集められた最初の使徒的共同体の一部となった。「彼らは非常に模範的な態度で、ボルゴ・ドーラの小教区でカテキズムを担当し、特に聖フランシスコ・サレジオのオラトリオにおいては、カテキズムのみならず、夜間学校を手伝い、定旋律や音楽を教え、それらすべてを無償でやっています」[340] とドン・ボスコは品行証明書に書いている。父、そして恩人としてドン・ボスコを愛する弟子たちのこの小さな集まりによって、彼らは熱望、苦労、よろこびの経験を積み重ね、グループで働くとは何を意味するかを体験していたのである。質素な生活と熱心な仕事ぶりの中で、ピナルディの家の部屋をマンマ・マルゲリータと20人ほどの貧しく小さな職人たちが分かち合う、特別な家族だった。

2.1.2. より若い後継者たち

　1852年3月、フランゾーニ大司教はドン・ボスコをヴァルドッコ、ポルタ・ヌオーヴァ、ヴァンキリアのオラトリオの「霊的院長（direttore capo spiritual）」に任命する。これは将来の発展のために決定的な出来事だった。彼は実際、もはや3つの組織を独立して運営でき、協働者を選び組織す

---

[340]　ドン・ボスコの手記『オラトリオの神学生のための補助金申請書』より。

解説　先生と弟子たちの「生きる姿」

ることが自由にできることになったのだ。

　ブゼッティとガスティーニは勉強に向いていないことがわかり、アス
カニオ・サヴィオは生活の厳しさに意気消沈して処女マリアのオブレー
ト会に入会し（1852年5月）、それにベッリアとヴァッケッタが続いて
しまうのだが、ドン・ボスコは狼狽せず、始めた道のりを進み続けるの
である。彼はより若い者たちを選ばなければならないことを理解し、彼
らに通常の勉強をさせ、思春期のころからしっかりした内的生活の養成
を受けさせ、犠牲の精神と寛大な奉仕に訓練させ、ドン・ボスコとオラ
トリオの使命に愛情をもたせるようにした。

　1852年10月にはミケーレ・ルアとジュゼッペ・ロッキエッティに着衣
を行ったが、彼らはそれぞれ15歳と16歳だった。この学年度にジャコモ・
アルティリア、ジョヴァンニ・カリエロ、ジョヴァンニ・トゥルキ、ジョ
ヴァンニ・バッティスタ・フランチェジアを受け入れたが、全員13歳だっ
た。事業を発展させ、家を拡張し、召命の温床を増やすためのときは熟
したのだった。

2.1.3. 二つの部門の発展

　聖フランシスコ・サレジオ聖堂の建設が終わり（1852年6月）、ドン・
ボスコは新しい建設を始める。この建物は、一度作業中に崩落するが、
1853年10月に完成する[*341]。今や若者の共同体は二つの構成要素に分け
て増やしていくことができるようになった。それは、司祭職を目指す学

[*341]　1854年の回想録には次のように書かれている。「1853年。壊れた家［1852年
　　　12月2日］の主要部は立ち上がった。大部分が完成し、10月には住み始め
　　　る。新しい場所では、宿泊する若者たちの寝室、食堂はよりよく整うことにな
　　　る。彼らの数は65人である」（Giovanni Bosco, *Cenno storico dell'Oratorio di S.
　　　Francesco di Sales*［1854］, in Pietro Braido (ed.), *Don Bosco educatore. Scritti e
　　　testimonianze,* Roma, LAS, 1992, 132）。

生たちと見習工たちという分け方で、後者のために製靴と裁縫の二つの内部ラボラトリオ作業所が始められるのである[342]。

ドメニコ・サヴィオは1854年10月オラトリオに着く。それはまさに共同体が新しい場所に移され、寄宿舎の形態を取り始めたときであった。二つの部門は、12歳から16歳の30人の学生、そして50人の職人たちに拡大していた[343]。ドン・ボスコを助けるために、副院長として寛大なヴィットリオ・アラソナッティ神父が、公立学校の先生という落ち着いた生活を捨てて、貧しい若者たちに自分をささげるために到着した。彼の助けを得て、ドン・ボスコはオラトリオの家の新しい要求に適応した『オラトリオの規則』を書き上げる。

2.2. オラトリオに併設された家の発展

2.2.1. オラトリオ内部の学校

ドメニコは勉強をしながら、事業の発展を共にすることになる。ピナルディの家と小屋の取り壊し（1856年）と、それに代わる、1853年に建てられた家と聖フランシスコ・サレジオ聖堂の間をつなぐ美しい建物の建設、ラテン語とイタリア語で書かれた聖書の言葉で飾られたアーケー

---

[342] 『カトリック講話集』が始まったことにより、1854年に製本所が開設された。1856年には大工の作業場、1862年に印刷所、活字鋳造作業場、鍛鉄作業場ができた。

[343] 8月、コレラの最盛期に、ドン・ボスコは次のように市長に手紙を書いている。「80人の若者にしかるべき清潔さを保つために、シーツ、毛布、ワイシャツの相当な貯蔵をしなくてはなりません。これがヴァルドッコの男子オラトリオに隣接する家に泊めている若者の数です」（G・ボスコからG・B・ノッタへの手紙、1853年8月5日）。アーカイブに保存されている記録を基にすると、「1856年までは保護した若者の数は毎年100人を超えなかった。1859年までは200人を超えなかった。1860-69年までは257人（1864年）と412人（1867年）の間を変動していた」（Pietro STELLA, *Don Bosco nella storia economica e sociale, 1815-1870,* Roma, LAS, 1980, 178 p.）。

解説　先生と弟子たちの「生きる姿」

ド[*344]、学校と新しいラボラトリオの順次開設。ドメニコは、ヴァルドッコにおける最初の1年間にグアルディンファーティ（今日ではバルバルー）通りの建物の3階にあった、カルロ・ボンザニーノ教授の文法学校に通うが、他の仲間たちはサンタゴスティーノ通りのマッテオ・ピッコ神父のところで修辞学のコースに通っていた。

　1855 〜 56年の学年度に、オラトリオ内部の学校で最初の萌芽が形作られる。17歳の神学生フランチェジアに文法第3学年がゆだねられる[*345]。次の年、新しい建物が完成し、職人が70人、学生が85人の共同体に成長する。ドン・ボスコは、ラテン語のコース強化を決意し、フランチェスコ・ブランシュ教授を呼び、文法の第1・第2学年の責任者とする。ドメニコ・サヴィオはピッコ神父のところで修辞学の第1年を数か月間学び、病気になる。

　1857 〜 58年度は120人の学生で、内部学校の3学年はそれぞれフランチェジア、ジョヴァンニ・トゥルキ、そして大司教からドン・ボスコに推薦された自由主義的な考えのジュゼッペ・ラメッロ神父に任せられる。そしてついに1859 〜 60年度、ドン・ボスコはオラトリオに自分が任命した先生だけの中学校全学年をもつことができた。最初の3学年にチェレスティーノ・ドゥランド、セコンド・ペットリオ、ジョヴァンニ・トゥル

---

*344　柱に書かれた言葉は十戒の引用だった。アーチの半月窓に書かれた言葉はゆるしの秘跡についてのカテキズムで構成されていた。1865年に言葉は大理石の碑板に書かれた旧約聖書のさまざまな箇所からの引用に置き換えられ、それはMB5, pp. 542-547に見ることができる。

*345　ボンコンパーニの学校改革（1848年10月）に続いて、小学校が4学年（下級2学年と上級2学年）になり、ラテン語学級の配置は3学年のラテン語文法とイタリア語作文、2学年のラテン語・イタリア語修辞法、2学年の哲学に変えられた。カザーティ改革（1859年11月）により、古典第2学校は二つのグレードに分けられた。一つはジンナジオと呼ばれる5学年、もう一つはリチェオと呼ばれる2学年である。

343

キを任命する。最後の2学年はフランチェジア。彼らは皆ドン・ボスコに育てられたオラトリオの神学生であった。このときから、学生の部門は重要性を獲得し、職人たちの人数を超えることになる。

2.2.2. 受け入れ対象の変化

私的・公的イニシアチブの盛り上がりによって人民の間に教育に対する要望が高まり、政府が国家の学校システムを再組織することで、庶民の学生というカテゴリーが出現し、彼らにふさわしい養成の課程を供給することが緊急となった。「多くの人びとが人文科学の授業を受けたいと熱望していることにより、受け入れ条件に例外が加えられた。それゆえ、見捨てられてはいない若者たち、必ずしも貧しくはない若者たちを勉学のために受け入れることとする。彼らが勉学の道のりにおいて立派な、キリスト者的な成功に疑いのない希望を抱かせるようなよい道徳的振る舞いと、勉強への態度があるという条件で」[*346]。ドン・ボスコのねらいは、才能があるが上級の勉強に向かうお金がない少年たちを助け、教会や社会の利益のために働けるようになるようにということと、誕生しつつある修道会にやる気があり寛大で忠実な教育者たちを確保するということであった。その数年間の回想録を読んでみよう。

「学生たちの中の多くは、司祭職への道を歩み始めています。〔中略〕彼らの中から、この家で先生をし、いろいろなオラトリオでカテキズムを教え、さまざまなラボラトリオや寝室で同伴してくれる者が何人か選ばれます。司祭職に到達すると、多くの者はここに集まった若者や町のほかのオラトリオに集まった若者たちのための聖職を果たし続けます。

[*346]　Giovanni Bosco, *Cenni storici intorno all'Oratorio di S. Francesco di Sales* 〔1862〕, in BRAIDO (ed.), Don Bosco educatore, 147 p.

解説　先生と弟子たちの「生きる姿」

〔中略〕そして、家事手伝いの人たちを含めた、この家やすべてのオラトリオで働く者たちはだれも給料を受け取っておらず、この事業に無償で奉仕しているのです」*347。

2.2.3. 周囲の変化に無頓着な3つの伝記

3つの伝記は周囲の環境の騒々しい推移を伝えていない。これらの伝記を読む人は、イタリア統一のプロセスに伴う、1850年代にトリノを騒がせていた論争の反響には気がつかないし、修道会組織の強制的廃止やクリミア半島の戦闘に人民が熱狂していること、「千人隊」の派遣と第2次独立戦争によるカトリック世界の動揺を感じることはない。他の文書では、これらすべての出来事がオラトリオの生活にある種のインパクトがあったことを確かに伝えている*348。

---

*347　Bosco, *Cenni storici intorno all'Oratorio,* 150 p. 『規則』の最初期の手稿は、生徒を受け入れる条件のリストを次のように挙げている。「以下の条件で勉強のために受け入れる。　1. 勉強への特別な適性があり、これまでの学校で特別に優秀でなければならない。　2. 傑出した信心深さの証明書があること。この二つの条件はオラトリオの家でしばらくの間過ごしてからのよい振る舞いによって立証されなくてはならない。　3. 司祭職を目指す意思がなければだれもラテン語の学習をしてはならない。　ラテン語のコースを終えた後は、自分の召命に従う自由をもつ」（ASC D4820205: *Piano di regolamento per la casa annessa all'Oratorio di S. Francesco di Sales. Appendice per gli studenti,* ms. s.d., 17 p.）。

*348　ドン・ボスコは例えば、その数年の間に『カトリック講話集』の中でイエズス会士セラフィーノ・ソルディによる極端に反動主義的な *"Catechismo cattolico sulle rivoluzioni"*（革命についてのカトリック・カテキズム　1854年）を掲載している。また、修道会抑圧の法律の際には、好戦的なパンフレット *"I beni della Chiesa: come si rubino e quali siano le conseguenze, del Barone di Nilinse. Con breve appendice sulle vicende particolari del Piemonte"*（教会財産はどのように盗まれ、その結果は何か　1855年）。さらに、*"La forza della buona educazione"*（よい教育の力　1855年）の中でクリミア戦争での勇敢な兵士であった元オラトリオの生徒の冒険を描いている。これらはドメニコ・サヴィオが読んだ小冊

オラトリオの少年たち

　3つの伝記には事業の内部的な発展も現れてこない。それは、建築、サレジオ修道会創立におけるドン・ボスコの慎重な歩み、ヴァルドッコの共同体に濃い影響を与えた2か月間に及ぶドン・ボスコのローマへの旅（1858年2月18日〜4月16日）、修道会創立の決議、ミラベッロ・モンフェッラートでの最初の支部開設などである。

　つまり、3つの伝記において、オラトリオは教育的情熱、勤労、霊的に盛り上がりのある、陸の孤島のように現れてくる。出版物についても触れることはあるが、あくまで養成的説明から出てくるものである。生徒たちの手に配られた本は、『青少年宝鑑』、『カトリック講話集』、ルイジ・コモッロの伝記の再版、そしてドメニコ・サヴィオとミケーレ・マゴーネの伝記である。要するに、すべては主人公の人格、彼らの努力、進歩、発見、霊的生活の情熱、厚い友情関係、乗り越えられた危機、内的よろこび、教育者への信頼と協力的開示、彼らの死によって引き起こされる感動といったことが中心に据えられている。伝記作家であるドン・ボスコは、彼らの生涯のストーリーから意図的に周囲の出来事の大きな影響を除外し、外的な騒音から切り離し、模範とする役割、養成的意味合い、教育学的新しさ、カリスマ的役目を示そうとしている。こうして、これらの伝記には、その時代のさびた部分にもかかわらず、普遍性、新鮮さが保たれているのである。

2.3. 教育者の修道会の誕生

　その数年間、少しずつ、献身的で信頼のできる人材探しは具体的な選択になってきていた。1854年1月26日ドン・ボスコは私的な会議に集め

子である。彼は自分のサイン入りの書物のリストからわかるように、1854-55年にかけての全巻を所有していた。

解説　先生と弟子たちの「生きる姿」

られた、非常に信用の置ける4人、ルア、アルティリア、カリエロ、ロッ
キエッティに「隣人への愛徳を実践する試みを提案する。そしてこれか
らのち、約束し、さらに可能ならば主に誓いを立てることになるだろう」
と呼びかける。愛徳の実践は貧しい若者への献身として理解され、約
束と誓願はオラトリオの使命への安定した絆を表現している。「その晩、
その実践を決意した者、決意する者にはサレジアーニの名前がつけられ
た」。

　1855年3月23日にルア神学生がドン・ボスコの手によって立てた誓願は
私的で秘密なものであったが、修道会を創立するという考えは現実的なも
のになってきた。逆説的に、活動家で反聖職者主義者の第一人者である
ラッタッツィ大臣の勧めと、急進的自由主義の標的であったピオ9世の指
示により、ドン・ボスコは新しい修道会の法的な形式の輪郭を描き始めた。

　ミケーレ・マゴーネはオラトリオの生徒で、ドン・ボスコが修道会創立
の計画を教皇に提出するためローマに行き、ルア神学生が完全な秘密の
うちに教会の監査のための会憲会則第1稿を清書していた数か月の間に
やって来た。サレジオ修道会の正式な創立証書は1859年12月18日に作
成されたが、それはマゴーネの死から11か月後だった。1862年5月14
日にはサレジオ会員の最初のグループが教会法に則って誓願を立てた。

　フランチェスコ・ベズッコがオラトリオに来たとき（1863年8月）、ル
ア神父はトリノの外での初めてのサレジオ会事業である寄宿舎─神学
校「サン・カルロ」の開設のためミラベッロ・モンフェッラートに異動
中であった[349]。その年、修道会は22人の誓願者と17人の修練者がいた。
1864年の秋、『アルプスの小さな羊飼い』の発行の数か月後、ランツォ・

---

[349]　ベズッコは主任司祭への手紙でそれに触れている（F・ベズッコからF・ペピー
　　　ノへの手紙、1863年11月23日）参照。

347

オラトリオの少年たち

トリネーゼの寄宿舎 「サン・フィリッポ・ネリ」が落成された。こうして新しい段階が始まる。学校、寄宿舎や、職業学校の開設を通して拡張する段階である。ドン・ボスコがオラトリオで体験し、少年たちの伝記の中で語られた予防教育法のモデルが国外へ送り出され、世界的レベルで文化受容されていくことになる。

3. ドン・ボスコはだれのために書いているのか

この3つの『生涯』の編纂において、ドン・ボスコは対象として意識する読者や、『生涯』が書かれる周りの状況についてはっきりとした意図をもって行っている。特に彼は自分が語りかけ、話をする相手を選ぶのだが、それは彼が実際はもっと幅広い対象であることを知っている読者たちに向けられた論点のためである。その論点の内容と意図を理解するために、私たちは著者の頭の中にある具体的な読者を考慮に入れなければならない。

3.1.「愛する若者たち」

第1の対象は序文に示されている。彼が言葉を向ける「愛する若者たち」とは、ドメニコ、ミケーレ、フランチェスコの級友たち、友達のヴァルドッコの学生たちである。彼らの要求に応えて、著者は作品を準備するのだ。この点は大切である。なぜなら本文を実際の生活に、論点を著者や読み手が共有する価値観や願いに結び付けるからである。よく知られ、愛されている仲間について語られることで、自分たちがその証人である彼らの人生の選択、友情、模範、言葉が思い出される。読み手は彼らと同じ環境で生きているので、日々自分たちが関わる状況をその中に確認することができる。それは例えば朝のミサ、授業、勉強、ボナノッテの話、聴罪司祭との出会い、聴罪司祭の暖かく厳しい言葉、毎月のよ

き死の練習やノヴェナ、祝いで感じる感情である。彼らも、主人公たちと同じように、自分たちの貧しい境遇からくる必要最低限な生き方をしている。ページをめくるごとに、よく知られた名前や顔が登場する。そして特に彼らは、それを物語る人の声の中に、よく知られたドン・ボスコの声を感じ取ることができる。何十年後でも、これらの文を読みながら、彼の言葉の響きを再び聞くことができるのだ。

しかしながら（それは読み進めていくうちにわかるのだが）、著者の意識の中では聴衆はもっとより広いものとなる。それは『カトリック講話集』のさまざまなタイプの読者からなるグループである。物語的戦略により彼らは絶えず登場してくる。あるときは証人として、あるときは物語の聞き手として。それは特に、小学校に通ったり、人生の計画を実現させたいという願いをもってラテン語の勉強に取り組み始める若者たちの一群である。読者たちは物語に自分を重ねる。彼らはドメニコ・サヴィオのように、社会的・文化的に飛躍したいという願いや、召命の魅力によって動かされ、日々田舎の小道や街の通りを通って学校に通う庶民の少年たちである。彼らは主人公たちの心理を理解し、同じ悩み、同じよろこびをもち、霊的感動を味わうのだ。

要するに、オラトリオの少年たちや彼らの同世代の者たちは、これらの伝記の中に、彼らの日々の暮らしと彼らの計画、社会と文化、考え方、ライフスタイルが表されているのを発見するのである。

3.2. 教育者と司牧者

ドン・ボスコによる物語は、若い主人公たちと共に、活発で積極的な教育者たちを登場させる。それは両親、先生、司牧者たちである。彼らにもまた、著者は語りかける。特に、彼が生活のプログラムや教育者と生徒の間における対話的・愛情深いやり取りと一緒に、短い教育的考え

オラトリオの少年たち

を表現したり、彼らの世話の実りを描写したり、オラトリオの教育共同体の新しさを表したりするときである。

3.2.1. 自由主義的新しい教育モデルへの対応

この時代は、伝統的価値観に浸り、もっぱら聖職者の教師にゆだねられた古い公教育システムから、自由主義的新しい教育モデルへの移行期だった。このモデルは政府によって厳しく管理され、ボンコンパーニ大臣（1848年）やカザーティ大臣（1859年）による公教育の改革から生まれたが、それゆえにカトリック世界からは疑いの目で見られていた。そのときまでは学校における聖職者グループの存在はまったく普通のことだった。なぜならばそれは人文科学的な伝統的教育を反映していたし、同時にキリスト教的価値観において良心を育て、教育し、意志を形作り、習慣を磨くことを目指していたからである。だが、急進的自由主義とカトリック的非妥協主義が対立する雰囲気の中で、聖職者たちの姿は公立学校から消えていった。庶民の間で教育の需要が高まったまさにそのときに、世俗主義的考え方は決定的に社会や学校組織に入り込み、宗教的価値観の影響を追い出した。こうしたあらゆる要因は不安を引き起こし、新しい解決法の萌芽を促していた。

ガブリエル・カザーティの学校改革で定められた国家による厳しい管理にもかかわらず、ドン・ボスコはそこから挑戦とチャンスをつかむ。法律は私立学校の開設の可能性を認めていたが、国家の拘束力と監査の下にであった。ドン・ボスコは豊かな実りを予感させるこの道のりを歩き始めていた。彼は特に、ただ単に学問のプログラムをこなすのではなく、総合的な教育ヴィジョンと生徒たちが積極的に参加し中心に置かれることに重きを置いたモデルを提案するときが来たと感じていた。教会共同体の内部にも、学校教育の範疇外の補完的教育スペースを創ること

解説　先生と弟子たちの「生きる姿」

も大切だと示したかったのである。要するに、新しい時代に適応しているが、キリスト教的伝統の基本的価値観に根ざしている教育システムが必要だということである。

3.2.2. 教育者たちへのメッセージ

これらすべての動きが3つの伝記を創作した背景をなしており、ページににじみ出ており、養成の方針と特別な教育方法論の枠組みを作っている。章ごとに、読み手の若者たちとなされる対話と共に、若者の教育者や司牧者に向けられた、並行するポイントがある。もし彼らのうちのだれかが、3人の小さな英雄たちの出来事や徳に感心する証人として登場するときには、彼らを話し手の特別なカテゴリーであると意識させるためなのである。ドメニコ・サヴィオの生涯における初めの7章において、両親たち、モリアルドの聖堂付司祭、カステルヌオヴォやモンドニオの先生たちの物語る声を私たちは聞く。そのあとには、ボンザニーノ教授、ピッコ神父、モンドニオの主任司祭の証言が紹介される。ミケーレ・マゴーネの伝記では、助任司祭の必要最低限の、だが注意深い手紙を読むことになるし、若きフランチェジアのメモからはドン・ボスコによる協力者たちへの教えの響きが感じ取られ、臨終の息子のそばにいる母親の言葉に感動し、ザッティーニ神父による少年の道徳的姿を描写する修辞的能力に感心させられる。フランチェスコ・ベズッコの生涯では、ドン・ボスコは両親たちや姉たち、村の先生、仲間たちからの情報と共に、主任司祭の愛情あふれる証言を大きく活用する。

3.2.3. 教育者ドン・ボスコの姿

著者はこれらの声の合唱を指揮し、少しずつ概略が描かれる主人公のプロフィールのためにその声を方向づける。こうして、著者本人が登

351

場し、物語の人物になるとき、私たちはそこに無理のない連続性、彼のシステムと教育モデルの新しさをもわれわれに伝える理想的教育態度、ニュアンス、強調点の効果的な要約を読み取ることができる。

　そこでは伝記的な証言が完全に自叙伝的なものになる。ドン・ボスコは、生徒たちの功績を語りながら、自分自身についてと、ヴァルドッコで創られた教育環境について語り、若者たちとの関係性の重要性を明らかにし、彼らとの出会いの雰囲気を再現し、若者たちに提案された体験、彼らの積極的参加を描く。これらすべてによって、注意深い読者はより深いメッセージを読み取り、ドン・ボスコの教育システムにおいて教育の全体を動かす歯車としての教育者の役割を理解することになる。

4. ドン・ボスコの作品の性質

4.1. 文学ジャンル

　フランチェスコ・チェッルーティはドン・ボスコが出版した著作を、宗教的作品、道徳的作品、歴史的作品の3つのカテゴリーに分けている。そして彼は3つの『生涯』を「道徳的小品」と位置づけた[350]。チェッルーティはこれら3つの伝記の最初の読者対象の一人である。彼はドメニコ・サヴィオとミケーレ・マゴーネの仲間であり、フランチェスコ・ベズッコがヴァルドッコで中学2年に通っているとき先生だった。彼がそのようなカテゴリー分けをしたとき、自身はサレジオ会学校の中心的責任者であり、ドン・ボスコの教育システムの疲れを知らぬ推進者だった。彼はドン・ボスコがこれらの作品で向かおうとしていたゴールをよくとらえ

---

[350]　この分類は1893年11月20日になされたドン・ボスコの列福調査での証言の中で提出された。

ていた。それは、実証主義的歴史学の規範に則った詳細な伝記を書くわけではなく、教育者・司牧者としてのレンズを通して観察した少年3人の人生におけるさまざまな瞬間の物語を通して、実践的なメッセージ、モデルとなる振る舞いを提供するということであった。

　他方、ドン・ボスコははっきりと述べている。ドメニコ・サヴィオの『生涯』の序文で描写された、作品の意図の宣言からわかるとおり、彼は見習うべき模範を提示するつもりだったのである[351]。同じ意図は『ミケーレ・マゴーネ少年の小伝』とフランチェスコ・ベズッコの『アルプスの小さな羊飼い』の著作をも方向づける。

　その文学ジャンルのおかげで、ドン・ボスコのこれらの作品に触れる人は、実際の人生の証言と同時に手本となる教育的実践の効果的表現、すなわち「伝記的筋立ての中に組み立てられた宗教的・教育学的メッセージの総合」、「少年たちや彼らの教育者たちに合わせてなされた」教育的論点を見いだすことができるのである。これらの作品は、3人の少年の人生体験を語りながら、「『先生』（ドン・ボスコ）の仕事と、彼を導く考え」[352]を発見させる、ドン・ボスコの精神と教育法についての決定的文書である。

4.2. 資料の活用

　3つの『生涯』において、ドン・ボスコは「皆さんか私自身が直接見たことか、私がほとんど保管している、皆さんが自分たちの手で書き、記

---

[351]　第1部「ドメニコ・サヴィオ少年の生涯」序文参照。また、この招きは結びの言葉によって繰り返される。「友である読者よ、〔中略〕結論を導き出したいのです。それは、サヴィオ少年を、私たちの境遇に合っている徳において倣っていくという決意をしていきたいということです」（同27章より）。

[352]　CAVIGLIA, *La Vita di Savio Domenico scritta da Don Bosco,* in Opere e scritti editi e inediti di Don Bosco, IV, xxxix.

353

録したことだけを語る」[*353]という配慮を明らかにし、内容は「確かな情報源」[*354]から引き出したものであることを宣言し、『アルプスの小さな羊飼い』でははっきりとそのリストを挙げる[*355]。

　ドン・ボスコの宣言は言葉だけのものではない。現在も保存されている、伝記作成のために集められた元の証言資料を調べてみると、ドン・ボスコの史実への誠実さと、文献的配慮を確認することができる。証言集と伝記の本文を比べてみると、ドン・ボスコの作業の仕方についてもわかってくる。作品の目的の達成と作品の対象者を巻き込むためのデータの使用と共に、資料への基本的な忠実さを認めることができる。より多くの資料が使用されているのは、ドメニコ・サヴィオとフランチェスコ・ベズッコに関するものである。

4.2.1. ドメニコ・サヴィオの伝記

　サヴィオの伝記においては、読書の集中をそぐかもしれない状況や人を隠して、主人公に最大限の重きを与えようという配慮が見えてくる。著者は集められたデータを選抜し、二次的な要素を排除し、いくつかの情報を入れ替え、ある種のエピソードを誇張させて物語る。こういうわけで、カステルヌオヴォの先生の証言がほとんど文字通り忠実に引用されているのに対し[*356]、クリエロ神父の証言は、二人の学友から偽りの告

[*353]　第1部「ドメニコ・サヴィオ少年の生涯」序文参照。

[*354]　第2部「ミケーレ・マゴーネ少年の小伝」序文参照。

[*355]　「まず、フランチェスコがふるさとで過ごしていたときのことは、主任司祭、学校の先生、彼の両親、そして彼の友人たちから提出された報告に頼りました。〔中略〕彼が私たちと共に過ごしていた時期については、多くの証人がいる中で起こった出来事を慎重に集めようとしました。これらの証言は、信頼に値する証言者自身によって書き記され、そして署名されたものです」（第3部「フランチェスコ・ベズッコ少年の生涯」序文より）。

[*356]　A・アッローラからG・ボスコへの手紙（1857年8月25日）参照。

解説　先生と弟子たちの「生きる姿」

発が語られる部分において誇張され、脚色されている[357]。ミケーレ・ルアの文書[358]から取られた、祭壇での奉仕と初聖体についてのエピソードは、モリアルドの聖堂付司祭の手紙に置き換えられている。しかしこの手紙の中では教会や家や家畜小屋で「父親と学友とかわるがわるに一緒に賛美歌や聖歌」を歌うという情報[359]は削除されている。また、証言からわかるいくつかの細部がカットされている。例えば、ジュゼッペ・レアーノがほのめかすサヴィオの肉体的苦しみへの向き合い方[360]や、「苦しみを耐え忍ぶ力が足りないこと」についてドン・ボスコの老いた叔母を叱ったこと[361]などである。

　データの取捨選択は、提供されたデータの意味深さや有効性、もしくは級友たちの証言と本文の対象からわかるように創作的理由によってなされている。これらの作業にもかかわらず、オリジナルの資料や、列福

---

[357] 「ある日、間違ってとがめられていたある過失について彼を厳しく叱ったところ、彼はじっとあらゆることを耐え、一言も発さず、まるで本当に自分が罪を犯したかのように弁明せず、甘んじて責めを受け、その後それが他の彼の同級生によってなされたことが私にわかったのでした」（G・クリエロからG・ボスコへの手紙、1857年4月19日）。

[358] ミケーレ・ルアの手記『ドメニコ・サヴィオについての回想録』参照。

[359] G・BズッカからG・ボスコへの手紙（1857年5月5日）参照。

[360] 「一度彼が悲しそうなのを見て、どうして何も話さないのかい、と私が聞くと、彼は強い頭痛がして、まるで二つのナイフでこめかみを刺されているような感じがするのですと答えました。しかし彼はこの痛みを彼に天国を与えてくれる主イエス・キリストの功徳に合わせるためじっと耐えていました。イエスは嘆かずに彼よりも大きな痛みを耐え忍んでいたということでした」（レアーノの手記『ドメニコ・サヴィオについてのいくつかの情報』より）。

[361] この情報は興味深い。なぜならオラトリオの家で生きられていた家族的雰囲気を理解するのに助けとなるからである。「ベッドから起き上がると、一度マーニャ（叔母を表す方言。叔母の名前はマリアンナ・オッキエーナ）の部屋の暖炉のそばに彼がいるのを見ました。彼女は非常に嘆いたり不平を言ったりしていました。彼は、年齢はとても若いのに、嫌なことを耐える忍耐が足りないということで彼女を叱っていました」（同上）。

調査のプロセスの際に集められた証言と照らし合わせても、サヴィオの
イメージはねじ曲げられていないことを示している。むしろ、ドン・ボ
スコの作品は、文体をきれいにし、細部を捨てるという作業と物語上の
強調や抑制によって、ドメニコの体験と外観の主要な特徴を提示する新
鮮さと真実性のアクセントを与えている。

4.2.2. フランチェスコ・ベズッコの伝記

　フランチェスコ・ベズッコの生涯においても同じような特徴に出会う
ことになる。「アルプスの小さな羊飼い」の最初の15章の大部分は、ア
ルジェンテーラの主任司祭から送られた幅広く詳細な回想から構成され
ているが、いくつかの二次的な細部が整理され、排除されている。例えば、
フランチェスコの母の習慣について親しみのもてるエピソードがカット
されている。「最初から家庭でよい教育を与え始めることがどれほど重
要かを知っていたので、授乳したり、母としてのほかの奉仕をしたりす
るときはいつでも、頭の中によい考えをもち、口には信心深い祈りをの
ぼらせていた。こうして彼女は彼に乳と共に信心の精神を与えていった
のです」。ほかには、姉が感じたフランチェスコの死についての虫の知

解説　先生と弟子たちの「生きる姿」

らせが＊362語られる一方、母＊363と父＊364が夢で感じた、亡くなった息子の声についての知らせは採用されていない。さらに、オラトリオの仲間たちや長上たちの証言は、ドメニコ・サヴィオに関するものと同じような方法で扱われている。

＊362　第3部「フランチェスコ・ベズッコ少年の生涯」33章 参照。

＊363　「彼女は独身の二人の娘であるヴァレンティーナとマリアと共にベッドに横になっていました。彼女はひどい苦しみのために寝苦しく感じていました。そのとき、次の正確な言葉で、これ以上ないほど甘美なハーモニーで歌っているのが聞こえた気がしました。『愛する息子よ、天の王、何と美しくすばらしい百合』。この言葉を聞いて、彼女はこのように考えました。『〈愛する息子〉って、何が言いたいのかしら、〈娘の声〉ということ？　いや、〈愛する息子よ、天の王〉と言うなら、それは私の息子、フランチェスコよ。だから、もし〈天の王〉と言うならば、彼は救われたということ。ああ、もし私の息子が〈天の王であるから〉救われたのなら、私のこの耐えられない胃の痛みを和らげておくれ。もう死にそうだよ』。言うや否や、その瞬間にフランチェスコの母親であるローザ・ロベルトの恐ろしい胃の痛みは完全な落ち着きを取り戻し、彼女と家族は神のみ旨に完全にゆだねることにした。このヴィジョンをより正確に把握するために言いたいことは、フランチェスコの母はイタリア語をまったく読めず、先の歌も含めてイタリア語での賛美歌を1曲も習ったことがなく、時々フランチェスコが歌ったのを聞いたことがあるくらいであると姉たちが証言しているということである」（F・ペピーノの手記『信心深いフランチェスコ・ベズッコ少年の生涯』1864年1月 より）。

＊364　「クーネオの孤児院のブランキ神父が、我らの愛するフランチェスコ・ベズッコの預けられた荷物を私に送ってもらえるよい機会がこれまで訪れていませんでした。フランチェスコは被昇天の祭日の次の月曜日、日の出のころ、はっきりと父親に言ったのです。『愛する父さん、クーネオにあるぼくの荷物を取りに行かせてください。そこにもう3日間あります』。この言葉の後、父親は言いようのない満足感を覚え、家族に伝えたそうです。フランチェスコの姉であるヴァレンティーナに、ブランキ神父が受け取った荷物のことを私に伝えた手紙を読むとき、彼女がこのヴィジョンのことを話してくれたのです」（F・ペピーノからG・ボスコへの手紙、1864年6月6日）。

357

4.2.3. ミケーレ・マゴーネの伝記

ミケーレ・マゴーネの場合は異なっている。家族で過ごした時期については、助任司祭の文書から提供される基本的なデータ以外は何も言及されない。すべての物語はカルマニョーラの駅でドン・ボスコと偶然出会ったあとのオラトリオの中で起こっている。詳細が簡素に述べられることによって、物語の展開と主人公の姿が常に注意の中心となることに役立っている。著者は出来事の主要な証人であるが、他の証言も引用する。例えば、フランチェジア教授の報告、仲間たちの証言、マゴーネの横顔を描くのに非常に有益な情報の多いザッティ神父による葬儀の追悼の言葉。総合的に言えば、伝記的データは最も少ないが、最も効果的な伝記と言えるだろう。

アルベルト・カヴィリアは、この「親しみやすく、魅力的な伝記」は「理念の本として読まれるべきであろう」と指摘する。なぜなら、「ドン・ボスコが伝記を書いたほかの少年たちは、彼のところに来たときすでに準備ができていたところがあるが、彼らとは違って、たった14か月の間に『驚くべきキリスト教的完成のレベル』にまで導かれたこの不良少年は、ドン・ボスコの教育学による純粋で独占的な産物である」[365]からである。

4.2.4. ドン・ボスコの資料活用に対する評価

著者によるこのような資料の使用法は、1931 〜 32年のドメニコ・サヴィオの列福調査が行われる中でベネディクト会士ヘンリ・クエンティンによって明らかにされたように[366]、文献批判の問題を引き起こすこと

---

[365] CAVIGLIA, *Il "Magone Michele", una classica esperienza educativa,* in Opere e scritti editi e inediti di Don Bosco, V, 132 p.

[366] Pietro STELLA, *Don Bosco nella storia della religiosita cattolica, vol. III: La canonizzazione (1888-1934),* Roma, LAS, 1988, pp. 211-224参照。

は間違いない。それにもかかわらず、文学ジャンル、メンタリティ、著者が定める目的を考慮に入れると、ドン・ボスコは歴史的真実を傷つけて「若者たちや庶民的環境に向けて提示するモデルを作るためにごまかしの操作」を行ったわけではないことは明らかである。3人の少年の具体的な体験の中に、ドン・ボスコは「少しずつ大切に温められてきた概念の人格化を認めた」[367]。それが皆の模範になるということで、彼は読者の目の届くところに示したのだ。

　資料に対する作業の方法を分析することで、これらの伝記の利点は伝記的データの量や文献学的正確さに求めるのではなく、著者が自分の同時代の読者に伝えたかった教育学的・霊的メッセージの価値にあるということがわかる。

4.3. 文書とその各部

　私たちは、互いに異なる3つの作品を前にしている。「『ドメニコ・サヴィオ少年の生涯』は、一人の若者の存在を教訓的に想起することである。この若者は自分の具体的な現実に、決意をもった勇気のあるほかの者たちに手の届く、思春期のキリスト者の完成された聖性を受肉したのである。それは続くほかの二つの伝記、ミケーレ・マゴーネとフランチェスコ・ベズッコの伝記とは異なっている。そこでは、特にマゴーネの伝記は、物語がいろいろな意味で理想化されたものである。そこにはさまざまな出自と、異なる霊的レベルの平均的若者に合った人生のモデルを引き出したいという意図があった」[368]。

---

[367]　同、218 p.

[368]　BRAIDO, *Don Bosco prete dei giovani,* I, 327 p.

オラトリオの少年たち

4.3.1. それぞれの人格的特徴

物語は、外見、霊的感性、気質、心理的概略における基本的特徴を
もって描写された、独特の人格に光を当てる。それぞれの出発点は異な
る。教育者たちとの関係性も異なる。読者に提示されるメッセージに基
本的一貫性はあるが、それぞれに与えられる使命も異なる。ドメニコは、
「彼の人生は際立ってすばらしいものだった」[369] と言われ、「最もよろこ
びに満ち、徳の高い清い人生を送り」[370]、全生涯を通して「英雄的行為
にまで磨き上げられた」「生来の」徳を磨いた[371]。ミケーレは「見放さ
れた若者」で、「悲しき悪の道を辿る」危険があったが、「自分について
きなさい」と彼を招いた主の愛情深い呼びかけを聞き、「神の恵みに絶
えず応え、彼を知るものすべてが彼を尊敬するように」なった[372]。フラ
ンチェスコは両親、主任司祭、先生の教育的配慮に素直に応え、その年
齢のわりには「高い知識をもち」、「学ぶことにおいて非常に勤勉であり」、
「聞いたこと読んだことに対して抜群の記憶力に恵まれており」[373]、そし
て特に「神に向かって自分の思いを高めていく力がある」ほどの祈りの
精神において、「神が特別にその光によって彼に恵みを与えていた」[374]。

4.3.2. 3作品の共通性

そのような違いは物語の配置に反映される。にもかかわらず、作品の
構造は3つの伝記においてほぼ同一である。序言に導かれて、エピロー
グによって閉じられる3重の区分を認識できる。すなわち、家庭での生活、

---

* 369　第1部「ドメニコ・サヴィオ少年の生涯」序文より。
* 370　同27章より。
* 371　第2部「ミケーレ・マゴーネ少年の小伝」序文より。
* 372　同上。
* 373　第3部「フランチェスコ・ベズッコ少年の生涯」序文より。
* 374　同22章より。

オラトリオに入ること、病気と死である。それぞれの伝記は、その使用可能な資料や出来事の意味合い、伝えたいメッセージによって、それぞれの3つの部分に異なる重きを配分している。

最もバランスが取れている、『ドメニコ・サヴィオ少年の生涯』では、ドン・ボスコとの出会い（第7章）に先立つエピソードは6章分当てられている。続く13章分がヴァルドッコで過ごした時期を描き、5章分が病気と死を物語る。最後の2章はこの作品の二つのメッセージを要約するエピローグとなっており、一つ目のメッセージ（「ドメニコは徳のある人生と務めの忠実さのモデルである」）はピッコ教授の告別の辞にゆだねられ、もう一つのメッセージ（「ドメニコは取り次ぎを願う聖人である」）は仲間たち、父親、筆者自身の全員一致による参加によって伝えられる。

のびのびして魅力的な『ミケーレ・マゴーネ少年の小伝』では、オラトリオ以前の話は短いパラグラフで要約され（助任司祭の短い手紙　第2章）、文学的に非常にすぐれた書き出しであるカルマニョーラ駅での出会いのシーンから始まる（第1章）。オラトリオの家で過ごした時期に11章当てられ、他の3章が病気と死に当てられる。そしてエピローグに1章当てられている。

『アルプスの小さな羊飼い』ではオラトリオ以前の話に15章も与えられ、家庭と小教区での教育に大きな光が当てられるが、物語としての滑らかさは損なわれている。11章分でオラトリオでの生活の様子が紹介され、病気と死の経過が5章かけて語られる。最後の3章がエピローグとなる。

創作上のプロセスもまた同一である。それは主人公とメッセージに最大限の焦点を当てる、この文学ジャンル特有の戦略に特徴づけられている。生まれてからオラトリオに入るまでの物語は、年代順の展開（サヴィオとベズッコ）から始まる。そこでは主人公の人間形成のプロセスを描き、人格の概略を示すためにいくつかの章が割かれる。マゴーネにおい

ては、この動きは最初の2章で行われる。教育的な意図が主要となる3つの物語の中心となる章では、著者が読者たちに提案したいメッセージの紹介のために最も効果的となるテーマ別の扱いに特徴づけられる。その後もう一度、主人公の感動的な病と死の回想のために年代的な口調になる。結びとなる章では引き出すべき「教訓」に方向づけられ、著者の心にあるいくつかのポイントが再確認される。

　物語にリズムを与え、少年たちの内的成長を描写し、教育テーマに焦点を当てるいくつかの分岐点も似通っている。　1. サヴィオとベズッコによる、よく準備された初聖体の重要性と、彼らの生活についての道徳的・霊的反響。　2. 会話と気さくなやり取りの再現を伴う、少年たちとオラトリオの院長（ドン・ボスコ）の、最初そしてそれに続く出会いの生き生きとした描写。　3. 危機のときと、その解決法の場面。少年の考えを落ち着かせて刺激を与え、深みへと導き、自分自身と人生の意味の発見を表現させ、価値の選択と務めに対する責任へと導こうとして助ける教育者に与えられた実り豊かな機会。　4. 霊的に実り豊かで、安心させるアプローチのための、最後の病気のデリケートな心理的・霊的扱い。

5. 解釈のためのポイント

　これまで述べたことから、「愛する若者たち」すなわち著者によって読者と想定されている人たちは、今日もう存在しないということは明らかであろう。実際、彼らのもつ望み、考え方、感受性は、現代の人たちのそれとはほとんど異質である。もし私たちがドン・ボスコの方法を自分たちのものとし、私たちの若者たちに意味のある人生のモデルを提示したいならば、メッセージの核となる部分を解読し、それを意味のあるものにする解釈という作業なしに若者たちの手に渡すわけにはいかな

解説　先生と弟子たちの「生きる姿」

い。ある種、ドン・ボスコによって語られる生涯の物語を読む際には前提となる手順である。実際、彼はそこかしこで読むためのはっきりとした指示を与えているだけではなく、自分が例えばオラトリオの院長として、または信頼される人、聴罪司祭として物語に登場し、若者たちと教育的な対話をするとき、彼らの協力を促し、展望を大きく開く考察を導き、意識の目覚めを促しながら、相互作用的に進める。

　今日、これらの伝記の主要な対象はドン・ボスコの方法でインスピレーションを得ようとする教育者である。メッセージを批判的に解釈し、現代に合うよう翻訳するために深めていく課題が彼らに課せられている。

　実り豊かな読解のための解釈のポイントは、主に二つのタイプである。一つ目は、著者によって与えられたポイントで、彼の第1の意図を理解することである。もう一つは、ドン・ボスコの使命と教育の研究者、継続者としての私たちの疑問と興味から出発して定めることのできるものである。

5.1. 著者によって提示された読み方の道筋
5.1.1. 序文とエピローグに示されるポイント

　それぞれの伝記の序文とエピローグには正確な解釈のポイントがある。ドメニコ・サヴィオの『生涯』のプロローグにおいては、少年の「すばらしい」生き方と、「美しい」徳の表現は、読者たちがそこから「利益」を得て、感嘆から模倣へと移るように促す目的があるのだとドン・ボスコが宣言する[375]。よって、提示される読み方は、模倣するべき人生のモデルとなる魂の状態、感情、態度、選択、徳のある行動の探求ということになる。それはエピローグにおいて再提示される考えであり、そこで

---

[375]　第1部「ドメニコ・サヴィオ少年の生涯」序文参照。

363

オラトリオの少年たち

はドン・ボスコの宗教的教育法の中心の一つに焦点を当てる、ピンポイントの指示が加えられている。「サヴィオの徳の絶えざる実践における支えであり、栄光の最後まで彼を導いた確かな導き手であった、頻繁なゆるしの秘跡を見習うことを忘れないようにしましょう。頻繁に、そしてしっかりとした準備をもってこの救いの源に近づきましょう。〔中略〕私にはこれがこの世の試練のただ中にあっても幸せに生き、最後のときには、私たちも落ち着いて死を迎えることができる最良の方法だと思います」[376]。

　この同じ主張は他の二つの伝記においても存在し、特にミケーレ・マゴーネの『小伝』において顕著である[377]。にもかかわらず、マゴーネの伝記のプロローグは何かしらの徳を模倣するように勧めるだけにとどまらない。より深く、より個人的なプロセスを示し、傾聴と応答という福音によく見られる動きを暗示する。「マゴーネの生涯においては、見放された若者が悲しき悪の道を辿る危険があった姿を目にします。けれども、私についてきなさいと主が彼を招いてくださったのです。彼はこの愛情あふれる呼びかけに耳を傾け、神の恵みに絶えず応え、彼を知る者すべてが彼を尊敬するようになったのでした。このように、神の恵みに応える者の上にもたらされる恵みの効果がいかにすばらしいものであるかを、彼は示してくれているのです」[378]。

　恵みの推進力に対する、効果的な素直さのみが「情熱、愛、愛徳」の実りを作り出すことができ、「善良で、清く、信心深く、徳のある」生き方ができるようになり、「神の憐れみに信頼して、よろこんで、平穏に、

---

[376]　同27章より。
[377]　第2部「ミケーレ・マゴーネ少年の小伝」5章 参照。
[378]　同序文より。

落ち着いて、死ぬ」[*379]ことができるようになる。よって、読者は主人公の霊的歴史と彼の日々のシンプルな経験の中から、聞くことと応答することの形の探求をするよう方向づけられる。著者は「辛抱強く」行われるすべて「簡単なこと」が「ミケーレを卓越した聖性に導いたやり方」になるのだということに気づかせる[*380]。

フランチェスコ・ベズッコの『生涯』の導入にあたり、ドン・ボスコはもっと単純に自分のことを「愛してやまない息子のことを語る父親、そして愛する息子たちに語りかけるときに親としての愛情を注ぐ父親」として紹介し、読者たちが「心動かされ、悪しき徳から背を向けようと思い立ち、あるいは何かしらの徳を実践しようと心に決め」[*381]られるように教えるのである。よって、ここではドン・ボスコの言葉の落ち着いた、愛情深い、観想的な読み方が提案される。

また、少しの忍耐が求められる。実際、特にアルジェンテーラのよき主任司祭から送られた文書による最初の15章においては物語の脱線が激しい。ドン・ボスコはそれらをカットすることをしなかった。おそらく、彼はそれらが自分の精神と同調するのを感じ、それらがフランチェスコの善良で従順な魂、彼の落ち着いた穏やかな性格、愛情深い感情の深みを魅力的に表現するものと思えたのであろう。おそらく、もう一つは、ベッキでの自分の幼年時代がそうであったように、それらが伝統的な価値に根ざした、単純で純粋な庶民環境の人間的豊かさを効果的に表現しているからであろう。それは彼がノスタルジアを感じる、深くキリスト教に根ざした社会であり、当時少しずつ消え始めていた社会であった。

[*379]　同16章より。

[*380]　同9章より。

[*381]　第3部「フランチェスコ・ベズッコ少年の生涯」序文より。

オラトリオの少年たち

5.1.2.「よき死」のための準備

3つの『生涯』とも、よき死のために準備しているように、という呼びかけで終わっている。「終末」を黙想と説教の好みの主題としていた伝統的霊性には親しみのあるテーマである。ドン・ボスコの教育学では、「率直で毅然とした」*382 心の回心と神に完全に自身をささげることへの特別な強調をもって宣言されている。これが月ごとによき死の練習*383 が行われていた思いである。すなわち、死についてのキリスト教的見方へと教育し、自分の精神と行動を効果的・定期的に振り返ることを促すこと、常に恵みに開かれており、晴れ晴れとして、実り豊かで、魂を主との出会いに前向きにさせることのために、というねらいである。

　結びとなる章が、3人の主人公が迎える最後のときを、主との出会いを熱心に落ち着いて待つこととして表現していることは偶然ではない。そこでの会話、天国での「お願い」、別れ*384 を私たちは感嘆して眺める。死のときはほとんど忘我の恍惚状態として描かれる。ドメニコは「よく通る明るい声」で父に別れを告げ、叫ぶ。「ああ、こんなきれいなものは見たことがない」。そして「天国のようなほほえみを浮かべ」息を引

＊382　第2部「ミケーレ・マゴーネ少年の小伝」5章 参照。

＊383　ドン・ボスコは次のように説明する。「この信心業は、まるでそれが人生最後であるかのように、ゆるしの秘跡と聖体拝領を準備することです」(第1部「ドメニコ・サヴィオ少年の生涯」21章より)。

＊384　「でも天国に行く前に、君に一つ頼みたいことがあるんだが。〔中略〕天国に行って聖母にお会いしたら、私と、それからオラトリオにいる全員の心からの敬意を込めた挨拶を伝えてくれるかな。そして、私たち全員に祝福をくださるよう、そして私たち全員を力強い保護の下に置いてくださるよう、聖母マリアに願ってほしい。そして、今オラトリオにいる全員と、将来神のみ摂理によって私たちのところに送られてくるだれもが決して地獄に行くことがないようにとお願いしてくれたまえ」(『第2部「ミケーレ・マゴーネ少年の小伝」15章より)。

解説　先生と弟子たちの「生きる姿」

き取る＊385。ミケーレは十字架に接吻し、「イエス様、ヨセフ様、そして
マリア様、ぼくの魂をあなたがたのみ手にゆだねます」と祈ってから「い
つもの落ち着きと、唇にほほえみを浮かべて」死ぬ＊386。フランチェスコ
の生涯の最期は、超自然的な現象と、抑えられない情熱によって暗示さ
れる。「その顔の美しさと輝きに、病室の灯りも光を失うようでした」「枕
から頭を上げて手をまっすぐに伸ばし、まるでだれか愛する者と握手を
交わすような仕草を見せるに至って、その驚きは頂点に達しました。そ
のとき、フランチェスコがうれしそうに響く声で歌いだしました。『聖
母マリアを賛美せよ〔後略〕』そのあと、彼は何度か懸命に身を起こそ
うとし、そして手を伸ばして信心深い形に手を合わせ、再び歌いだしま
した。『愛に燃えておられるイエスよ〔後略〕』私たちの目は、まるで天
国の天使たちと一緒に天使になってしまったかのように見える彼の上に
釘付けになっていました」＊387。

　結局はドン・ボスコの論点が集約されるのはこの点であり、これが彼
のメッセージの中心なのである＊388。他のすべての点はこのことのために

＊385　第1部「ドメニコ・サヴィオ少年の生涯」25章 参照。
＊386　第2部「ミケーレ・マゴーネ少年の小伝」36章 参照。
＊387　第3部「フランチェスコ・ベズッコ少年の生涯」31章 参照。
＊388　「ここでまとめをしてみたいと思います。遅かれ早かれ、死は私たちのとこ
　　　ろにやってきます。その訪れは、私たちが考えているよりも案外早く来るか
　　　もしれません。それと同じように確かなことがあります。それは、もし生き
　　　ている間によい行いをしていなければ、死を迎えたときに収穫を取り入れる
　　　こともできなければ、主からご褒美をいただくこともできないということで
　　　す。〔中略〕キリスト者の読者の皆さん、私たちに時が与えられているうちに、
　　　よい行いをするよう、私は皆さんに奨励したいと思います。私たちの苦しみ
　　　のときはごくわずかなものにすぎません。そして私たちがよろこび楽しむも
　　　のは永遠に続くのです。〔中略〕いつの日か天国に行ってあの大きなよろこび、
　　　あの最上のよろこびを享受することができますよう、生涯において主の掟を
　　　守り抜くことができますよう、主が皆さんを助けてくださいますように。そ
　　　して私をも助けてくださいますように、アーメン」（第3部「フランチェスコ・

オラトリオの少年たち

あるかのようである。彼の教育技術、愛情深く創造的な同伴、勧めや生活のプログラム、マリア信心と秘跡、これらすべては彼の考えと配慮の第1目的である、永遠の救いという「一大事業」に向けられている＊389。

ドメニコ・サヴィオの『生涯』はこのように閉じられる。「そのとき私たちは、よろこびに満ちた顔で、心には平和を保ち、われらの主イエスに会うことになります。主は、その憐れみに従って私たちを裁かれ、彼を永遠にたたえ、感謝するためにこの世の苦難から永遠の幸せへと私たちと導いてくださいます。私は私と読者であるあなたのためにそう希望しているのです。アーメン」＊390。

5.1.3. 現代における読み方の注意点

このような読み方は当時の読者の宗教的感性に確かな結び付きを感じさせていた。今日、私たちが生きる文化的・霊的風土に、それは異質なものに映る。私たちは選別をし、明瞭でダイナミックな側面に集中し、ドン・ボスコとその教育メッセージの理解のためには古臭く、重要ではないと判断するものを除外することで、そういった読み方を避ける傾向がある。

それと同じように、私たちがドメニコ・サヴィオの有名な表現、「ここでは聖人になるっていうことは、とってもよろこんでいるってことなん

ベズッコ少年の生涯」結び）。

＊389　「あるときは倒れそうな老人を、またあるときは経験の浅い若者を呼ばれることによって人間に教訓をお与えになる神のみ摂理が、幸福な永遠か不幸な永遠かが決まる最後のときにおいて私たちがしっかりと準備できているよう大いなる恵みを与えてくださいますように。私たちの主イエス・キリストの恵みが、生けるときも死せるときも私たちの助けとなり、天国へと至る道のりにおいて私たちをお守りくださいますように」（第2部「ミケーレ・マゴーネ少年の小伝」序文）。

＊390　第1部「ドメニコ・サヴィオ少年の生涯」27章。

解説 先生と弟子たちの「生きる姿」

だ」を引用するとき、論点のほかの部分から引き離して抽出してしまう。引き離されたその部分では、ドメニコが先生（ドン・ボスコ）の養成的提案をうまく要約している。「ぼくたちはただ罪を犯さないようにする。罪はぼくたちから神様の恵みと心の平和を奪う大いなる敵なんだ。そしてぼくたちは自分の務めを忠実に果たし、信心業に積極的に参加する。今日から次の言葉を書いて覚えておくといい。*"Servite Domino in laetitia"* [391]（聖なるよろこびのうちに主に仕えよう）」。

　そうではなく、これらの伝記について、総合的な読み方が必要である。その内的一貫性、それが置かれた意味の展望に敬意を払って、細部に注意を払い、選り分けをせずに読む読み方である。それは必ず、ドン・ボスコと彼のはっきりした養成的提案についてのより完全な知識のために実り豊かなものとなるであろう。と同時に、それは私たちのプログラムや教育計画への批判的な振り返りのための刺激的論点を提供してくれるであろう。

5.2. 生きるドン・ボスコの観察

5.2.1. 現代の司牧から生まれる解釈の疑問点

　ドン・ボスコの弟子として、また若者たちの教育者として、私たちがこれらの小さな伝記を前にしてもつ疑問から生じてくる解釈の鍵は、刺激的でさまざまな読み方を呼び起こしてくれる。今日、ドン・ボスコが提案した養成プログラムの基準点はどのように表現し直せばよいだろうか。家庭、小教区、学校、オラトリオでの教育的統合のモデルはどのようなものだろうか。これらの作品で描写される教育環境と教育者の質の高い態度の特徴はどのようなものだろうか。どのようにドン・ボスコは

＊391　第1部「ドメニコ・サヴィオ少年の生涯」18章。

オラトリオの少年たち

生徒たちと関係を作るだろうか。危機的なときにどのように彼らを同伴するだろうか。生徒たちが仲間の養成的配慮において積極的に関わる形はどのようなものだろうか。著者は教育、キリスト教的養成、霊的生活をどのように関連付けるだろうか。

さまざまな読み方のポイントから、私たちはドン・ボスコと主人公たちの間の個人的関係が描かれるシーンの分析をし、特徴的でダイナミックな態度を引き出すことに限定しよう。

5.2.2. ドン・ボスコと少年たちの対話

第1に、最初の出会いから始まって、3人の少年との対話に与えられる重要性に気づく。著者によって作り上げられた、教育的・予防的会話と関係づくりの特殊な方法の特徴がはっきりと浮かび上がってくる。ドメニコ・サヴィオとミケーレ・マゴーネの『生涯』から確認できるように[392]、最初の出会いの目的は、信頼と互いの親密さに必要な、知り合うことである。若者を温かく受け入れることと、彼らの必要性を担うために自分を寛大に差し出すことを通して、ドン・ボスコはオラトリオの教育システムに特徴的な、あの相互作用に魂を開かせるコミュニケーション手段を発動する。

アプローチはいつも形式的にならず、共感的で、対話的である。彼は自分を話し相手の位置に置き、落ち着いていて家庭的な会話—口頭のものであれ、非口頭のものであれ—を作り出す。それは差異を感じさせなくするので、少年に自分自身を自由に表現させることになる。こうして、彼は目の前にいる少年の状況、歴史、魂の状態、気質的特徴、教育的要

＊392　第1部「ドメニコ・サヴィオ少年の生涯」7章、第2部「ミケーレ・マゴーネ少年の小伝」1章 参照。

求についての主な情報を得ることができる。少年の期待がはっきりすると、彼に機会と具体的な解決法を提示し、彼が視線を上げられるように、新しい展望を発見できるように助ける。

　少年の側では、自分が受け入れられたという感覚を覚え、理解され愛されたことを感じて、父性的で献身的で丁重な大人との関係から提供される機会を発見する。こうして彼は応答することへ向けられ、心を開くことへと動かされる。その若者をオラトリオに受け入れることで閉じられるこの最初の対話は、彼の魂に感謝、待つことのよろこび、あこがれの感情を引き起こす。それは、幸せな教育関係の実り多き前提である。共同体に入るときの次の出会いは、教育的「契約」の特徴を提示する。その契約において、教育者の寛大な受け入れに対して、少年の約束と誓約が応答する[393]。

5.2.3. それぞれの「危機」

　3つの伝記の中心は「危機」の描写によって構成される。それは、それぞれ異なる形式で主人公を取りこみ、物語の筋に決定的なものとなる。教育者と教育を受ける側の間の対話における、危機を乗り越える物語は、著者が読者に与えたいメッセージを伝える機会となる。それは各主人公の個人的特徴に結び付けられたそれぞれ異なる状況である。

（1）ドメニコの場合

　ドメニコにおいては、ヴァルドッコに来てから6か月目に不意に訪れる。それは1854年12月8日に彼が行った自己贈与のあとのことである。その自己贈与によって、彼の生き方は「特別にすばらしいものとなり、

＊393　第2部「ミケーレ・マゴーネ少年の小伝」2章 参照。

徳の行いがそれに付随してきた」[394]と言われるものになっていく。その
ときの彼の魂の状態とは、恵みの内的働きと教育者の養成的取り組みに
対する無条件の協力性であった。こうして、彼の心の奥底に完徳への深
い抑えきれない望みを爆発させるためには、聖性への勧めだけで十分で
あった。彼の危機は「神秘的」なものであり、霊的指導者の介入が日常
生活における完徳と使徒的な役割に向けさせ、現実からの逃避を避けさ
せる[395]。

（2） ミケーレの場合

　ミケーレ・マゴーネは、オラトリオの家に1か月とどまったあと、ドン・
ボスコが彼のそばに置いた優秀な仲間を通して、環境の道徳的質の高さ
を比較し、自分の凡庸さをはっきりと意識することになる。彼の場合は、
「倫理的」危機であり、罪の意識と不安によって特徴づけられている。ミ
ケーレは解決法の仮定を暗示する教育者との心に安心を与える対話のあ
と、自分の力で乗り越える。それは回心のプロセスであり、それによっ
て彼はかつて経験したことのない霊的晴れやかさの状態へと近づき、自
由に、よろこびをもって受け入れる新しい価値観を身につけることにな
る[396]。

（3） フランチェスコの場合

　フランチェスコ・ベズッコは、トリノに着いて数日後、ホームシック
を感じ、ふるさととのあまりの環境の違いに戸惑う。彼の場合は「文化
的」、愛情的危機であり、仲間たちと比較しての自分の不適合性、混迷、

---

[394]　第1部「ドメニコ・サヴィオ少年の生涯」8章 参照。
[395]　同10章 参照。
[396]　第2部「ミケーレ・マゴーネ少年の小伝」3-4章 参照。

解説　先生と弟子たちの「生きる姿」

劣等感を内包している。彼を慰め、勇気づけ、シンプルな生き方のプログラム「よろこび、勉強、祈り」[397]に方向づけるドン・ボスコとの愛情深い会話の中で、彼は建設的に文化的な不調和を乗り越え、落ち着きを取り戻す方法を見つける。

　体験の相違にかかわらず、危機のときを乗り越えることは、3人の少年にとって人間的・霊的成長の推移の中で行われる。成熟のプロセスであり、それによってただ問題が解決され、内的バランスが再発見されるだけではなく、個人のアイデンティティが強化され、価値観や意味、行動の仕方が内在化され、より深く、より根本的な神への委託が実現される。これらすべてによって自分自身をより知ること、日常生活と人間関係へのアプローチの再形成、生きるよろこび、霊的熱情、恵みの働きへの従順を生み出す自己贈与的愛の力の増大が起こる。

　危機の解決に続いて、3つの『生涯』すべてにおいて、教育者の指導の下に主人公たちが始める教育的旅路が説明されるいくつかの章が設けられている。強調の差こそあれ、これらの伝記の中で著者が輪郭を描く養成プログラムの一致する設定を容易に確認できる。その調和を見るためには章のタイトルを見ていくだけで十分である。強調点は、時間を大切にすること、日々の務めを愛とよろこびをもって果たすこと、ゆるしの秘跡と聖体拝領を定期的に受けること、院長―聴罪司祭に心を開くこと、祈りの精神と神との一致、マリアへの信心、徳の実践（従順、愛徳、感覚の犠牲、貞潔）、隣人へのあらゆる形の奉仕、よき友情、使徒的熱意に置かれている。

---

[397]　第3部「フランチェスコ・ベズッコ少年の生涯」17章 参照。

オラトリオの少年たち

6. 読書への招き

6.1. 現代に読む意義

なぜ今日これらの教訓的伝記を読むのであろうか。何よりもまず、これらの伝記が人生の貴重な記録であり、注意深い読者のために取っておかれた3人の主人公の体験についてのドン・ボスコによる語りかけであるからである。これらの伝記を通して、私たちは彼の内的世界に招き入れられ、彼のヴィジョン、配慮に近づき、若者の魂の力に彼がどれだけ信頼を置いているかを理解することができる。今日再考する価値のある教育的な人文主義と、時のさびによって曇らされることのなかった魅力的な精神文化の鏡でもあるからである。

そのシンプルさにおいて、これらの伝記は道徳的考え方、教育的情熱、司牧的緊張感を取り戻させる。これらの伝記は今日の若者の世界からとても遠いようだが、私たちにとっては重要だと感じる養成的提案、教育的方法論、霊性の表現である。それらは現代との時間的・文化的差によって遠くなってしまっているのである。しかしながら、これらの伝記が含むカリスマ的・預言的力によって、それらが伝える刺激によって、私たちの教育者としての意識に引き起こす有益な揺さぶりのために今も重要である。

6.2. どのように読むか

どのようにこれらの伝記を読むか。愛情と、好奇心と、敬意をもって。愛する父の思い出と、彼が残した霊的遺産、体験と知恵の財産への子としての愛情。大きな川の流れをさかのぼってその源泉を探し、その清純な水で渇きを癒やす探検家の好奇心。相談相手、聴罪司祭でもある著者が、これらの若き魂の燃える心の内奥に近づき、打ち明け話と決心を聞

き、彼らの進歩を驚きをもって眺めた敬意。

　開かれた精神と、注意深さと、感受性をもって読むことも大切である。開かれた精神とはとりわけ、知的誠実さ、あらゆる偏見を捨てることである。偏見とは、私たちが「大衆の」「信心的な」などと定義する、過去の宗教的体験を研究する際にしばしば現れる文化的・神学的優越感という、油断ならない感覚から始まるものである。注意深さとは文書とその構造、可能な読み方のレベル、それが暗示するところの綿密な探求を示唆している。感受性とは主人公に共感的に近づこうとすること、われわれの精神に対する物語の反響に耳を傾けること、ドン・ボスコの論理や彼がそこかしこに置くさまざまな強調点に注意を払うことと言い換えられる。

　『生涯』は過ぎ去った古きよき時代の思春期の記念碑、カリスマティックな時期の教育的現実の甘美なミニチュアであるだけではない。それらは語り手の手によって導かれ、彼によって教えられる、あの世界に入るための効果的な媒体なのである。

著者　ジョヴァンニ・ボスコ　*Giovanni Bosco*

1815年イタリア・ピエモンテ生まれ。カトリック司祭。青少年教育に献身するサレジオ会を創立。1888年帰天。

解説・注釈　アルド・ジラウド　*Aldo Giraudo*

イタリア・ピエモンテ生まれ。サレジオ会司祭。サレジオ大学神学部教授（霊性神学）。ドン・ボスコ研究の第一人者。

監訳者　浦田 慎二郎　*Shinjiro Urata*

1971年生まれ。サレジオ会司祭。教皇庁立サレジオ大学大学院霊性神学博士課程修了、神学博士号取得。専門はドンボスコ研究。

訳者　佐倉 泉　*Izumi Sakura*

サレジオ会日本管区本部翻訳担当。

訳者　中村〈五味〉妙子　*Teko Nakamura〈Gomi〉*

サレジアニ・コオペラトーリ会員。

サレジオ家族霊性選集2

オラトリオの少年たち

ドメニコ・サヴィオ、ミケーレ・マゴーネ、
フランチェスコ・ベズッコの生涯

2018年6月21日　初版発行

著　者　　ジョヴァンニ・ボスコ

解説者　　アルド・ジラウド

監訳者　　浦田 慎二郎

訳　者　　佐倉 泉／中村〈五味〉妙子

発行者　　関谷 義樹

発行所　　ドン・ボスコ社

〒160-0004　東京都新宿区四谷1-9-7
TEL 03 3351-7041　FAX 03-3351-5430

印刷所　　三美印刷株式会社

落丁、乱丁はお取り替えいたします。
ISBN978-4-88626-630-9 C0016